IJS 서울대학교 일본연구소

현대일본생활세계총서 **12**

# 탈 전후
# 일본의 사상과 감성

조관자 엮음

박문사

　　서울대학교 일본연구소에서는 네 개의 기획연구실을 두고서 HK사
업의 공동연구를 수행해 오고 있다. 각 연구실은 2009년 9월부터 2018년
8월까지 10년간, 전체 어젠다 [현대일본의 생활세계연구]를 총 3단계에
걸쳐 수행한다. 각 단계의 연구 성과는 〈현대일본 생활세계총서〉 시리
즈로 출판한다.

　　1990년대부터 일본사회는 구조적 대변동을 겪고 있다. 전후 일본의
풍요와 안전 신화가 동요하면서 동아시아의 지정학적 갈등도 첨예화했
다. 일본의 변화는 정치적·사상적 보수화, 장기불황에 의한 경제시스
템의 변화와 사회적 양극화, 안보적 위기의식의 고조 등으로 나타났다.
최근에는 '전후 민주주의의 종언'을 고하는 목소리도 들리고 있다. 본 공
동연구는 '전후 일본'의 구조 변동을 정치, 경제, 역사, 사상, 사회, 문화,
문학의 전체적 차원에서 횡단적, 학제적으로 조망한다. 1단계와 2단계
의 성과는 총 9권의 시리즈로 이미 출판되었으며, 각 연구 주제와 책의
표제는 [표1]과 같다.

[표1] 현대일본 생활세계총서 1단계– 2단계 시리즈

| 연구실 | 1단계 5권 | 2단계 4권 |
|---|---|---|
| 정치외교 | 전후 일본, 그리고 낯선 동아시아 | 전후 일본의 생활평화주의 |
| 역사경제 | 협조적 노사관계의 행방 | 에너지혁명과 일본인의 생활세계 |
| 사상담론 | 전후 일본의 지식 풍경 | 일본, 상실의 시대를 넘어서 |
| 사회문화 | 현대일본의 전통문화 | 일본 생활세계의 동요와 공공적 실천 |
| | 도쿄 메트로폴리스 | |

3단계 사업은 10년간의 HK사업 공동연구를 마무리하는 기간이다. 이를 알차게 수행하기 위해 본연구소는 3단계의 사업 4년간(2014.09~ 2018.08)을 다시 2년간 씩 나누었다. 1~2년차 (2014.09~2016.08) 기획연구 와 3~4년차 (2016.09~2018.08) 기획연구를 순차적으로 실행하고 있는 것 이다. 3-4년차 기획연구는 연구소 성원의 변화로 연구실의 이름을 바꾸 어 운영 중이다.

[표2] 현대일본 생활세계총서 3단계 시리즈

| 연구실 | 3단계 1~2년차 | 3단계 3~4년차 (예정) |
|---|---|---|
| 정치외교 | 일본 정치 보수화의 표상과 실상 | 일본 보수정치의 국가혁신, 다각 다층 구조 |
| 역사경제 (1-2년차)<br>경제경영 (3-4년차) | 저성장시대의 일본경제 | 구조적 대불황과 일본 경제·경영 시스템의 재편성 |
| 사상담론 (1-2년차)<br>사상문학 (3-4년차) | 탈 전후 일본의 사상과 감각 | 전후의 탈각과 민주주의의 탈주 |
| 사회문화 (1-2년차)<br>역사사회 (3-4년차) | 안전사회 일본의 동요와 사회적 연대 | 공동체 경계의 유동화와 국가 이미지의 대두 |

〈현대일본 생활세계총서〉 3단계 1~2년차 시리즈는 2016년 하반기 부터 출판 작업에 들어갔다. 각 연구실은 2년 동안 수차례의 집담회와 워

크숍, 공개학술대회를 거치며 공동연구를 진전시켰다. 모든 연구진들은 동시대 일본의 변화를 찬찬히 살피고, 냉철하게 분석하고자 노력했다. 본 시리즈의 4권에 담길 연구 성과가 비록 완벽하지 못하지만, 한국사회에서 일본의 현황을 이해하고, 나아가 한국의 현재적 문제를 해결하기 위한 참조 축으로 활용될 수 있기를 바란다.

그 동안 연구와 토론에 참여해 주신 각 분야의 연구자 여러분께 감사드리며, 연구 성과의 미진한 부분은 이미 시작한 3~4년차의 기획연구에서 보완해 나갈 것을 약속드린다. 아울러 연구와 출판이 성사되도록 성심껏 협조해 주시는 일본연구소의 행정실과 연구조교, 도서출판 박문사 여러분들께도 감사의 말씀을 드린다.

2016년 11월 6일
서울대학교 일본연구소

# 2부 한일의 경계에서 바라본 '탈전후'

현대일본생활세계총서 12

# 탈 전후 일본의 사상과 감성

## 서 문

# '전후'의 시간의식과 '탈전후'의 지향성

조관자

## 1. 전후와 탈전후, 쌍방향의 전후사

1990년대부터 20여 년 간 동아시아에서는 탈냉전(post Cold war), 탈식민(post Colonial), 탈경계(Borderless)의 사상적 지향성이 두드러졌다. 아울러 새로운 질서와 역학 관계에 저항하는 세력의 역주행도 시작되었다. 2008년 국제금융위기로 신자유주의 비판이 고조되는 가운데, 동아시아 영토분쟁이 격화한 것이다. 그 결과, 동아시아공동체·다문화공생처럼 초국적 질서를 꾀하려던 노력이 국가 간 갈등과 배외주의의 목소리에 다시 파묻혔다. 이러한 작용과 반작용의 소용돌이는 일본 사회의 구조 변동과 함께 일어난 현상이다. 동시대 일본에서는 전후 부흥 이후의 '평화·풍요·안전' 신화가 무너졌다. 상실감과 불안감이 증폭될수록, '전후 일본'을 벗어나려는 사회적 욕구와 의지도 점점 팽배해지고 있다.

이 책에서는 1990년대 이후 일본사회의 변화 방향을 '탈전후', '탈전후일본'으로 표현한다. 1945년 패전 이후 일본의 국가적 질서, 시대적 규정성에서 벗어나려고 하는 모든 사상과 운동, 감성과 시간의식을 '탈전후'로 포괄하려는 것이다. 민족주의 우파 단체인 일수회(一水会)의 강령에 따르자면, 탈전후의 지향성은 "대미자립, 자주헌법 제정, 미일안보 파기, 전후체제 타파"에 있다.[1] 아베 수상의 언어로는, "전후레짐의 탈각"이 되겠다. 물론 아베 정권은 미일동맹을 강조한다. 이처럼 '탈전후' 운동이 '전후'를 초극한 것은 아니며, 현실적 필요에 따라 '전후'의 규정성을 적극 용인하는 모순조차 내포한다.

실제로 1945년 패전 이후 일본에서는 '전후체제'를 유지하면서 동시에 '탈전후'를 지향하는 쌍방향의 모순 운동이 빚어졌다. 1950년대 좌익은 '반미민족해방'과 '아시아 인민연대'를 추구하다가, 전후체제의 수용으로 돌아섰다. 1960년대 신좌익은 세계혁명을 내다보며 전후체제의 종언을 고했다. 그러나 1972년 오키나와의 본토 반환을 이룬 일본에서 혁명충동은 소멸하고, 일본의 좌우파 민족주의가 자본주의의 풍요와 결합한다. 이제 중일수교가 성립한 데탕트 하에서 좌우의 정치적 대립도 잦아들었다. 그 와중에 신우익 세력이 부상하여 좌익과 마찬가지로 전후체제의 타도와 대미종속의 탈피를 국민적 과제로 제시하기도 했다.

---

1) 미시마 유키오의 죽음을 기리며 1972년 5월에 결성된 일수회는 민족주의 우파 단체로 1990년대부터 포럼 개최와 서적 발간 등 활발한 대중활동을 벌이고 있다. http://www.issuikai.jp/issuikai.html.

'전후'와 '탈전후'의 쌍방향은 좌우공존의 구도에서 서로의 계기를 끌어당겼다. 1980년대 일본 정부는 유엔 상임이사국 진출을 노리며 정치대국으로 변모하고자 했다. 이는 미일동맹 구도 하에서 패전국가의 '종속성'을 내파하고 '평화국가'의 국제적 위상을 제고하려는 '탈전후'의 시도다. 하지만, 걸프전쟁(1990.8.2-1991.2.28) 이후 1993년부터 일본 경제가 장기불황에 빠진다. 고도성장기의 운용 체제였던 '1955년 체제'의 양당 구도도 해체되었다. 경제적 활력과 정치적 구심을 모두 상실하면서 포스트 고도성장기의 사회변동이 가속화한다. 1990년대 국지전의 빈발과 위기의식의 고양, 고이즈미 정권의 신자유주의적 개혁과 사회적 양극화, 그리고 2010년대 초반 민주당 정권의 실패가 겹쳐졌다.

이리하여 전후 시스템에 대한 불신이 높아진 일본에서는 '강한 국가'를 욕구하는 젊은이들이 전후민주주의의 종언을 재촉하게 되었다. 과거에는 신좌익 청년들이 전후민주주의를 비판했지만, 이제 주체의 성격이 변했다. 이것을 '우경화'로 보는 것은 사태를 너무 단순화시킨다. 글로벌 자본주의와 미국식 민주주의를 배격하는 정치적 세력으로 '반미보수' '신보수' 세력이 부각한 것이다. '반미'는 친중적인 '아시아주의'로 이어지는 듯하다가, 2008년 이후 중국의 대국화를 견제하는 '혐중 · 혐한'의 기세에 꺾였다. 2012년부터 한일관계가 악화되자, 혐한론자들은 1960년대 '반한'의 좌익 세력이 제기했던 '한일협정의 폐기'까지 요구한다. 이처럼 탈전후 운동은 급변하는 시대 속에서 좌우 정파의 내셔널리즘이 서로 교차하거나 중첩하는 양상을 띠면서 전개되고 있다.

## 2. 전후, 포스트전후, 탈전후의 용법

'탈전후'(脫戰後)와 '포스트전후'(ポスト戰後)는 모두 영어 'Post-Postwar'로 번역되며, '전후'의 징후가 사라진 역사적 시간대를 가리킨다. '탈전후'라는 용어는 1969년 신좌익 세대론이 활발해진 시대적 분위기에서 쓰이기 시작했다.[2] 당시 신좌익 조직의 선언문에서도 종종 '전후체제의 종언'이 언급되고 있었다. 중국의 문화대혁명과 캄보디아 크메르 루즈의 활약에 고무되어 세계혁명을 환상하며 질주하던 그들의 시간의식 속에서 '전후'는 이미 끝난 것이었다. 한편, '포스트전후'라는 용어는 가타가나의 외래어 표기가 늘어난 1980년대부터 활발하게 쓰였다.

일본에서 '전후'의 의미는 중의적이다. 가장 길게는 신헌법을 유지해 온 '전후 일본', 즉 패전 이후 현재까지를 말한다. 가장 짧게는 1956년 "더 이상 전후가 아니다"라고 경제백서에서 선언한 것처럼, 패전 직후의 궁핍과 정치적 혼란기(1945-1955)를 가리킨다. 1966년 비틀즈의 일본 방문도 포스트전후의 문화적 현상이었다. 그러면서도 신좌익 세력의 폭력혁명이 시도되었던 만큼, 전후 혼란기의 잔재는 지속되었다. 따라서 사회구조의 변동을 중시하는 사회과학에서는 1972년 무렵까지를 '전후'로 본다. 고도소비사회를 '포스트전후'로 지칭하는 것이다.

요시미 순야(吉見俊哉)는 1972년 아사마산장 사건에서부터 '포스트 전후사회'론을 전개한다.[3] 일본의 '포스트전후'는 냉전기의 세계체제

---

2) 吉岡忍, 「脫戰後青春論」, 『思想の科学』 第5次, 85, 1969년 3월호.
3) 吉見俊哉, 『ポスト戰後社会』, 岩波新書, 2009.

전환과 맞물려 있다. 1972년 미중의 '핑퐁외교'로 시작된 다원주의적 세계질서 하에서 중일수교와 한반도의 남북정상회담이 성립했다. 경제적으로도 세계적 석유파동 후 고도성장이 멈추고, 정보사회 및 소비사회로의 구조 전환이 시작되었다. 사회변동은 1970년대 후반에 더욱 가속화했다. 1979년에 '국제 인권 규약'을 비준한 일본은 1981년 '난민의 지위에 관한 협약'에 가입한다. 1981년부터 시작된 저출산으로 1995년부터 생산연령인구(15-64세)가 감소한다.[4] 1980년대부터 일본은 한국과 중국의 저임금 노동력을 유입하고, 1989년에는 일본계 브라질인을 수용했다. 1990년대 다문화주의 통합정책이 채택되었고, 일본 사회의 개방적 혼종성은 증가했다. 그 반작용으로 2000년대에는 글로벌리즘에 반대하는 신보수주의가 대중적 사상운동을 펼치게 된 것이다.

중요한 논점은 '포스트전후' 사회에서도 일관되게 '패전 이후'를 살아간다는 의식이 존재해온 사실에 있다. 이들에게 진정한 의미의 '포스트전후'는 아직 도래하지 않았다. 일본은 여전히 '전후체제'의 굴욕을 감내하고 있기 때문이다. 탈냉전의 세계에서 일본이 겪게 된 '잃어버린 20년'과 3·11 대진재를 '제2의 패전'으로 수식하고 비유하는 현상은 '전후 일본 정신사'의 치부를 환기시키는 표현이다. 아직 끝나지 않은 '전후'라는 시간의식을 불러일으키는 것은 일본인의 정치의식을 배양한다.

---

4) 1981년 14세 이하 인구는 2760만명에서 감소가 시작되었고, 1997년부터 65세 이상 노년층 인구보다 적어졌다. 2014년 5월 1636만명으로 총인구의 12.8% 였던 〈0-14세〉 인구는 2016년 5월 현재 1602만명으로 총인구의 12.6%를 차지한다. 총무성 통계국(人口推計, 2016년 10월 20일), http://www.stat.go.jp/data/jinsui/pdf/201610.pdf.

'전후의 지속'이란 문제의식이야말로 '전후 종언'에 투사되는 미래 의지인 셈이다.

세계적인 냉전체제의 종식에도 불구하고 일본에서 지속되고 있는 전후체제의 종식이야말로 '전후 종언'의 조건이자, 포스트전후(탈전후)의 시작이라는 주장이 있다. 이 관점에서는 1970년대 중반부터의 '포스트전후'는 진정한 시대구분으로 용인되지 않는다. 특히 '반미 보수'의 지식인들은 걸프전쟁의 종식 이후를 '포스트전후'로 인식한다. 일본에서 헌법개정 논의가 본격화하고, '태평양전쟁사관/도쿄재판사관'을 부정하는 역사수정주의가 고개를 들면서 전후체제의 종식을 요구하는 목소리가 대두한 시점을 '포스트전후'로 말하는 것이다. 그들에게 '포스트전후'라는 용어는 '전후체제의 타도'를 통해 '전후의 종언'을 고하는 시대정신까지를 포함한다(본문 제3장 참조).

이상, 전후와 포스트전후의 시기 구분에 대한 논의를 도식적이나마 정리해보자. 일본에서 전후와 포스트전후의 시대구분은 논자에 따라 다르면서도 서로 겹치기도 한다. 광의에서 전후는 1945년 이후 현재까지를 가리킨다. 협의의 전후는 관점에 따라 각각, 1945년부터 1955년/1972년/1991년까지를 가리킨다. 각각의 시대적 특징을 규정하는 경계나 연도가 불가역적인 것은 아니다. 그 연속과 단절의 층위를 재구성하고, 각각의 시대적 특징과 문제를 명료하게 언어화하는 것이 일본연구자의 몫이기도 하다.

이 책에서는 '탈전후'와 '포스트전후'를 구별하여 사용하고자 한다. '전후'가 단순한 시기 구분의 문제가 아니라 시대정신과 국가체제의 총체적 의미까지 포함한다면, '전후'의 서로 다른 용법에 각각 '탈-전후'와 '포스트-전후'를 대응시켜 보자는 것이다. 즉, 시기 구분에서는 가타가나 '포스트전후'로 표기하고, 체제와 시대사상을 내포한 총체적 맥락에서 전후 일본으로부터 탈각하려는 사상과 감성을 '탈전후'로 표기하려는 것이다. '탈전후'는 여전히 '끝나지 않은 전후'라는 시간의식 위에서 '전후체제'를 탈각하려는 모든 지향성을 가리키는 개념이다. 다시 말하면 '탈전후'는 이미 '포스트전후'로 표상되어 온 시대를 살아가면서도 여전히 '전후'의 종언을 촉구해 온 시간의식, 시대정신을 의미한다.

## 3. 포스트전후 일본의 사상과 감각

사회학자 미타 무네스케(見田宗介)는 『현대일본의 감각과 사상』 (1995)이라는 저서에서 '전후'의 정신사를 '이상'과 '꿈'의 시대로, '포스트전후'의 그것을 '허구'의 시대로 바라본다. 그에 따르면, 이상의 시대 (1945-1960)에는 사회적 이상의 현실적 쟁취를 시도했다. 이는 1960년 안보투쟁의 좌절로 막을 내린다. '꿈의 시대'(1961-1975)에는 보다 사적인 단위에서 자아실현을 추구하며, 주택이나 자동차를 장만하려는 소시민적 꿈으로 현실을 충족시키려 했다. 이 시기까지 사회운동이나 경제성장에서 추구된 이상과 꿈은 그 자체로 행위자의 생생한 현실 감각을 구성한다. 그러나 포스트전후에 해당하는 허구의 시대(1976-1995 현재)에는 이상과 꿈 자체를 잃어버려 현실과의 긴장감이 더 이상 의미를 갖지 않게 된다. 바야흐로 관계를 맺지 못하는 고독한 개인, 가족의 소통 부재, 학교의 이지메, 사이코패스의 범죄가 시대적 징후로 떠올랐다.[5] 이제 미디어에서 표상하는 '허구' 자체가 현실 감각을 채우는 생의 기법이 되었다는 것이다.

미타의 시대감각을 수용한 사회학자 오사와 마사치(大澤眞幸)는 일본의 1995년 이후를 '불가능성의 시대'로 말한다.[6] 그는 미타의 삼분법을 다시 이상의 시대(1945-1973), 허구의 시대(1974-1995), 불가능성의 시대(1996-2008 현재)로 나눈다. '불가능성'이란 타자와의 단절과 타자에의 폭력성에 익숙해지는 동시대의 정신사를 수식한다. 그는 '잃어버린 20년'을 살아가는 일본 젊은이들이 '현실로부터 도피'하기보다, 오히려 '현실로 도피'하고 있다고 본다. 그 현실에서는 1995년 옴진리교의 지하철 사린 사건과 1997년 중학생 소년에 의한 연속살인사건이 일어났다. 오사와는 엽기적인 범죄로 충격에 빠진 일본사회에서 폐색감을 돌파할 가능성을 묻고 있는 것이다.

그러나 1997년 이후 일본에서는 '허구'의 시대를 극복할 가능성이 국가정신의 회복과 공동체로의 귀속에 있다는 믿음이 점점 더 설득력을 키웠다. 1960년 안보투쟁 세대의 경제학자이자 평론가인 니시베 스스무(西部邁)는 상대주의에 빠진 대중사회와 포스트 모던한 소비문화를 비판하고 공동체의 전통적 가치 회복에서 탈출구를 찾았다.[7] 1980년대부

---

5) 見田宗介, 『現代日本の感覚と思想』, 講談社, 1995.
6) 大澤眞幸, 『不可能性の時代』, 岩波新書, 2008.
7) 西部邁, 『生まじめな戯れ 価値相対主義との闘い』 筑摩書房, 1984. 가치상대주의를 비판한 이 저작은 산토리 학예상 수상작이기도 하다.

터 제기된 니시베의 주장은 고바야시 요시노리의 만화에 투영되었고, 9·11 테러 이후 '새로운 역사교과서 만들기 모임'에서 탈퇴한 두 사람은 '반미보수'의 포문을 열었다.[8] 포스트전후 사회의 문제를 아메리카니즘 과 글로벌리즘, 모더니즘과 포스트모더니즘의 문제로 해석하는 보수주 의자들은 교과서 개정을 위한 집필을 시도하고 대중 계몽에 열중했다. 평화헌법 개정론, 아시아해방전쟁사관의 역사수정주의가 확산되고, 징 병제와 핵무장론도 대두했다. 역사반성의 보편적 윤리의식이 풍화하고 배타적인 자민족중심주의가 많은 젊은이들을 사로잡으려 한다.

## 4. 탈전후 일본의 사상과 감각

이 책은 일본연구소의 〈사상과 담론 연구실〉에서 탈전후 일본의 복 잡다단한 사상과 감성을 보다 섬세하게 짚어보고자 시도한 공동연구의 성과물이다. 우리는 일본 사회의 다양한 행위자들이 펼치고 있는 '전후 일본'의 문제의식에 다각적으로 접근함으로써, '탈전후'의 현재적 방향 성을 보다 열린 시각에서 비판적으로 검토할 수 있으리라고 기대했다. 이 책은 2부 구성으로 나누었다. 제1부는 '탈전후'의 징후로서 안보 위기 의식, 전몰자 애도와 진재 피해자 애도, 보수주의, 역사수정주의를 다룬

---

8) 반미보수로서 1990년대 초반부터 아메리카니즘의 종언을 주장한 사에키 게 이시(佐伯啓思)도 주목된다. 이들은 미국의 세계전략과 연결된 아베 정권의 집단적 자위권에 반대한다.

다. 제2부는 한일관계의 쟁점 중에서 친한과 반한의 태도, 위안부 문제와 일본정치, 재일조선인의 탈식민 담론과 한일의 민족주의에 관하여 다룬다.

남상욱의 「냉전의 바깥으로 '일본'을 끌어내기」는 무라카미 류의 소설『반도에서 나가라』(2005)를 통해 탈냉전기 일본문학이 일본의 위기를 어떻게 상상하는가를 고찰하고 있다. 새로운 전쟁 형태로서의 '글로벌 내전'과 국가의 리스크 관리체계를 문제화하는 일본사회의 문맥에서 북한이 어떻게 인용되고 있는지를 살필 수 있다. 폭력적 성향의 아웃사이더에 주목하는 무라카미 류의 소설은 2010년 이후 일본의 반지성주의적 풍조를 예감케 하는 작품이기도 하다. 남상욱은 1998년 이후 일본에서 북한의 전쟁도발 위험을 앞세워 일본의 위기관리 능력을 강화하고, '전후민주주의'의 패러다임을 벗어나고자 하는 문제에 주목하고 있는 것이다.

심정명의 「3·11과 전후의 끝」은 3·11 원전폭발과 1945년의 원폭 투하를 연계하면서 무의미한 죽음과 애도를 둘러싼 문제의식에 접근한다. 후쿠시마 원전 폐허와 부흥의 과제는 곧잘 원폭 피해, 전시기 죽음의 애도 문제, 전후 부흥과 연결되는 주제이기 때문이다. 이 논고는 가토 노리히로의『패전후론』, 오다 마코토의 무의미한 죽음론, 그리고 이토 세이코의『상상 라디오』를 주요 텍스트로 삼고 있다. 동일본대지진 이후의 하나의 문학적 성취인『상상 라디오』는 쓰나미의 죽음을 히로시마, 나가사키, 공습으로 연계시킨다. 심정명은 이것이 쓰나미를 내셔널한 역사의 영토성 안에 끌어들여 일본의 비극으로 닫아놓는 문제를 지적한다. 전후 70년을 맞는 시점에서 가토는 사자와 애도의 문제를 전후 미일 관계의 비틀림 문제로 바꾸어 사유했다고 한다. 이글은 전후와 재후의 애도 방식에서 반복되는 탈전후 지향성의 문제를 밝히고 있다.

　장인성의 「'잃어버린 20년'과 보수의 미학」은 탈냉전기에 활발하게 활동한 보수주의자들의 사상과 미학을 니시베 스스무와 사에키 게이시를 중심으로 분석한다. 전후체제를 부정하는 그들의 보수미학은 상식론, 질서론, 국가론에서 포착되고 있다. 장인성은 그들의 낭만적 기분과 투쟁감각, 평형감각과 질서의식을 분석하여, 탈전후의 향방이 국가적 표상과 국가의식을 강화하려는 공동성의 미학으로 귀결된다고 지적했다. '탈전후'의 보수적 성향은 전후체제 형성기에 보수주의를 정초한 후쿠다 쓰네아리와도 상당히 이질적이라고 한다. 사회과학적 비평가인 '포스트전후' 보수주의자들은 문예적 비평가인 '전후' 보수주의자들과 달리 개체적 실존보다 전체적 실존을, 개인의 자유보다 사회의 질서를 중시한다는 것이다. 장인성은 일본 지식사회에서 문예적 교양이 취약해진 실태를 읽어내고 있다.

　정지희의 「전후와 탈전후 일본의 '태평양 전쟁'사 다시 쓰기와 진실의 정치」는 탈전후적 징후인 역사수정주의에 주목하고, 그 실증주의가 갖는 함정을 비판적으로 고찰한다. 특히, 전후의 라디오 프로그램 〈진상은 이렇다〉·〈진상 상자〉를 분석 사례로 삼아 '사실로서의 역사와 진실 말하기'가 내포한 트릭을 역사적으로 천착해 들어간다. 포스트전후 시기 일본의 사회 평론가들이 주목했던 그 프로그램들은 미군정이 소위 '태평양 전쟁사관'을 전파하기 위해 활용했던 것이다. 수정주의자들은 역사·사실·진실에 대한 과학주의적이고 실증주의적인 통념을 적극적으로 동원한다. 정지희는 전후 직후에 미군정이 시도한 태평양 전쟁사 다시 쓰기와, 포스트전후 일본의 역사 수정주의자들이 시도한 태평양 전쟁사 서술 방식이 서로 닮은꼴을 취하며 반복, 재생되었다고 지적한다. 어떤 정치적 목적에서든 실증주의 통념이 대중을 기만하는 기제로 활용될 수 있는 사실을 비판적으로 검토하고 있는 것이다.

황성빈의 「전후 일본에서 '친한'의 의미」는 전후 일본에서 '친한'의 태도가 갖는 의미를 주요 신문 사설과 칼럼, 독자 투고란을 통해 분석했다. 그 결과, 담론으로서 '친한'과 '반한'은 상호배타적인 입장이라기보다, 두 태도가 착종적으로 공존하는 복잡하고 이중적인 양상이라는 사실을 제시한다. 일본의 한국에 대한 시선이나 입장이 좌우 이념이나 리버럴 대 보수와 같은 정치적 입장에 따라 양분되는 것이 아니라는 것이다. 황성빈은 이러한 착종적 공존이 가능한 이유가 '다테마에'와 '혼네'라는 이중 발화 구조와 문화에 있다고 분석한다. 나아가 '친한' 속에 내포된 '반한'적 태도가 1990년대 후반부터 현재화된 '혐한론'의 배경이 되고 있다고 지적한다.

신기영의 「일본군 '위안부' 문제」는 위안부 문제에 대응하는 일본 보수정치의 문제를 탈냉전 세계정치의 틀에서 비판적으로 고찰한다. 위안부 문제는 탈냉전의 세계사적 문맥에서 대두했고, 1990년대 이후 일본 보수의 사상과 감성, 아이덴티티에 대한 근본적인 질문을 던진 사건이다. 일본의 보수층은 위안부 문제를 역사수정주의적의 입장에서 대응하면서 그 정치적 세력을 확장하는 데 성공했다. 신기영은 이러한 현상에 대한 체계적인 분석을 처음으로 시도한다. 그에 따르면 위안부 문제는 단순히 한일관계의 틀로 포섭되지 않는 글로벌 여성인권운동의 중요한 동력이다. 위안부 문제는 20세기에 발생한 전쟁과 인권침해가 명백한 젠더질서의 해소를 통해 해결될 문제라는 사실을 증명했다. 위안부 문제는 글로벌 인권규범 속에서 새롭게 정립하고 실천해갈 보편적 과제로서 인식되고 있는 것이다.

조관자의 「재일조선인의 탈식민주의 민족담론과 공생의 과제」는 재일코리안의 입장에서 '탈전후'는 탈식민과 공생의 문제로 제기되었다고 전제한다. 그러나 1990년대 이후 한국사회에는 일본사회의 변화를 '반동의 시대'로 인식하는 재일조선인의 탈식민주의 민족담론만이 전파되었다. 특히 서경식은 '일본사회와의 공생 가능성'을 원천적으로 부정하고, 한국의 반공체제를 극복한 '민족통일국가'의 수립, 즉 '분단체제의 극복'을 촉구했다. 글로벌 자본주의에 진입한 한국사회에서 '민족해방 민중민주주의'의 실천을 제기한 것이다. 서경식의 비타협적 민족담론은 일본의 리버럴리스트 지식인을 비판하며 한국의 내셔널리즘을 강화하는 역할도 했다. 조관자는 한일의 내셔널리즘이 동화와 이화를 모두 두려워하며 서로 충돌하고 있는 현실에서 과연 탈식민화, 탈냉전적 평화의 가능성은 어떻게 모색되어야 하는지를 되묻고 있다.

공동연구에 참여한 각자의 주제와 연구대상은 달랐지만, 일본에서 탈전후의 지향성이 내셔널리즘의 강화에 쏠려 있다는 공통된 견해가 모아졌다. 탈전후의 동향에서 이색적인 제3의 가능성을 발견하지 못한 것은 연구자들의 관심 영역과 연구 시점의 한계에 기인한다. 실제로 경제성장과 경쟁의 프레임을 벗어나려는 청년층의 새로운 생활 감각이나, '지방의 소멸'에 대응하려는 새로운 연대의 모색 등은 이 책에서 주목하지 않았다. 그러나 우리의 연구가 일본의 전체 향방을 조망하지는 못했더라도, 일본사회의 변화에서 꼭 짚어야 할 문제들에 착목하고자 했던 것 또한 사실이다. 우리의 목적은 일본을 탓하거나 일본의 책임을 추궁하려는 것에 있지 않다. 이 책이 읽는 이들에게 일본 사회 내부의 문제에 대한 관심과 이해를 높이고, 미래의 대안적 가능성을 함께 열어가자는 마음을 불러일으킬 수 있게 되기를 조심스럽게 희망해 본다.

제1부

# 전후의 경계에서
# 바라본 '탈전후'

현대일본생활세계총서 **12**

## 탈 전후 일본의 사상과 감성

# 냉전의 바깥으로 '일본'을 끌어내기*
## 무라카미 류의 『반도에서 나가라』를 통해 본 탈냉전기 일본문학의 상상력

남상욱

## 1. 끝나지 않는 '전후', 끝난 줄만 아는 '냉전'

2015년 일본에서는 전후 70주년을 맞이해 다양한 행사가 열렸다. 일견 당연한 듯이 보이는 이 연례행사의 의미에 대해 가토 노리히로(加藤典洋)는 『전후입문』에서 다음과 같이 말한다.

전쟁에 지고 나서 70년이 지나서도 여전히 전후 70년이 문제가 되는 것은 그 '전후'가 아직 끝나지 않았기 때문입니다. 누구도 부정할 수 없는 그 명확한 증거가, 지금 오키나와의 미군 기지를 주권자인 우리들이 스스로의 의향대로 움직일 수 없다는 사실로서 우리들 앞에 내던져 있습니다.[1]

---

* 이 글의 초고는 『日本學報』第108輯(한국일본학회, 2016)에 「포스트냉전기의 '전쟁'에 대한 일본문학의 상상력 - 무라카미 류의 『반도에서 나가라』의 '폭력'을 중심으로」라는 제목으로 게재되었다.
1) 加藤典洋, 『戰後入門』, ちくま新書, 2015, 15쪽.

여기서 가토가 말하는 '전후'란, 한마디로 말해 일본열도 안에 있는
미군 기지를 "스스로의 의향대로 움직일 수 없다"고 하는 대미종속 관계를
가리킨다. 이러한 대미종속 체재로서의 '전후'는 "현재도 여전히 동아시아
속의 몇몇 국가, 특히 중국, 한국과 견실한 신뢰관계를 수립할 수 없"
도록 만드는 대표적인 원인이므로 이 글에서 그는 최종적으로 '기지철폐'
를 통해 '전후'를 종식시키길 제안한다.

　　그런데 가토가 '전후'라고 부르는 그 기간은, 한편으로 상당 부분 냉
전과 겹치기도 한다. 1948년부터 독일이 통일된 90년까지 지속된 냉전은
기시 도시히코와 쓰치야 유카가 지적하듯이 "미국과 소련이 정치, 경제,
군사뿐만 아니라 문화, 예술, 교육, 오락, 생활양식까지를 포함하여 헤게
모니를 확립하고, 세계인의 '마음'을 얻기 위해" 다양한 "문화, 정보, 미디
어 전략"을 전개함으로써, 20세기 세계적으로 매우 큰 영향을 미쳤다.[2]
일본의 '전후' 역시 냉전을 주도하는 미국의 질서 속에 들어감으로써 성
립, 유지될 수 있었다.[3] 그러니까 전후 일본은 한편으로는 헌법 9조와 미
일안보조약을 통해 집단적 자위권을 미국에게 양도함으로써 "전쟁을 하
지 않는" 이른바 '평화국가'임을 자처하고, 다른 한편으로는 냉전을 주도
하는 미국의 '기지국가'로서 전쟁의 후방기지적 역할을 수행하며 경제
발전을 이룩할 수 있었던 것이다.[4] 가토가 말하는 '전후'의 '뒤틀림'의 원

---

2) 기시 도시히코, 쓰치야 유카, 김려실 역, 『문화냉전과 아시아 - 냉전 연구를
　탈중심화하기』, 소명출판, 2012, 16쪽.
3) 예컨대 서동주는 이를 "일본은 '냉전'의 시간을 '전후'로 의식하며 살아온 셈
　이다"라고 설명하고 있다. 서동주 「'전후'의 기원과 내부화하는 '냉전' - 홋타
　요시에의 「광장의 고독」을 중심으로」, 『일본사상』, 2015. 6, 52쪽.
4) 남기정, 『기지국가의 탄생-일본이 치른 한국전쟁』, 서울대학교출판문화원, 2016.

인은 실은 이러한 냉전구조와 무관하지 않다. 그러니까 "'전후'가 아직 끝나지 않았다"는 것은 소비에트 붕괴로 인해 실질적으로 냉전이 종식된 이후에도 여전히 일본은 냉전의 프레임 속에 있음을 의미하기도 하는 것이다.

이러한 문제의식 속에서 본 논문은 무라카미 류(村上龍)의『반도에서 나가라』5)를, 탈냉전기에 발생할지도 모르는 '폭력'에 대한 문학적 상상력이라는 관점에서 읽고자 한다.

『한없이 투명에 가까운 블루』(1976)를 통해 데뷔한 류는, 이후에도 『69』(1984)와 같은 작품을 통해 일본에 주둔하는 '미군'을 가시화함으로써 일본의 대미종속 문제를 다뤄왔다.6) 예컨대 2차 대전 때 일본이 항복하지 않고 지하로 잠복해서 게릴라전을 수행하는 가상역사인『오분 후의 세계』(1994)는, 작가 스스로 밝히고 있듯이 "젊은이들을 가미카제로 내보내면서 일본영토에 미군이 한 명도 상륙하지 않았지만 무조건 항복을 했"던 '일본인'을 문제시한 작품인데,7) 이러한 작품에서 보이듯 류는 전후 미일안보조약으로 대표되는 일본과 미국의 관계에 대해 근본적인 물음을 제기해왔으므로 그의 작품들은 최근 한국에서 '전후' 담론과의

---

5) 村上龍,『半島を出よ』, 幻冬舍, 2005. 이 책은 2006년 윤덕주에 의해『반도에서 나가라』(스튜디오 본프리)라는 제목으로 번역되었다. 본 제목의 번역으로서는 '반도를 나가라', 혹은 '반도를 떠나라'가 타당하나, 이를 수정한 신역이 나오지 않고 있는 상황 속에서 본 논문에서는 일반독자의 편의성을 고려해 스튜디오 본프리판의 표기를 따르기로 했다. 이에 대한 연구자들의 양해를 구하는 바이다.
6) 오미정,「무라카미 류(村上龍)의『69』론 - 카니발적 세계의 추구」,『일본어문학』 47. 2010. 12, 301-18쪽; 조정민,「무라카미 류(村上龍)의『69 sixty nine』론 - 역사를 바라보는 원근법」,『일본문화연구』 31, 2009. 7, 363-380쪽.
7)『한없이 투명에 가까운 블루』, 동방미디어, 1999. 223쪽.

관련성 속에서 연구대상으로서 주목받아왔다.

하지만 미국을 대타자로 삼으며 당대의 일본 현실을 바라봐온 류의 작품 경향을 고려해봤을 때, 2005년에 발표된『반도에서 나가라』를 어떻게 봐야할 것인가가 문제가 된다. 약 2년여에 걸친 준비기간을 거쳐 원고지 1650장 분량(약 1000페이지)의 대작으로 탄생된 이 작품은, 당시로서는 근미래인 2011년 4월 재정파탄으로 경제적 위기를 맞이하고 있는 일본에 북한의 '반란군'이 내려와 규슈를 점령하고자 한다는 내용의 디스토피아 소설로서 출간당시부터 큰 화제를 모았다. 북한을 다룬다는 점은 말할 것도 없지만, 호시노 토모유키(星野知幸)가 지적한 바 있듯이 전체 분량 중 약 3분의 1에 해당하는 7장이 북한군의 시점에 의해서 그려진다는 형식적 특징도 문제적이었다.[8] 그렇다면 왜 갑자기 북한인가.

이문호가 상세하게 지적한 바 있듯이 90년대 중반부터 일본 미디어 담론에서는 북한의 연이은 미사일실험과 납치문제를 중심으로 북한에 대한 담론이 대폭 증가했다.[9] 실제로『반도에서 나가라』또한 이러한 담론이 제공하는 '정보'를 토대로 재구성된 산물이기도 하다는 것은 텍스트 말미에 수록된 참고문헌을 통해서 확인할 수 있다. 따라서『반도에서 나가라』에 대한 비평 및 연구의 관심은 주로 '북한' 표상에 집중되었고, 그것이 작품의 평가로 직결되었다. 예컨대 마츠우라 히사키(松浦輝寿)처럼 이 텍스트 속의 '북한' 표상을 '표상불가능

---

8) 松浦輝寿, 星野知幸, 陳野俊史,「鼎談 村上龍『半島を出よ』を読み解く」,『文学界』, 2005. 7, 124쪽.
9) 이문호,「무라카미 류의『반도를 나가라』연구-1990년 이후 일본의 북한 인식을 중심으로」, 고려대학교 석사학위논문, 2010.

성으로서의 북한'을 '일본의 시점'으로 간단명료하게 표상해버리는 일본 미디어들에 대한 반발로서 높게 평가하는 관점이 있는 한편,[10] 고화정처럼 인도주의를 거부한 폭력기계로 '북한'을 바라보는 타자 인식에 문제가 있다고 평가하는 관점도 있다.[11]

텍스트의 3분의 1에 해당하는 '북한' 표상에 대한 관심과 이에 대한 분석을 통한 텍스트의 가치판단은 불가피하지만, '북한' 표상에 대한 가치평가에만 집중하는 경우, 텍스트의 나머지 3분의 2에 해당하는 외부적인 폭력의 발생조건과 그에 직면한 일본인들의 반응에 대한 분석을 소홀하게 만드는 것은 아닐까. 그 3분의 2는 북한의 침략을 허용할 수밖에 없는 탈냉전기의 국제정치 변동과 이에 대응하는 일본의 정치 외교적, 경제적 시스템의 작동방식, 그리고 침략시의 대응상황이 주요 내용이므로 텍스트 속의 북한의 문제도 결국 이런 관점에서 볼 필요가 있다. 즉, '북한'이 '바르게' 표상되었는가의 문제가 아니라, 왜 '북한'이며, '북한'을 끌어들이는 것에 의해서 류가 드러내고자 하는 것이 무엇인가를 중심으로 사유할 필요가 있다.

따라서 이 글은 『반도에서 나가라』를, 90년대 이후 일본인들의 북한에 대한 심상 풍경의 재현으로서가 아니라, 탈냉전기 국제질서의 변동 속에서 출현할지도 모르는 새로운 폭력으로서의 '전쟁' 가능성과, 이에 대한 일본인들의 대응방식을 징후적으로 예감하는 소설로서 보고자

---

10) 松浦輝寿, 星野知幸, 陳野俊史, 「鼎談 村上龍『半島を出よ』を読み解く」, 『文学界』, 2005. 7, 134쪽.
11) 高和政, 「欲情の再生産一村上龍『半島を出よ』の想像力」, 『戦夜』, 2006, 129쪽.

한다.

앞서 언급한 바와 같이 패전과 점령을 거치면서 일본은 헌법 9조를 통해 집단적 자위권을 방기하는 한편, 미일안보조약을 통해 스스로의 안보를 미국에게 양도하는 방식으로 국가시스템을 재구성했다. 하지만 점령이 끝난 이후부터 헌법 9조에 대한 비판은 끊이질 않았다. 그러한 상황 속에서, 반기지운동과 안보투쟁, 《베헤련(ベ平連)》과 같이 '반미'를 중심으로 하는 시민운동은, 헌법 9조를 일본인들의 생명과 생활의 소중함을 지켜주는 일종의 버팀목으로서 인식시켰다. 그러니까 생명과 생활의 안전을 저해하는 폭력적인 존재로서의 미국의 발견과 이에 대한 저항은 이념적인 측면에서 표류하던 신헌법을 새롭게 인식하게 만들어, 마침내 이 헌법정신을 수호하는 '전후민주주의'의 확산에 큰 도움을 주게 되었다.

하지만 이러한 '전후민주주의' 속에서도 일본열도의 변방에 배치된 미군기지라는 폭력성은 근절되지 않고 있었다는 것을 류는 잘 알고 있었다. 『69 sixty nine』 분석을 통해서 조정민이 지적한 바와 같이[12] 미군의 군항인 나가사키현 사세보 출신으로서 고교시절 '엔터프라이즈호 기항 저지운동'을 목격했던 류는, 전후일본에서의 생의 안전은 "강제적인 지배관계의 연속"이라는 조건 속에서만 가능한 것임을 일찌감치 깨달아, 일본을 평화국가로서 표상하고자 하는 공적영역 속의 담론을 조롱하는 동시에 사적영역 속의 폭력성을 하나의 가능성으로 탐색하는 특유

---

12) 조정민, 「무라카미류『69 sixty nine』론」, 『日本文化硏究』 第30輯, 2009, 374-378쪽.

의 작품 세계를 형성하게 되는 것이다. 요컨대 류의 작품 세계는 일본이 냉전기를 통해 형성된 미국의 후방 군사기지 국가임에도 불구하고(혹은 바로 그 때문에), 겉으로는 매우 '평화로운' 일상을 유지하는 국가라는 딜레마를 강하게 의식함으로써 생성되고 유지되어왔다고 해도 과언은 아니다.[13]

그렇다면 이러한 류의 작품세계는 일본 내 미군기지 주둔의 정당성이 급격하게 떨어지는 탈냉전기에 이르러 어떻게 변해 가는가, 혹은 소련의 붕괴로 인한 기존 국제질서의 붕괴 속에서 류의 작품세계가 추구해왔던 '폭력'은 어떻게 지속될 수 있는가를 추적해볼 필요가 있다.

## 2. 미국의 부재와 정치적 '주체'의 실종

소련의 붕괴와 독일의 통일로 인해 냉전이 종식된 이후, 미국은 걸프전을 통해서 세계의 경찰국가를 자청하고 나섰다. 거기에 냉전시절의 군사통신망을 오픈시킨 인터넷과 이를 통한 자본의 자유로운 흐름은 미국적 시스템을 중심으로 하는 글로벌리즘의 성립으로 이어지면서 일본의 대미의존도를 더욱 부동의 것으로 만들었다. 이는 정치·경제적인 영역에만 국한되는 것이 아니라, 문화·예술적 영역에도 마찬가지로 적용된다. 그것은 예컨대 류가 『반도에서 나가라』에서 북한을 가지고 온 이

---

13) 黒古一夫, 『村上龍「危機」に抗する想像力』, 勉誠出版, 2009, 37쪽.

유를 설명하고 있는 다음과 같은 대목에서 드러난다.

> 서부극은 보안관이나 기병대가 주인공으로, 인디언 측에서 쓰여지지 않았고, TV 영화 '컴뱃'에서 독일군 병사의 이름을 아는 경우는 거의 없습니다. 예를 들면 스필버그의 「라이언 일병 구하기」는 노르망디로부터 시작해 사람들이 픽픽 쓰러져 죽습니다. (중략) 하지만 이름도 인격도 없는 독일군이 픽픽 쓰러져 죽어도 거의 신경 쓰이지 않습니다.[14]

대포동과 납치자 문제가 불거져 나오면서 '북한'이 미디어에 빈번히 등장하던 90년대는, 미국이 발신하는 뉴스와 영화 등 미디어의 전지구화를 통해 미국의 시점(perspective of America)이 확대되던 시기이기도 했다. 이러한 미국의 시점은 그들의 적에게는 "이름도 인격도" 상정하지 않는다는 점에서 문제가 있는데, 이는 『반도에서 나가라』에서 류가 일본인들에게 익숙하지 않은 북한 군인을 모두 고유명으로 표기하고, 신체적 특징과 배경에 대해서 상세하게 묘사한 것의 직접적인 이유이기도 했다. 다시 말해 이 텍스트 속 북한군 병사의 신체성에 대한 주시는 무엇보다도 일본인 안에 내면화되어 있는 '미국의 시점'으로부터 벗어나기 위한 시도라고 볼 수 있다.

이러한 시도는 일종의 초월적 시점을 제공하는 미국을 분명히 표상하는 것으로부터 시작된다.

…그 원숭이 같은 얼굴의 미국 대통령이 아프가니스탄과 이라크와 이

---

14) 村上龍, 「ロングインタビュー『半島を出よ』を語る」, 『群像』, 2005. 5, 156쪽.

란과 시리아의 민주화에 끝내 실패했다고 인정했을 때, 달러가 급격하게 내려가기 시작했다. 엔화는 잠시 올라가는가 싶더니 이내 달러와 자리를 바꿔 내려가기 시작했다. (중략)

달러화 폭락이 시작되었을 때, 일본은 상당한 액수의 미국 국채를 가지고 있으면서도 그것을 절대 팔지 않았다. 미국이 팔지 말라고 압력을 넣기도 했지만, 일본은 미국채의 대부분을 실제로 가지고 있지 않았다. 미국 재무성의 금고에 들어 있었던 것이다.

어쨌거나 국채를 팔지 말라고 뻔뻔스럽게 굴던 미국은 거만하게 일본을 냉대했다. 일본 농가의 가축사료인 미국산 옥수수 가격을 3할 가까이나 올리고, 당당하게 중국에 무기를 팔고, 서로 전쟁하지 말자고 약속하기 위한 북한과의 교섭도 자기 마음대로 벌였다. 일본사람들은 정치인이든 언론이든 지식이든 일반대중이든 간에 모두 갑자기 미국을 싫어하게 되었다.

언제나 미국에게 꼬리를 흔들며 충견 역할을 다해 왔는데, 먹이를 주기는 고사하고 대신 몽둥이로 얻어맞는 꼴을 당했다고 일본인들은 느꼈던 것이다. 그리하여 싫다는 정도가 아니라 미워하게 되었다.[15]

냉전 종식 후인 1990년대초 이라크의 쿠웨이트 침공에 대한 반발로서 벌어진 이라크 점령과 2001년 9월 11일 뉴욕에서 발생한 동시다발테러와 이에 대한 복수로서의 아프가니스탄 점령이 만약 모두 실패로 끝나게 되었을 경우, 경제적 위기에 빠진 미국이 일본에게 보여줄 태도와 그에 대해 일본인들이 느끼게 될 감정을 류는 위와 같이 그리고 있다. 즉,

---

15) 무라카미 류, 윤덕주 역, 『반도에서 나가라上』, 스튜디오 본 프리, 2006, 14-16쪽.

여기서 류는 미국을 자신의 이익에만 충실한 "뻔뻔스럽"고, "거만"한 "원숭이"로, 일본을 "꼬리를 흔들"어 대다가 "몽둥이로 얻어맞은" "충견"으로 그리고 있는 것이다. 미국의 동물성을 강조할 뿐만 아니라 이에 무비판적으로 순종하는 일본인을 '개'나 '양'처럼 간주하는 인식은 1950년대 이래로 좌익진영에게는 널리 공유된 것이지만, 미국 대통령을 원숭이로 표상하는 것은 매우 특이하다고 볼 수 있다. 예컨대 존 다워가 환기시켰듯이 태평양전쟁시 미국인들이 일본인들을 노골적으로 원숭이로 표상해왔음을 고려해볼 때,[16) 여기서 류는 단순히 미국의 대일정책을 비판하고 있는 것만이 아니라 미국인들이 일본인들을 보는 시점을 미국인에게 돌려줌으로써 이를 완강히 거부하려는 듯이 보인다. 물론 패전 이후부터 현재까지 그랬듯이 미국의 대타자로서 일본인들의 위상은 여전히 낮게 그려지고는 있지만, 미국을 "싫다는 정도가 아니라 미워하게 되었다"고 직접적으로 표현하고 있다는 점에서도 일본의 주류작가들의 작품 속에서는 좀처럼 찾아보기 힘든 변화가 감지된다.

이러한 표현들은 일차적으로는 탈냉전기 미국의 일본에 대한 태도로부터 느끼는 일본인들의 감정과 불안이 어느 정도인지를 짐작케 한다. 실제로 미국은 80년대부터 일본의 경제대국화를 노골적으로 견제해 플라자 합의를 통해 엔화격상을 거의 강제했고, 90년대에 들어서는 미국이 참전하는 전쟁에 '돈'만이 아니라 '피'를 공공연하게 요구했다. 이러한 상황 속에서 터진 9·11은 일본인들의 불안을 한층 가중시켰는데,

---

16) ジョン・ダワー, 猿谷要 監修, 『容赦なき戦争』, 平凡社, 2001, 165-176쪽.

2003년 3월 19일 미국의 이라크 재침공에 이은 육상자위대의 전투지역으로의 해외파병은 이러한 불안이 기우가 아니었음을 증명하고 있다. 무엇보다도 2004년 8월 13일 후텐마기지 소속의 헬기가 오키나와 국제대학 영내로 추락한 사건은, 일본인 내부에 있었던 생의 안전에 대한 불안에 불을 지펴, 반미의식을 분출시키는 중요한 계기가 되었다. 즉, 미국의 '전쟁'에 참여하게 될지도 모른다는 불안으로부터 시작된 반미정서는, 오키나와 문제로 리얼리티를 확보하게 된 셈이었다. 실제로 2008년 하토야마가 이끄는 민주당이 자민당을 몰아내고 정권교체를 한 후 가장 주력했던 사업 중 하나가 오키나와의 미군기지 이전 문제였다는 것은, 탈냉전기 일본인들에게 있어 미국이 그들의 생의 안전을 위협하는 존재로 각인되어 있었음을 역력히 보여준다.

하지만 흥미롭게도 『반도에서 나가라』에서 류는 일본인들의 반미감정이 주일미군기지와 미일안보조약의 단단한 지속 때문이라기보다는 오히려 그 반대의 원인으로 인해 증폭될 것으로 가정한다는 점에 유의할 필요가 있다. 즉, 위의 인용문에서 류는 탈냉전기의 미국이, 냉전기의 미국과는 달리 중국과 무기를 거래하고 북한과의 관계 개선에 나설 때 일본인들의 반미정서가 노골적으로 드러난다고 본다. 나아가 이러한 상황에서 북한 정부의 명령 하에 일본을 점령하러 온 고려원정군은 대외적으로는 스스로를 북한의 '반란군'이라고 선언하는데, 이는 미국이 국제법을 핑계로 북한을 '적'으로 분명하게 규정하지 않고 개입을 회피하는 근거가 된다. 이렇게 미일안보조약이 작동하지 않게 되는 바로 그 때, 일본 정부와 정치인, 그리고 국민들의 반미의식은 최고조에 달하게 된다고 류는 가정한다.

　일본열도 속에 '미국'이 부재할 때 일본인들이 반드시 직면하게 될 배신감로서의 '반미'는, 사실 미국에 대한 지나친 의존에 따른 후폭풍에 지나지 않을 뿐이므로, 텍스트 속에서 현재진행형으로 벌어지고 있는 북한군에 의한 점령 상황을 타개하는 데 전혀 도움이 되지 않는다. 그렇다면 이 텍스트에서 류가 강조하고 싶은 것은 일본인들의 가슴 속에 누적되어 온 '반미'라는 정서가 아니라, 미군의 주둔이 상수가 아니라 변수일 수 있다는 인식이 일본인들에게 부재하다는 점 아닐까.

　이는 일차적으로는 신좌익의 관점에서 전후민주주의의 온건성을 비판해온 류의 사고가 냉전체제의 종식과 더불어 변화하고 있음을 보여준다. 2000년대 중반의 류에게 있어 중요한 것은 '반미'라는 이념 그 자체가 아니라, 냉전 종식 후 어떻게 될지 모르는 국제 관계의 변동 속에서도 어떻게든 일본이 생존해야 한다는 것이다. 이러한 류의 사고 변화는 탈냉전기의 미국이, 냉전기의 미국과는 다른 행동패턴을 가질 수 있다는 현실인식 속에서 이뤄진 것이다 .

　이와 관련해 주의 깊게 볼 필요가 있는 것은 『반도에서 나가라』 속의 고려원정군이 북한이 아니라 북한 국적을 버린 무장한 난민의 형상을 띤 북한의 대리인으로서 그려지고 있다는 점이다. 왜냐하면 이러한 설정은 9·11이후 새로운 전쟁 양상과 거의 일치하고 있기 때문이다. 즉, 기존의 전쟁이 주권을 가진 국민국가 대 국민국가 간의 대결의 양상을 보였다면, 9·11이후에는 예컨대 IS와 같이 국가 밖의 비정규군과 국민국가의 정규군과의 전쟁이 일상화된, 이른바 '글로벌 내전화'가 확대되고 있다. 예컨대 도사 히로유키는 9·11이후의 '글로벌 내전화'의 역사에 있어 "주권국가 간의 대립 속에서 비국가주체(지하드 집단)를 대리전쟁의 행위자로 육성한 결과 비국가주체가 트랜스내셔널한 영향력을 지니는 프랑켄슈타인으로 성장해 패권국조차도 위협"하게 되었다고 지적하고 있는데,[17] 그런 의미에서 봤을 때 『반도에서 나가라』 속 북한의 대리로서의 고려원정군의 침공은 단순히 냉전기의 역사적 유물이 아니라, 매우 현대적인 의미의 가능한 전쟁의 형식으로 볼 수 있다.

『반도에서 나가라』는 황당한 SF가 아니라, "어느 정도의 리얼리티를 담보한 후에 벌어지는 사고실험"이라고 보는 마츠우라의 지적은 그런 의미에서 타당하다. 단 그 리얼리티란 패전 직후 오늘날까지 일본의 '적' 규정은 미국의 의해서 행해졌고, 그 역은 거의 존재하지 않았다고 하는 역사적 경험 속에서 획득할 수 있는 것이다. 황호덕이 지적한 대로 『반도에서 나가라』는 "적이 누구인가에 관한 것이 아니라, 말 그대로 적을 규정하는 문제에 관한 이야기", 부연하자면 **누가 적을 규정하는가라는 문제**에 관한 이야기라고 볼 수 있다.[18] 폭력적인 소년들을 이끌고 있는 이시하라의 다음과 같은 대사도 그런 맥락에서 이해될 필요가 있다.

> 녀석들은 적이다. 이상한 일이지만, 아직 일본의 그 누구도 저 녀석들을 적이라고 선언한 적이 없지만, 여기서 내가 분명히 선언하마. 저 녀석들은 적이란 말이다.[19]

---

17) 土佐弘之, 『境界と暴力』, 岩波書店, 2016, 3–4쪽.
18) 황호덕, 「녀석들은 적이란 말이다!」, 『창작과비평』 133호, 2006년 가을호, 271쪽.

여기서 류는 이시하라를 통해 고려원정군을 '적'으로 분명하게 '선언'하지만, 이야기 속에서 이러한 선언은 일본정부와 대다수의 일본인들의 입장을 대변한 것은 아니라는 점에 유의할 필요가 있다. 즉, 일본정부 관계자는 미국의 부재로 인해 미국에 대한 배신감에 휩싸이지만, '국민의 희생'을 막기 위해서라는 명목하에 북한과 고려원정군을 '적'으로 규정하는 것을 끊임없이 유보할 뿐만 아니라, 고려원정군에 의한 후쿠오카 점령을 '전쟁', 즉 평화시의 안정된 질서가 파괴된 '예외상태'로서 명확하게 규정하고 개입하기는커녕 아예 '다수의 피해'를 막기 위해 규슈 전체를 봉쇄함으로써 지배권을 포기한다. 피점령자인 후쿠오카 시민이 그러한 일본정부에 배신감을 느끼며 공동운명체로서 북한 반란군에 친화적인 태도를 취하고 결국 이 예외상태를 자신들의 일상으로 받아들이게 되는 것은 어떤 의미에서 당연하다. 결국 이 이야기 속에서 자신들의 평화적 일상 공간 속으로 치고 들어와 둥지를 틀려 하는 타자를 '적'으로 규정하거나, 이러한 상황을 '전쟁상태'로서 선언하는 일본인은 사실상 반사회적인 이시하라와 그가 이끄는 그룹 밖에 없다. 주체가 정치적인 행위를 통해서 구성되며, 정치적인 행위는 '적과 동지의 구별'이라고 본 칼 슈미트의 견해를 따르자면,[20] 이러한 설정을 통해서 류는 도래하고 있는 탈냉전기적 상황에 대응할 수 있는 정치적 주체가 일본에 부재함을 드러내고자 한다.

이렇게 점령하의 일본 정부와 국민 대다수가 북한에서 온 고려원정

---

19) 무라카미 류, 앞의 책, 288쪽.
20) 카를 슈미트, 김효전 역, 『정치적인 것의 개념』, 살림, 2012, 39쪽.

군에 대한 명확한 적대시를 주저한다는 설정은 텍스트의 시간적 배경이
되는 2000년대 일본을 휩쓸아친 반북(反北) 정서와는 동떨어져 있는 것
처럼 보일지도 모른다. 하지만 이러한 태도는 실은 전후 일본사회가 북
한에 대해 오랫동안 취해 왔던 태도와 괘를 같이한다. 물론 1952년 샌프
란시스코 강화조약과 미일안보조약 체결 이후 일본정부의 '적'은 기본적
으로 미국의 기준에 의해서 암묵적으로 규정되었지만, 이는 북한에 한
해서만 예외적이기도 했다. 거기에는 기지와 핵 문제를 계기로 미국을
전인민의 적으로 보는 이른바 '좌파진영'에서 북한을 비롯한 사회주의진
형과 제3세계에 대한 친밀함이 높았고,[21] 무엇보다도 조총련의 존재가
오랫동안 일본정부로 하여금 북한을 '적'으로 공식화하는 것을 꺼려하도
록 만들었다고 하는 이유가 있다. 이는 『반도에서 나가라』 속의 북한군
에 대한 친화적인 표현과도 일정 부분 관계가 있다. 분명 텍스트 속에서
는 북한체제의 모순과 그 속에서 훈육된 군인들의 비인간적 측면이 강
조되고 그들은 마침내 이시하라 그룹에 의해서 마침내 괴멸되지만, 일
본정부와 일본 국민들에게 끝내 북한이 명시적인 '적'으로 규정되지는
않았다는 점은 유의할 필요가 있다.

　사실 이 작품 속에서는 북한에 대한 적대감과 친밀감이 뒤섞여 있다.
다음 장에서 보다 상세하게 확인하게 되겠지만 이 작품 속에서 고려원
정군에 대한 표상은 이원적인 데 비해, 미국은 마지막까지 부정적인 이
미지로 일관된다. 이시하라 그룹의 호텔 파괴로 인해 고려원정군이 괴

---

21) 윤건차, 『자이니치의 의 정신사』, 한겨례출판, 2016, 433쪽.

멸되기 직전, 일본정부가 "변함없이 미국정부와 주일미군의 협력을 구하고 이것은 침략행위라고 UN안보리에 호소하고" 있음에도 불구하고, 미국은 "후쿠오카 영사관의 재개를 검토"하고 있고,[22] 엄청난 희생을 치른 후에 일본인들이 얻는 교훈이 "군비확장"이 아니라 "외교뿐만 아니라 아시아나 미국과의 협조 관계없이는 긴급사태에 대처할 수 없다"는 것임에도 불구하고 양국 관계는 여전히 "식은 채"로 개선의 여지를 보이지 않는다는 설명이 이를 뒷받침해준다.[23] 그렇다면 미일관계에 대한 이러한 전망은 과연 어떻게 해석될 수 있을까.

이는 단순히 류가 여전히 신좌익적 아이덴티티에 머물러 있음을 의미하는 것만은 아닐 것이다. 그보다는 신좌익적 성향이 강한 류에게조차 탈냉전기의 일본인들에게 중요한 것은 북한보다는 미국과의 관계이며, 그럼에도 불구하고 미국과의 관계는 여전히 해결하기 힘든 딜레마로 남아 있음을 의미한다고 보는 편이 보다 생산적일 것이다. 실제로 9·11 이후 류는 테러를 박멸해야 한다는 미국의 요청에 응할 때만큼 거부할 때도 리스크과 메리트가 있음을 지적한 바 있는데,[24] 『반도에서 나가라』에서는 특히 일본열도 속에 미국이 부재할 경우에 일본이 지불해야 할 대가가 만만치 않음을 지적함으로써 전후일본에서의 미국의 영향력이 얼마나 큰지를 재차 인식시키고 있는 것이다.

그럼에도 불구하고 미국의 부재 가능성을 정면으로 바라보지 않는

---

22) 무라카미 류, 앞의 책, 546쪽.
23) 무라카미 류, 위의 책, 598쪽.
24) 村上龍, 『収縮する世界 閉鎖する日本』, NHK出版, 2001, 23쪽.

다면, '리얼한 현실'에 근접할 수 없다고 그는 주장한다.

리얼한 현실이란 번거롭고 귀찮은 것이다. 전후 일본은 미국의 비호에 기대서 그러한 현실과 마주하는 것을 피해왔다. 그러한 나라는 오로지 현실을 흉내 내기만 할 뿐이어서 사회나 문화는 세련되어 가지만 이윽고 역동성을 잃고 쇠퇴로 접어든다.[25]

류가 미국의 일본 주둔에 대해서 비판적 입장을 취하는 최종적인 이유는 미국이 일본에 행하는 폭력 때문이 아니라, 미국이 '폭력'이라는 "번거롭고 귀찮은" "리얼한 현실"에 일본인들이 직면하는 것을 가로막고 있다고 인식하고 있기 때문이라는 것을 알 수 있다. 『반도에서 나가라』 속에서 그 "리얼한 현실"이란, 칼 슈미트식으로 말한다면 "주권자란 예외상태를 결정하는 자"라는 사실을 정면에서 직면해야 한다는 것, 다시 말해 스스로 외부의 폭력에 맞닥뜨려야 한다는 것에 다름없다.[26] 류는 전후일본의 정치가들이 그러한 주권자로서의 기능을 "미국의 비호"에 기댐으로써 스스로 방기해왔다고 비판하고 있을 뿐만 아니라, 미국 부재시 모든 일본인들이 감당해야 할 리스크가 무엇인지를 환기시키고 있는 것이다.

---

25) 무라카미 류, 윤덕주 역, 『반도에서 나가라下』, 스튜디오 본 프리, 2006, 594쪽.
26) 칼 슈미트, 김항 역, 『정치신학』, 그린비, 2010, 16쪽.

## 3. 전후일본의 거울로서 '북한'의 폭력성

그렇다고 류가 예컨대 고려원정군처럼 '폭력'을 자유롭게 행사할수 있는 자만을 탈냉전기에 적합한 주체로 상정한다고는 볼 수 없다. 오히려 류는 북한 병사들에게 '폭력'은 무엇보다도 자신들의 주체성을 말살하는 데 쓰인다는 점을 다음과 같이 환기시키고 있다.

> 그런 린치는 인간의 의지나 감정을 없애버리는 데 더할 나위 없이 효과적이다. 공화국에서는 일반 군대 및 국가안전보위부의 엘리트인 특수전 부대에서부터 범죄자나 정치범이나 반혁명분자를 가축처럼 다루는 수용소에 이르기까지, 고통과 굴욕과 공포로 인간을 제어하는 여러 가지 방법이 개발되어 있다.

> 하고 싶은 말을 하라, 이런 지시 자체가 틀린 것임을 한승진은 깨달았다. 이 사관들은 어떤 고통이나 공포도 참아낼 수 있지만, 친구끼리인 척하는 것은 할 수 없다. 또한 친구란 원래 서로 하고 싶은 말을 하는 것이 아니다.[27]

폭력이 수반하는 육체적 고통과 정신적 굴욕, 그리고 공포가, 엘리트부터 '가축'처럼 취급받는 수용소의 '반혁명분자'에 이르기까지 공유되고 있는 폭력국가로서 북한. 이러한 폭력국가로서의 북한의 이미지는 한국인들과 일본인들에게 실은 그리 새로운 것은 아니다. 2차 세계대전 이후 서방세계에서는 폭력을 통해 국민의 사상을 지배하는 국가를 전체

---

27) 무라카미 류, 『반도에서 나가라上』, 141-142쪽.

주의 국가로서 간주하고 이에 대한 비판적인 관점을 취했는데, 조지 오웰이나 솔제니친의 작품은 이러한 시대적 조류를 대표하는 것이라 볼 수 있다. 전후일본의 사상계 또한 일본제국을 이러한 전체주의적 국가로 간주하고 비판하는 데 주력해왔고, 한국에서는 80년대 민주화운동을 거치면서 한국의 폭력성을 적극적으로 비판함으로써 직접적인 폭력을 통한 통치를 지양하는 민주주의 국가로 거듭나게 되었다.

실제로 탈냉전기에 들어 직접적인 폭력을 통해 국민을 통제하는 국가는 그리 흔치 않게 되었다. 그것은 헐리웃 영화에 북한이 등장하는 빈도가 높아지게 된 이유와도 관련된다. 냉전기의 패러다임을 유지할 수 없게 된 상황에서도 여전히 흥행을 보장해주는 액션영화 시리즈를 제작하지 않을 수 없는 영화제작사의 관점에서 본다면, 이유여하를 막론하고 바로 살상을 하더라도 어떤 윤리적 상처도 입지 않고, 어떠한 시장적 불이익도 불러일으키지 않는 북한 같은 '적'의 이미지는 어떤 의미에서는 매우 소중한 것이다. 적어도 엔터테인먼트라는 관점에서 봤을 때 『반도에서 나가라』에 북한이 등장한다는 것은 사실 그리 특이한 것은 아니다. 심지어 전선을 마주하고 있는 한국에서조차 탈냉전기에 접어들어 거침없이 북한을 표상하고 있다는 점을 고려해본다면, 일본문학 속의 '북한' 표상은 오히려 늦은 감이 있다.

이는 앞서 언급했듯이 전후 처리 과정에서 잔류된 재일조선인들의 존재와 전후일본의 사상·문화적 담론이 국가폭력의 대상을 주변국이 아니라 자기 자신인 일본에서 찾아왔다는 점과도 관련이 있다. 굳이 바깥으로 시선을 돌리지 않더라도 국가권력에 의한 폭력의 기억은 생생하게 남아 있는 것이다. 하지만 바로 그 때문에 외부에 있는 폭력에 대한 접근은 지나칠 정도로 터부시되어온 것은 아닐까. 그런 의미에서 본다면 '폭력'적인 북한을 끌어들이는 것 그 자체가 내부의 폭력가능성에 초점을 맞춰온 '전후민주주의'와 이를 지탱해온 '냉전'적 사고의 패러다임에 균열을 가한다고 할 수 있다.

그렇다고 류가 단순히 북한을 통해 국가권력의 폭력성을 비판하기 위해서만 텍스트 속에 북한을 등장시키고 있는 것은 아니다. 그보다는 일본 국내외적으로 '폭력'에 대한 상상력이 약화된 상황 속에서 북한 병사들이 행사하는 구체적인 '폭력'을 통해 현재 일본인들의 모습을 드러내는 게 일차적인 목적인 듯이 보인다.

먼저 류는 탈냉전기의 동아시아에서 북한이 가지고 있는 절대적 장점으로서의 '폭력'이, 오히려 국가로서의 주권을 유지하는 데 방해가 될 것이라 진단한다. 항상적인 경제적 위기 속에 있는 북한은 스스로가 훈육한 '폭력'을 더 이상 유지하고 관리하는 것 자체가 불가능한 지경에 처하게 되었지만, 그렇다고 바로 그것을 해체할 수도 없을 만큼 비대해졌기 때문이다. 그 경우에 남은 선택지가 바로 대포동과 원자폭탄 같은 더 크고 압도적인 폭력을 추구함으로써 내부적인 결속력을 다지고 주변국의 경제지원을 이끌어내는 것이겠지만, 류는 거기에 폭력의 출구를 마련함으로써 이를 해소할 수 있다는 옵션을 추가한다. 후쿠오카를 점령하려는 고려원정군은 바로 그러한 출구전략으로 이해할 수 있다.

물론 내부의 위기를 외부로 돌림으로써 해소하고자 함은 어떤 의미에서는 매우 '일본적'인 상상력에 지나지 않는다. 이는 류가 북한 장교의

'육성'을 통해서 후쿠오카를 점령하는 고려원정군을 율도국을 찾아나서는 홍길동으로 비유하는 대목을 통해 확인할 수 있다. 홍길동은 국가권력의 '공작'에 의해서 의도적으로 만들어진 것이 아니라, 철저히 그로부터 소외됨으로써 자연스럽게 생성되고 유지되는 힘인 반면, 고려원정군은 '반도를 나가라'라는 지령을 받고 추진되었다는 점에서 전형적인 국가폭력이기 때문이다.

하지만 만에 하나 국가권력에 의해서 훈육된 북한의 '폭력'이 그 밖으로 분출될 때, 이는 일본에게도 치명적인 위험이 된다는 것은 분명하지 않은가. 일본에게 북한의 '폭력'이 위협적인 것은, 북한이 과거사에 대해 깊은 원한을 가지고 있기 때문은 아니다. 그들은 어떤 목적을 위해서라면 "아무리 잔인한 명령이라도 낯빛 하나 바꾸지 않고 실행하며, 아이나 노인일지라고 가차 없"으며,[28] "피지배자의 이해와 공감에는 전혀 관심이 없"이, "가장 효율적인 지배 방법만을 생각"해, "생존을 허락하는 게 효율적이라면 살려두고, 섬멸하는 게 효율적이면 전부 죽인다."[29] 이렇게 개인적 감정의 영역이 차단된 채, 통치권자의 명령을 최대한 효율적으로 수행할 수 있도록 기계화된 북한군의 '신체'는 물론 허구이기는 하지만, 만일 그것이 현실로서 일본 국내에 존재한다면 그 자체로 일본에 충분히 위협적일 수 있다.

북한군을 무자비한 폭력기계로 단순화하려는 이러한 류의 서사에 저항감을 느끼는 것은 당연하지만, 이러한 잔인한 폭력성은 비단 북한

---

28) 무라카미 류, 위의 책, 138쪽.
29) 무라카미 류, 위의 책, 526쪽.

만이 아니라 전세계의 거의 모든 특수부대들의 공통적인 이상이기도 하다. 예컨대 신체로부터 감정을 분리함으로써 비밀공작원을 양성하는 미국 정보기관의 비밀 프로젝트 문제를 다루고 있는 〈본〉 시리즈(2002~현재까지)는 그 대표적인 예이다.

효율적인 전투 수행이라는 관점에서 봤을 때 현대전에서 인간의 신체로부터 감정을 분리하는 것이 얼마나 중시되고 있는지를 보여주고 있는 이 영화는, 베트남 전쟁 이래로 미국 병사들의 상당수가 자신이 행사한 폭력의 트라우마에 시달리고 있다는 배경 위에서 만들어졌다. 그 트라우마는 자신들이 저지른 수단으로서의 폭력을 지탱하는 이념이 옳았는가의 여부보다는, 전장에서 경험한 폭력의 비대칭성에 기인한다. 즉, 현대 전쟁의 양상은 국민국가의 정규군들끼리의 대결에서, 철저히 훈육된 군인 대 총을 든 소년이나 폭탄을 몸에 만 여성 등의 민간인으로 바뀌었고,[30] 이 과정에서 작전에 참여한 군인들은 약자에게 총을 쏠 수도 없고, 쏘지 않을 수도 없는 아포리아적 상황에 무수히 직면하게 된다. 이러한 경험은 그들이 현실 사회로 돌아와 약자 속에 섞이게 될 때 심각한 트라우마가 되는 것이다. 그런 맥락에서 봤을 때 『반도에서 나가라』 속의 북한 병사들은 단순히 구시대적인 병사가 아니라, 폭력의 강도가 압도적으로 비대칭적인 상대에 대해 태연하게 폭력을 행사하고도 아무런 트

---

30) 뮌클러는 오늘날 전지구적으로 국민국가 사이의 대칭적 전쟁 대신 비대칭적 전쟁의 반발 가능성이 높아지고 있다고 주장하는데, 이에 대한 예로서 "소년병의 수가 전 세계적으로 약 30만 명에 이를 것으로 추산한다"고 하는 UN 통계를 제시하고 있다. 헤어프리트 뮌클러, 공진성 역, 『새로운 전쟁 - 군사적 폭력의 탈국화』, 책세상, 2012, 46쪽.

라우마를 느끼지 않는, 그야말로 탈냉전기에 가장 이상적인 군인의 모습으로 표상되고 있음을 알 수 있다.

이러한 류의 관점에서 본다면 북한 병사들을 곤혹스럽게 만드는 것은 자신들에게 행사되는 폭력의 부당성에 대항하거나 항의하는 것이 아니라, 오히려 그러한 폭력의 가능성을 상상조차 하지 못하는 모습이다.

말재주가 없어서 잘 설명할 수 있을지 모르겠습니다만, 최효일이 아들의 눈을 찔렀을 때 아버지는 도망가지 않았습니다. 또 이 호텔의 짐 담당 종업원도 내가 화가 머리끝까지 나서 고함쳤을 때, 마치 망치에 맞아 정수리 깨진 개 같은 표정이었습니다. 그러고서 아들의 죽음을 보았던 그 아버지처럼 도망가지도 않고 우두커니 서서 나에게 잘못을 빌더란 말입니다.

한승진은, 공포가 너무나 크면 인간은 그것을 받아들일 수 없다고 말했다. 네, 알겠습니다. 김학수는 납득한 표정이었다.[31]

예컨대 도미야마 이치로는 전후 오키나와 소학교 교사에 의한 "너희들도 자칫 오인되어 살해당하는 일이 없도록"이라는 발언을 통해서, 폭력이 일상화되어 있는 세계 속에서 언어행위가 어떻게 이루어지는지 보여준 적이 있다. 즉, 오키나와에서 '오인되지 않도록'이라는 말은, "살해당한 자 바로 옆에 있는 자의 목소리", 즉 "이미 남의 일이 아님"을 시사함과 동시에, "언어행위를 통해서 폭력에서 벗어나고자 하는 극한의 기대감"으로 들린다고 한다.[32] 그런 맥락에서 본다면 위의 인용에서 북한

31) 무라카미 류, 앞의 책, 194-195쪽.

병사가 "아들의 눈을 찔렀을 때 도망가지 않는" 아버지와 "화가 머리끝까지 나서 고함쳤을 때", "도망가지도 않고 우두커니 서서 잘못을 비는" 호텔 종업원의 태도를 이해할 수 없는 것은, 전후 오키나와 이외의 지역에 사는 일본인들의 일상이 저러한 방식의 폭력을 예감할 수 없을 정도로 평화롭다는 것을 강조하려는 작가의 전략으로 이해할 수 있다.

이렇게 류는 폭력의 관점에서 세계를 보는 북한군의 시점으로 '평화'에 익숙해진 전후일본의 문제점을 차례로 진단해 가는데, 북한군의 관점에서 가장 큰 문제는 위와 같은 반응이 일반시민뿐만이 아니라 정치인들에서도 보인다는 점이다.

> 이번 작전에 참가했을 때, 박명은 이런 점에 대해 한승진 사령관에게 물은 적이 있었다. 일본정부는 일반시민들이 휘말릴 전투는 하지 않는다는 말입니까? 인도적이고 싶다는 겁니까? 한승진 사령관은, 인도적인 정치인 따위는 없어 하고 웃었다.

> 인도적인 정치인이란 건 호전적인 평화주의자나 마찬가지로 모순된 것이다. 정치인은 항상 소수를 희생시켜 다수를 살려야 하는 숙명을 짊어진다. 일본정부는 후쿠오카 시민의 생명을 최우선으로 생각하는 게 아니다. 자위대에 공격명령을 내려 많은 일반시민들이 죽으면 국민적인 비판이 들끓어 정권을 유지할 수 없다고 생각하는 것뿐이다.[33]

> 위는 후쿠오카 돔을 무력으로 점령한 자신들을 소수의 인질을 잡고

---

32) 도미야마 이치로, 손지연 역, 『폭력의 예감』, 그린비, 2009, 27쪽.
33) 무라카미 류, 앞의 책, 301쪽.

있다는 이유로 공격해오지 않는 일본정부를 보고 의문을 느끼는 북한군 특무상사의 반응에 대한 작가의 설명이다. 즉, 류의 관점에서 본다면 북한에서는 권력자부터 일반국민에 이르기까지 다수를 위한 소수의 희생이 불가피하다는 공리주의적 가치판단이 여전히 살아 있으므로, 다수에 의한 소수의 희생은 '폭력'이 아니다. 반면 전후 일본에서는 소수의 희생은 그 자체로 반인도적인 폭력으로 비춰짐으로써 정치인들도 소수의 희생을 결정하기 힘들어지게 되었고, 이러한 판단유보는 결국 더 큰 대가를 불러일으킬 가능성이 높다고 류는 예감한다. 실제로 소설 속에서 일본의 정치인들이 최종적으로 선택한 것은 혼슈(다수)를 위해서 규슈(소수)를 포기하는 것이었는데, 이로써 위의 인용에 등장하는 "인도적인 정치인은 없다"고 말하는 사령관의 말은 증명된다. 실제로도 이러한 류의 예감은, 2011년 3월 후쿠시마 원전폭발 사고를 통해서 충분히 입증되었다고 볼 수 있다. 결국 류는 적을 규정하는 것뿐만 아니라, 다수를 위해 희생될 '소수'를 결정하고, 경우에 따라서는 비인간적인 폭력을 불사할 수밖에 없는 것이 정치적 행위이며, 이는 그 자체로 폭력적인 것임을 인정하지만, 이러한 정치적 행위의 지연이나 방기야말로 더욱 폭력적인 사태를 불러일으킨다고 경고하고 있는 것이다.

단, 류가 작품 속 북한군의 시점을 빌어 "일본인들은 폭력에 익숙하지 않다"고 말할 때,[34] 이는 단순히 일본에는 그러한 잔혹한 폭력이 전혀 없다는 뜻으로 받아들여서는 안 된다. 주지하다시피 살인이나 유괴 사

---

34) 무라카미 류, 위의 책, 321쪽.

건 등을 톱뉴스로 내보내고 반복하는 미디어를 통해서 일본인들은 일상 세계에서 벌어지는 잔혹한 폭력에 상당히 익숙해져 있다. 류 또한 "지네와 노래기"로 "같은 반 학생의 왼쪽 반신을 마비"시킨 독 전문가인 시노하라 "앞을 걸어가던 아줌마의 엉덩이가 빵빵하게 흔들리는 모습이 만져달라고 호소하는 것 같아서 손을 댔더니, 큰소리로 따져서 가지고 있던 등산용 나이프로 목을 찢어" 놓은 스기오카와 같이 폭력적인 젊은 이들이 일본사회에 있으며, 이들이 위험하다는 것을 작품 초반부터 독자들에게 주지시킨다. 이는 90년대부터 일본사회를 진감시킨 소년범죄들을 연상시키기에 충분하지만, 이들의 폭력보다 더 '성가신' 존재로서 다음과 같은 사람들이 제시되고 있음을 놓쳐서는 곤란하다.

> 스기오카나 시노하라 같은 인간은 분명 위험하다. 그러나 그보다도 성가신 것은 녹공(녹지공원의 준말)에 모여 있는 무리들이다. 그들은 회사의 편의에 따라 회사에서 내쳐졌는데도, 가족에 의해 집에서 쫓겨났는데도, 국가에게 예금을 빼앗겼는데도, 그런데도 무엇인가를 믿으려고 한다. 정말로 무엇인가를 믿고 싶어서 믿을 것을 찾는 게 아니고, 무언가에 매달리지 않으면 두렵다는 이유 하나로 기댈 데를 찾고 있는 것이다.[35]

류의 눈에는 시노하라나 스기오카 같은 소년들의 폭력보다, 자본과 가족, 국가에 의해 배제되었음에도 여전히 "기댈 데를 찾고 있는"(국가를 요청하는) 부랑자들이 더욱 위험하게 비춰진다. 바로 이들의 존재야

---

35) 무라카미 류, 위의 책, 22–23쪽.

말로, 배제를 통한 포섭, 혹은 포섭을 통한 배제라는 식의 '폭력'적인, 그러나 정작 위기 상황에서는 무력한 일본의 정치 시스템을 합리화하고 유지시킬 수 있는 중요한 원인으로 지목되고 있는 것이다. 이렇게 류는 현실에서 벌어지는 모든 모순을 '국가'라는 시스템의 문제에 수렴시키기보다는, 그러한 국가의 모습을 그저 방기하는 국민들에게도 책임이 있음을 제시한다.

『반도에서 나가라』에서 류는 일본에는 북한에 필적하는 폭력이 존재하지 않음을 보여줌으로써, 일본정부도 이에 걸맞은 폭력적 장치가 필요하다고 주장하지는 않는다. 류는 표면적으로는 북한과 일본 내 폭력의 존재 방식의 비대칭성을 분명히 드러내고 있다. 하지만 이는 어느 한쪽의 폭력이 우월하다고 말하면서 공포를 부추기기 위해서가 아니며, 오히려 양쪽 국민 모두 표면적으로 보이는 폭력 뒤에 숨어 감춰져 있는 폭력성에 대해서는 맹목적으로 복종함을 드러내기 위해서는 아닐까. 그러니까 항상적인 폭력으로 국민을 관리하는 공포국가로서의 북한과 '평화'와 '민주주의'라는 이념을 지킨다는 명목 하에 위기관리에 미숙한 국가로서의 일본, 이 두 나라의 배후에는 똑같이 그런 국가에 계속해서 의지하며 무엇인가를 기대하는 사람들이 존재하고 있다는 공통점이 있음을 류는 지적하고 있는 것이다.

## 4. 탈냉전기의 반지성주의가 의미하는 것

결국 『반도에서 나가라』에서 탈냉전기 도래할지도 모르는 위기상황 속에서 일본을 구할 수 있는 유일한 주체로 상정된 존재는 바로 "생명의 안전을 최우선으로 생각한다"는 국가의 통치술을 믿지 않는 이시하라의 그룹이다. 특히 "국가는 머저리티를 지키기 위한 필요성에 의해 생긴 것"이라는 신념 속에서 일본정부를 신뢰하지 않고 부랑자들과 섞여 살며 폭력을 불사하더라도 철저히 마이너리티의 편에서 서며, 후쿠오카를 점령한 고려원정군을 적으로 간주하고 폭력적인 소년들을 이끌어 이를 격퇴하는 이시하라라는 인물은, 이 텍스트 속에서 유일하게 리더십을 가진 일본인이라는 점에서 주의 깊게 살펴볼 필요가 있다. 왜냐하면 그는 2010년대 일본 담론계의 중요한 키워드가 되는 '반지성주의(反知性主義)'의 특징과 상당 부분 일치하기 때문이다.

매카시즘의 광풍이 휘몰아치던 1950년의 미국을 "반지성주의"라는 키워드를 통해서 조망한 리처드 호프스태터에 의하면, 반지성주의는 "지적인 삶 및 그것을 대표한다고 여겨지는 사람들에 대한 분노와 의혹"이며 "그러한 삶의 가치를 늘 극소화하려는 경향"으로 정의되고 있다.[36] 더불어 호프스태터는 그러한 반지성주의는 제대로 된 지적 훈련을 받지 못한 대중에 의해서 나타나는 것은 아니라는 점을 분명히 밝힌다. 즉, 반지성주의는 "지식인의 말단, 자칭지식인, 패거리로부터 제명된 지식인,

---

36) Richard Hofstadter, *Anti-intellectualism in American Life*, Vintage, 1962, p.7.

인정받지 못하는 지식인" 등에 의해 이뤄진다고 한다.[37] 실제로 소설 속에서 이시하라는 규슈 시민 시가문학상 최우수상을 수상한 시인이기도 하며, "머저리티를 다수파라고 번역"할 수 있을 뿐만 아니라, 고려인민군의 본질이 "적"이며 이들에 대해 최고의 엘리트들로 구성된 일본 정부가 제대로 대처할 수 없음을 간파할 수 있는 지적 능력의 소유자이다. 그럼에도 법이 미치지 않는 곳에서 폭력적인 소년들과 함께 하며, 폭력으로 사태를 해결하는 데 주저함이 없는 그는, 전후민주주의의 이념과 이에 따르는 엘리트 관료들을 신뢰하지 않고 비판한다는 점에서 반지성주의자의 조건에 정확하게 부합한다. 이런 인물에게 위기에 처한 일본의 구원을 맡기는 『반도에서 나가라』는 2010년대 일본에 몰아닥치는 일종의 '반지성주의'의 출현을 예감하는 텍스트라고도 볼 수 있을 것이다.

주지하다시피 전후일본 사회에서 반지성주의라는 용어는 3·11 동일본대지진과 후쿠시마 원자력 발전소 사고 이후 아베 신조 내각의 출범과 재특회의 출현 등으로 인한 일본사회의 보수화 경향을 설명하기 위한 용어로서 등장했다. 예컨대 시라이 사토시는 국가의 폭력성과 국가 내 구성원들 상호간의 적대성을 받아들이지 못하고 '부인'하는 정치인의 태도에서 일본 특유의 '반지성주의'를 본다.[38] 이러한 시라이의 견해에 따른다면 『반도에서 나가라』 속의 '반지성주의'는 이시하라보다는 정치인과 관료들에 만연해 있다고도 볼 수 있다. 그들은 엘리트임에도

---

37) Richard Hofstadter, Ibid, p.21.
38) 白井聡,「反知性主義, その世界的文脈と日本的特徴」,『日本の反知性主義』, 晶文社, 2015, 95-109쪽.

불구하고 닥쳐온 위기 상황에서 국가가 행사해야 할 폭력성과 구성원들 상호간의 견해의 충돌을 '부인'하기 때문이다. 위기상황 속에서조차 국가폭력의 행사를 가능한 회피하려고 하는 한, 그들은 가장 먼저 취해야 할 조치에 대한 우선순위를 정하지 못하고 그럼으로써 위기는 조기진화되기는커녕 파국적 상황으로 치닫게 된다. 이렇게『반도에서 나가라』는 위로는 정치인과 관료, 아래로는 그들을 부정하고자 하는 퇴락한 지식인들에 이르기까지 '반지성주의'가 일본 구석구석에 스며들어 있음을 보여주고 있는 것이다.

사실 이 글의 작가 무라카미 류야말로 일본의 엘리트주의에 대해 노골적으로 적대감을 드러내는 반지성주의를 대표한다고 볼 수 있는데, 실제로 그는 2000년에 발표된 장편『엑소더스』(원제 :『希望の国のエクソダス』)에서 엘리트들로 구성된 집단의 위기 대처 능력의 한계를 다음과 같이 지적한 바 있다.

> 리스크 관리가 중요하다는 사실은 잘 알고 계시겠지만, 리스크라는 것은 그것이 무엇인지 특정할 수 없으면 관리가 불가능합니다. 이 나라에는 원자력이라든지 환경호르몬이라든지, 또는 그런 것을 포함한 환경 전반으로 확대해도 상관이 없지만, 또는 안전보장이라든지 치안이라든지 금융 시스템 같은 매크로 모델이라도 좋은데, 요컨대 2~3% 확률로 일어나는 중소 규모의 사고나 위기에 대한 리스크는 특정할 수 있으나 0.0000001%의 확률로 일어나는 거대 규모의 사고나 위기에 대해서는 처음부터 리스크 산출을 하지 않고 있습니다. 그런 경향은 가정에서 국가에 이르기까지 모든 단위의 공동체에서 찾아볼 수 있는데, 결국 리스크 매니지먼트가 불가능합니다. 그것은 정말 위험한 일이에요.[39]

장기불황으로 인해 구조개혁의 필요성이 회자되고 있는 상황에서도 교육 개혁은 이뤄지지 않고 있는 근미래인 2000년, 이를 답답해하는 16살 소년이 등교거부를 하는 학생들을 모아 인터넷 방송 회사를 창립하여 대성공을 거둔 후 일본으로부터 실질적인 독립을 거둔다는 내용의 이 소설에서, 위 부분은 왜 일본에 희망이 없다고 생각하느냐는 질문에 대한 학생의 대답의 일부이다. 비록 아주 적은 확률이기는 해도 사회에 일어날 수 있는 리스크를 아예 산출조차 하지 않는 나라에는 희망이 없다고 하는 이 학생의 주장은 일단 현대 일본 사회가 리스크 관리의 중요성에 대해서는 어느 정도 인식하고 있다는 전제 위에 성립된다. 즉, 지진이나 수해 같은 리스크를 상정하고 이것이 실제로 도래했을 때의 대처방안을 매뉴얼로 만드는 것은 현대 일본 사회의 기본적인 상식이 되어 있음은 이 학생도 주지하고 있다. 하지만 상정할 수 없는 리스크에 대해서는 아예 매뉴얼도 없는 것은 아닌가. 진정한 리스크 매니지먼트란 결국 상정할 수 없는 상황이 도래할 때를 대비하는 것이라 볼 때, 일본에는 리스크 매니지먼트라는 것이 아예 존재하지 않는다고 해도 무방한 것은 아닌가. 이러한 학생의 의문을 통해서 류는 매뉴얼 국가 일본의 가장 취약한 부분을 건드리기 시작한 것이다.

이러한 류의 문제제기는 사실상 2011년 3·11 동일본대지진을 통해서 확인된 바 있다. 주지하다시피 일본정부와 도쿄전력은 쓰나미에 의한 피해로 원전이 정지될 리스크를 아예 산출하지도 않았음을 공식 기

---

39) 무라카미 류, 양억관 역, 『엑소더스』, 웅진닷컴, 2001, 256쪽.

자회견 자리에서 "상정외"라는 단어를 수차례 거듭함으로써 사후적으로 증명했다. 하지만 2000년 전후의 류의 문제의식은 아직 거기까지 달하지는 못했고, 대신 9·11을 기점으로 일본의 리스크 매니지먼트가 여전히 냉전기의 패러다임 속에 있는 것은 아닌가 하는 의문을 갖기 시작한 듯 보인다. 그러니까 냉전기 일본 정부와 국민이 상정한 최대의 리스크는 무엇보다도 핵전쟁이었고, 이를 회피하기 위한 수단이 바로 오키나와로의 미군기지 이전과 원자력발전소의 건설이었다면, 탈냉전기 일본의 리스크는 과연 무엇인가.

『반도에서 나가라』는 이러한 질문에 진지하게 답하지 않는 전후 일본의 지성계에 대한 실망과 분노를 노골적으로 드러낸다는 점에서 2010년대에 출현할 반지성주의의 원류가 되는 텍스트라고도 할 수 있다. 이는 단순히 탈냉전기 일본이 직면하게 될 리스크로 일본열도 내 미군의 부재와 북한의 침공을 제시하고 있기 때문만은 아니다. 류의 반지성주의가 가장 노골적으로 나타나는 것은 도래한 국가의 위기를, 엘리트나 지식인, 혹은 건강한 시민이 아니라 이들로부터 배제된 반지성주의자가 이끄는 마이너리티를 통해서 극복한다는 설정이다. 그러니까 폭력과 폭력이 격돌할 미래에는, 개인의 폭력을 억압하는 법 테두리 안에 있는 쪽보다는, 그 바깥에서 폭력에 대한 정념을 억누르지 못한 쪽이 훨씬 더 유리하다는 입장을 이야기 속에서 관철하고자 하는 것이다. 특히 그 중에서도 다음과 같은 성향이 있는 자들이.

이 세상에 적과 아군이 있다는 건 모른다, 있는 것은 나와 타인뿐이지 않는가, 그런 말을 태연하게 하더라고. 그리고 때로는 사람을 죽이고 싶다는 생각보다 사람에게 죽임을 당하고 싶다는 생각 쪽이 강해질 때가 있는데, 다케이 씨도 그렇죠? 라는 말도 가끔 하곤 해.[40]

프로이트가 인류 문명의 발달을 자기보존적 성향의 에로스와, 자기 파괴적이고 공격적인 성향의 타나토스와의 힘겨루기 과정으로 바라본 것은 잘 알려져 있는데,[41] 『반도에서 나가라』속에서 류는, 일본의 경우 자기(법) 보존적 성향이 반드시 공동체의 보존으로 이어지는 것은 아니며, 반대로 철저히 자기(법) 파괴를 불사하는 공격적인 성향이 때로는 공동체를 구원할 수 있음을 보여주고 싶어 한다. 북한군의 체계적인 교육 속에서 살인병기로 육성되어 단박에 후쿠오카를 점령한 고려원정군은, 최첨단 무기를 가진 미군이나 자위대가 아니라, 본성상의 폭력성을 억누르지 못하고 사회의 마이너리티로 살던 소년들의 거의 자살 테러와 같은 빌딩 폭파에 의해서 단박에 괴멸되고 마는 것이다.

물론 이러한 가정은 소설 속에서만 가능할 뿐 사실상 실현불가능하다. 왜냐하면 세계를 '적과 아군'이 아닌 '나와 타자'로밖에 보지 않는 소년들이, 공동체 지속과 어떤 식으로든 관련되어 자기를 파괴할 가능성은 극히 희박하기 때문이다. 그러니까 '애국심'으로 환원되지 않는, 순수한 자기 파괴 본능에 입각한 공동체 역시 '애국심' 만큼 허구적이다. 따라

---

40) 무라카미 류, 『반도에서 나가라下』, 505쪽.
41) 지그문트 프로이트, 「문명 속의 불만」, 『문명 속의 불만』, 열린책들(전자책), 2005, 342, 456쪽.

서 이러한 결말은 결국 『반도에서 나가라』가 마이너리티를 위한 소설이 아니라, 머저리티를 위한 마이너리티의 이용가치를 드러내는 소설에 지나지 않음을 반증할 뿐이다.

작품에 대한 이러한 부정적인 평가가 충분히 예측됨에도 불구하고 류는, 이러한 황당한 결말을 통해서라도 대일본제국을 자기파괴적인 국가로 표상하면서 자기보존적 활동을 높게 평가해온 '전후민주주의'적 '지성'에 마지막까지 저항하려고 한다. 그러니까 희생의 가치가 하락함으로써 공동체를 위한 희생 그 자체가 거의 의미를 상실한 시대에도 위기는 찾아올 수 있는데, 그럼 그 때는 누가 '일본'을 구원할 것인가. 극단적인 폭력을 행사하는 마이너리티가 한 데 모여 스스로 자폭함으로써 일본을 구하는 것은 내 소설에서나 가능한 일 아닌가하고 류는 여전히 냉전기의 산물로서의 '전후민주주의'에서 벗어나지 못하고 있는 비평가들에게 반문하고 싶었던 것은 아닐까.

전후민주주의를 비판하며, 공동체를 위한 희생을 어쩔 수 없는 것으로 보고, 마이너리티의 폭력성에 관대한 이러한 류의 관점은 분명 2010년대의 아베 신조 총리나 재특회 등의 그것과 겹치는 부분이 없는 것도 아니다. 하지만 거의 도래할 가능성이 없는 미래로 시선을 돌리는 류의 반지성주의는, 1960년대나 전전의 '찬란했던 일본'을 무조건적으로 찬미하는 퇴행주의적인 2010년대의 반지성주의자들과 분명히 일선을 긋고 있음을 놓쳐서는 곤란하다. 오히려 류는 과도할 정도로 동시대의 일본을 사방이 위험으로 가득 차 있는 공간 속으로 끄집어내고 있는 것이다. 그런 의미에서 본다면 류의 『반도에서 나가라』라는 제목은, 결국 일본 독자들에게 냉전기 산물로서의 '일본'이라는 패러다임으로부터 한 걸음 나아가기를 바란다는 의미로서의 '일본을 떠나라'로 바꿔 불러도 무방하지 않을까.

현대일본생활세계총서 12

탈 전후 일본의 사상과 감성

## 3·11과 전후의 끝
### 무의미한 죽음과 애도의 문제

심정명

## 1. 다시 돌아온 전후

2014년 3월 14일, 아베 신조(安倍晋三) 수상은 "전후 체제에서 탈각하여, (전후) 70년이 경과한 가운데 지금의 세계정세에 맞추어 새롭고 싱싱한 일본을 만들어 가고 싶다"고 발언하였다.[1] 주지하다시피 "전후 체제에서의 탈각"은 아베 수상이 처음 취임하던 2007년 1월 시정 방침 연설에서 선언한 이래 일관되게 유지되고 있는 정책 목표로 헌법 개정을 염두에 둔 것이다.[2] 그런데 이미 1982년에 당시의 나카소네 야스히로(中曽根康弘) 수상 또한 "전후 정치의 총결산"을 표방한 바 있다. 이는 시대 구분으로서의 전후가 어떠한 모호함을 가지고 있음을 보여준다. 요시미

---

1) 「久々に登場, 「戦後レジームからの脱却」」, 『朝日新聞』, 2014. 3. 14.
2) 아베 신조 공식 홈페이지 http://www.s-abe.or.jp/policy/consutitution_policy.
   (최종 검색일: 2015. 11. 26).

순야(吉見俊哉)는 전후가 언제 끝났느냐는 물음에 대한 답은 하나가 아니라고 하면서, 점령기가 끝난 시점이나 일본이 고도 경제성장을 향해 나아가는 1960년대 말이 전후의 끝이라고 볼 수도 있겠지만 1990년대에 다시금 제2의 패전이 회자되기도 했다고 지적한다.[3] 한편 오키나와의 기지 문제를 비롯해 제2차 세계대전 이후에도 일본이 아시아의 전쟁에서 병참기지로서 수행했던 역할을 생각할 때 전쟁 '이후'라는 구분 자체가 성립하기 어렵다는 비판도 항상 있어 왔다. 나카소네나 아베뿐 아니라 일본의 이른바 보수 세력이 지속적으로 전후의 끝을 말해 왔다는 것은 기실 이러한 구분이 늘 실패해 왔음을 보여준다.[4] 이렇듯 전후의 끝이나 탈(脫)전후 혹은 포스트 전후의 시작은 다양한 방식으로 이야기되어 왔다.

이러한 가운데 2011년 3월 11일에 발생한 동일본대지진과 쓰나미로 인한 후쿠시마(福島) 제일원자력발전소 사고 이후 또 다른 전후라 불리는 시간이 도래한다. 3·11[5]이라 불리는 이 일련의 사태는 일본 사회

---

3) 吉見俊哉, 『ポスト戦後社会』, 岩波書店, 2014(초판 2009).
4) 白井聡, 『永続敗戦論: 戦後日本の核心』, 東京: 太田出版, 2014(초판 2013), 36쪽.
5) 서술의 편의를 위해서이기는 하지만, 이러한 일련의 사태를 3·11 혹은 가타카나로 된 후쿠시마(フクシマ)라는 기호로 총칭하는 것에 대해서는 물론 비판적인 고찰이 필요할 것이다. 가령, 우카이 사토시(鵜飼哲)는 "이 지진과 그 후의 일련의 재해, 이를 둘러싼 상황을 가리켜 '3·11'이나 '3·11 이후'라는 말이 빈번히 쓰이는데, 나는 이 말을 쓰지 않는다. '3·11'이나 '9·11' 같은 말은 기호로서는 편리하지만, 생각하고자 하는 현상의 시간적·공간적·사회적인 넓이나 깊이를 때로 사상(捨象)하며 몇 가지 인상적인 이미지 속에 인식과 이해를 가두는 동시에 종종 그 사건을 어딘지 모르게 특권화하는 기능을 수행한다고 생각하기 때문이다"라는 와카바야시 미키오(若林幹夫)의 비판을 소개하며, 사건의 기호화와 관련한 날짜와 고유명의 정치에 대해 검

를 크게 동요시켰는데, 그것이 이 재난 이후를 전후와 포개어 놓고 이야기하는 많은 언설들로 나타난 것이다. 가령, 일본 역사의 전후라는 시간을 '영속 패전'이라 규정하는 시라이 사토시(白井聡)에 따르면, 3·11 이후는 이전 시대와의 역사적 단절 즉 '평화와 번영'의 시대의 종언이었다. 이러한 감각은 3·11을 일본의 전후 혹은 더욱 폭넓게는 근대 자체를 비판적으로 되묻는 계기로서 바라보는 작업들과 나란히 놓인다. 오키나와(沖縄)에서 후쿠시마로 이어지는 희생 시스템을 비판한 다카하시 데쓰야(高橋哲哉)의『희생의 시스템』이나, 중앙의 원자력 촌에 일방적으로 희생되기보다는 이에 자발적이고 적극적으로 협력하는 지방의 원자력 촌을 이야기하는 가이누마 히로시(開沼博)의『'후쿠시마'론』도 그러한 예에 속한다.

무엇보다 진재 이후의 폐허 특히 원자력발전소 사고 이후의 모습은 전후의 모습 그 중에서도 히로시마와 나가사키의 원폭이 가져온 폐허를 상기시켰다. 비평가 가라타니 고진(柄谷行人)은 잡지『현대사상』에서 꾸민 동일본대지진 특집에서 "그것(지진: 인용자)은 다시 전후의 불탄 자리를 환기했을 뿐만이 아니다. 원전 사고는 히로시마와 나가사키를 상기시키지 않을 수 없다"고 적시하며, 3·11 이후가 전후 복구의 재판(再版)이 되는 것에 대한 경계를 표했다.[6] 이후 고진이나 사회학자 오구마 에이지(小熊英二) 등이 원전 반대운동과 연대해 나간 움직임에서 단

---

증할 필요가 있음을 지적하기도 하였다. 鵜飼哲,「〈反詩〉の果て?: 原発震災下で黒田喜夫を読み直す」,『社会文学第 37号』, 不二出版. 2013. 2.
6)  柄谷行人,「地震と日本」,『現代思想』vol. 39-7, 青土社, 2011. 5, 22-25쪽.

적으로 드러나듯, 이러한 관점에서 또 다른 전후로서의 3·11은 새로운 시대의 시작으로 여겨지기도 했다. 그로부터 1년이 지난 2012년 3월에 소설가 다카하시 겐이치로가 3·11 직후 『뉴욕 타임스』가 게재한 자신과 무라카미 류(村上龍), 아즈마 히로키(東浩紀) 등의 칼럼을 회상하면서, "약속이라도 한 것처럼 논조가 똑같이 "이 풍경은 본 적이 있다. 전후와 똑같다", "전후는 지금 끝났다", "여기에서밖에 미래는 시작되지 않는다"라는 삼 점 세트"였다고 정리한 데에서도 알 수 있겠지만, 이러한 풍조는 어느 정도 일반적으로 나타났다고 하겠다.[7] 물론 이는 다른 한편에서 종종 '힘내라, 일본'이라는 구호와 함께 등장한, 부흥과 복구를 이야기하는 언설과도 무관하지 않다. 전후에 대한 상기는 2011년 3월 16일에 현천황이 처음으로 방송을 통해 국민에게 직접 메시지를 전한 것에서 정점에 달했는데, 이는 1945년에 있었던 쇼와(昭和) 천황의 라디오 방송을 자연히 연상시키는 것이었다.[8]

---

7) 高橋源一郎・開沼博, 「対談「ポスト3·11」を描く: こぼれ落ちる現実を見つめて」, 『文學界』, 文藝春秋, 2012. 3, 153쪽. 한편, 후쿠시마 원자력발전소의 사고 처리를 위해 '도모다치(친구) 작전'이라는 이름으로 수행된 미국과의 공조 역시 전후의 풍경과 겹쳐지는 것이었다. 가령 니시타니 오사무(西谷修)는 3·11 이후의 현재를 '유사시'라는 말로 표현하는 자위대 지휘관의 말을 인용하면서 3·11이 그야말로 '유사(有事)'였음을 상기시키는 동시에 "실로 '일본 유사' 경우의 실지 훈련(아니, 이것은 훈련이 아니다)이 '핵전쟁'(핵 테러?)의 시뮬레이션(아니, 이것은 시뮬레이션이 아니다) 아래에서 이루어지고 있다"면서 이러한 상황을 '제2의 점령'이라고 표현하기도 하였다. 西谷修, 『アフター・フクシマ・クロニクル』, ぷねうま舍, 2014 참조.
8) 이와 관련하여 해리 하루투니언(Harry Harootunian)은 패전 당시와도 비할 수 있는 '천황의 이용'이 일본 사회에서 천황제가 갖는 중요성을 보여준다고 지적한다. ハリー・ハルトゥーニアン, 後藤悠一訳, 「破綻した国家」, 『現代思想』 vol. 39-7, 青土社, 2011. 5, 49-53쪽.

3·11은 이렇듯 전후의 폐허를 상기시킴으로써 그간의 전후와는 또 다른 역사 혹은 장기간의 불황을 씻어줄 또 다른 전후 부흥을 이야기 하게 했는데, 이 글에서는 이러한 재해가 무엇보다 많은 수의 죽음을 가져왔다는 점에서 전쟁과 이어지는 경험으로 인식되었다는 점에 주목한다. 내각부에 따르면 동일본대지진으로 인해 사망하거나 실종된 사람들의 수는 약 2만 명에 이르는데(사망자 15,859명, 행방불명자 3,021명),[9] 이후 원자력발전소가 멜트 다운 상태로 이행하면서 방사성 물질의 확산으로 인한 비가시적이고 광범위한 피해와 원전을 둘러싼 찬반 논의로 세간의 관심은 이행해 갔다.[10] 그럼에도 불구하고 거듭 재생된 쓰나미

---

9) 내각부 방재 정보 페이지 http://www.bousai.go.jp/kaigirep/hakusho/h24/bousai2012/html/honbun/1b_1h_1s_01_01.htm(최종 검색일: 2015. 11. 26).

10) 지진 이후 특별히 '쓰나미'를 중심에 놓고 인문학적인 응답을 시도한 흔치 않은 예로 이마후쿠 류타(今福龍太)와 우카이 사토시(鵜飼哲)가 편집한 『쓰나미 후의 첫 번째 강의』를 들 수 있다. 이 책의 서문에서 이마후쿠 류타는 "왜 '쓰나미 후'인가?"라고 자문한 뒤에 이렇게 답한다. "그것은 다름이 아니라 사건이 쓰나미로서 도래하고 침투하여 그 힘을 미치는 광범위한 지리와 시간적으로 깊은 사정거리를 함께 되묻고 싶었기 때문이다. 가령 쓰나미의 여파는 이렇듯 전진하는 역사의 시간을 그 시작 부분에 있는 엉킴으로 되돌려 놓는다. 2011년 3월 11일 오후 7시를 지난 시간. 쓰나미의 첫 번째 파도가 북마리아나 연방 테니안 섬 해안에 도달했다. 쓰나미가 일본 열도 이외의 해외 영토에 다다른, 가장 빠른 도달점 중 하나다. (중략: 인용자) 실제로는 예상했던 만큼 큰 규모가 아니기는 했지만 쓰나미는 분명히 테니안 섬의 해안을 씻었다. 그리고 이 암시적인 파문은 350년에 걸쳐 스페인, 독일, 일본, 미국이라는 주인들의 지배를 받아 온 선주 차모로인의 후예들에게 하나의 역사적인 인과를 새삼 가르쳐주었다. / 무슨 뜻인가? 말할 것도 없이 66년쯤 전인 1945년 8월, 이 섬의 미군 기지에서 에놀라 게이, 박스 카라 명명된 B-29 전략 폭격기가 잇따라 이륙하여 히로시마와 나가사키에 원폭을 투하한 뒤 섬으로 개선했다는 사실이다." 쓰나미 또한 이렇듯 제2차 세계대전과 관련지어서 이야기될 수 있는 것이다. 今福龍太・鵜飼哲編, 『津波の後の第一

의 영상이 준 충격과 함께 그로 인한 많은 사람들의 죽음을 어떻게 사고하고 애도할 것인가는 중요한 문제로 남았다. 특히 일본어문학은 다양한 방식으로 이러한 물음에 대해 응답하고자 했는데[11] 그중에서도 『분게이(文藝)』 2013년 봄호에 게재되었을 당시부터 화제를 불러일으켰을 뿐 아니라 2015년 3월까지 단행본 15만 부, 문고본 14만 부라는 판매고를 올린 이토 세이코(いとうせいこう)의 『상상 라디오』[12]는 쓰나미의 사자들을 정면으로 다룬 드문 작품 중 하나다.[13] 대지진과 쓰나미가 일어난 도호쿠(東北) 지방에서 뿌리 깊은 인기를 끌고 있는[14] 이 소설은 이토 세이코가 16년 동안의 침묵을 깨고 발표한 작품으로, 작가에게 노마(野間) 문예 신인상을 안겨주었을 뿐 아니라 소위 순문학 작품을 대상으로

---

講』, 岩波書店, 2012, vii쪽. 이는 홋타 요시에(堀田善衛)의 『방장기 사기』가 3·11 이후에 다시금 주목을 받는 현상과도 관련된다.

11) 3·11을 다룬 문학 작품에 대한 소개로는 심정명, 「죽음 속의 삶, 재난 후의 문학」, 『세계의 문학 151』, 민음사, 2014 참조. 그에 따르면 특히 3월 11일 이후 일본에서 쓰인 소설은 모두 어느 정도 포스트 3·11 문학이라고도 할 수 있다.

12) いとうせいこう, 『想像ラジオ』, 河出書房新社, 2013.

13) 일종의 포스트 3·11 문학이라고도 할 수 있는 '진재 후 문학'을 이야기하는 기무라 사에코(木村朗子)는 명백히 진재(震災)를 염두에 두고 쓰였다 하더라도 죽음이라는 보편적인 주제로 회수될 가능성이 높은 요시모토 바나나(吉本ばなな)의 『스위트 히어애프터(スウィート・ヒアアフター)』나 야마다 에이미(山田詠美)의 『내일 죽을지도 모르는 나 그리고 당신들(明日死ぬかもしれない自分、そしてあなたたち)』과는 다른 곳에 『상상 라디오』를 놓는다. 그리고 아쿠타가와(芥川)상 심사위원들이 이 작품에 대해 내놓았던 부정적인 평가를 쓰나미와 그로 인한 사자를 직접 다루었다는 점과 연결시킨다. 木村朗子, 「物語ることの倫理」, 『震災後文学論: 新しい日本文学のために』, 青土社, 2013, 17-60쪽.

14) 「声をつなぐ 東日本大震災4年(上)…ラジオから被害者の素顔」, 『読売新聞』, 2015. 3. 10.

한 가운데에서는 가장 권위가 높다고 평가되는 아쿠타가와 상의 2013년 상반기 후보작으로 선정되기도 하였다. 그런데 이 소설은 쓰나미의 죽음을 공간적, 시간적으로 확장하려는 시도 속에서 다시금 지난 전쟁과 그로 인한 사자들과 만난다.

이 전쟁의 사자들을 어떻게 애도할 것인가를 둘러싸고 소위 역사주체 논쟁이라 불리는 논의를 가져온 것은 패전 50주년인 1995년에 가토 노리히로(加藤典洋)가 발표하여 화제를 불러일으킨 「패전후론」으로부터 시작되는 일련의 글이었다. 한국에서 『사죄와 망언 사이에서』라는 제목으로 묶인 가토의 「패전후론」은 일본이 아시아의 이천만 전사자들에게 진정으로 사죄하기 위해서는 자국의 삼백만 전사자의 무의미한 죽음을 무의미한 그대로 애도하는 작업이 선행해야 한다고 주장했다. 지난 역사를 둘러싼 일본과 아시아 각국의 갈등이 무엇보다 첨예하게 나타나는 지점이 전사자의 위령과 관련된 야스쿠니(靖国) 신사 문제일 텐데, 가토는 바로 이 지점을 짚고 있는 것이다. 가토의 주장에 대해서는 다카하시 데쓰야(高橋哲哉)를 비롯해 일본어권 내에서도 많은 비판이 제기되었지만, 사자의 애도를 둘러싼 보편 혹은 당사자성의 문제와 관련해 그가 제기한 물음 자체는 3·11을 경과한 지금도 여전히 유의미하게 남아있다.15) 만일 3·11을 지난 전후를 바꾸어 가는 계기로 사고하려 한

---

15) 가토의 논의에 대한 반론들 중에서도 가장 대표적인 것으로 다카하시 데쓰야의 논의를 들 수 있을 것이다. 그에 따르면, '전후의 끝'이라는 인식이야말로 아시아의 피해자들을 배제한 것으로, 이 시대가 새로운 '전전' 혹은 '전중'을 맞이할 수밖에 없는 이유는 바로 일본이 역사의 부정적인 유산을 청산할 수 없기 때문이다. 그는 가토의 패전후론을 일본의 전쟁 책임·전후 책임을

다면, 원자력뿐만 아니라 지진과 쓰나미의 피해가 다시금 소환하는 전후의 기억을 어떻게 다루는가가 중요한 문제가 될 것이다. 여기서는 전전의 죽음을 기억하고 애도하는 문제가 3·11의 사자를 통해서 매개된다.

이 글에서는 이러한 문제의식을 바탕으로 가토가 말하듯 패한 전쟁으로 인해 무의미해진 죽음들을 어떻게 자리매김할 것인가라는 문제를 고찰하고, 이러한 죽음의 무의미성에 『상상 라디오』가 응답한 방식이 사자들에 대한 어떠한 종류의 새로운 애도 방식을 언어화했는가/하지

묻는 아시아의 움직임에 대응한 것으로서의 일본 '네오 내셔널리즘'의 연장선상에 놓는다. 그리고 이른바 강요된 헌법에서 타자의 흔적을 말소하고 그 내용 여하와 무관하게 '우리 일본인'의 손으로 선택한 헌법을 채택하자는 가토의 주장이야말로 순수한 내셔널리즘이며 가토의 '패전'은 어디까지나 미국에 대한 패배로서 평화헌법과 관련해 아시아까지 포함하는 넓은 역사적 맥락을 보지 않고 있다고 비판한다. 高橋哲哉, 『戰後責任論』, 講談社, 2015. 한편, 국내에서 제기된 가토 노리히로에 대한 비판으로는 김만진, 「패전후론과 전후 일본 내셔널리즘: 내셔널리즘 이론에 의한 분석」, 서울대학교 국제정치문제연구소, 『세계정치 14권 0호』, 2011, 287-302쪽; 윤건차, 「한국의 일본지성 수용의 문제점: 『사죄와 망언 사이에서』와 『국가주의를 넘어서』를 중심으로」, 『역사비평』 48, 역사비평사, 1999. 8, 386-401쪽 등이 있다. 김만진은 가토의 논의가 원초주의적 네이션 관념에 집착하고 있음을 비판하고, 윤건차는 가토가 국가주의나 국수주의라는 측면에서의 내셔널리즘 신봉자는 아니라고 하면서도, 가토의 주장이 결국 침략전쟁을 미화하는 보수파의 주장을 받아들인 사죄의 논리를 만들어내고 있다고 보았다. 이와는 다소 다른 관점에서 가토의 논의를 검토하는 것으로는 윤여일, 「틀렸다. 하지만 어디가 얼마나?: '역사주체논쟁'에서 논쟁되지 않은 것들」, 『역사비평 82』, 역사비평사, 2008. 2, 396-431쪽 참조. 윤여일은 가토를 둘러싼 논쟁이 내셔널리즘과 관련한 논쟁으로 진행되었음을 오히려 비판적으로 바라보고, '내셔널리즘의 긍정과 부정'을 둘러싼 질문이 복잡한 현실을 내셔널리즘의 징후로 축소하고 만다고 경고한다. 단, 그가 제시하는 아시아라는 시점의 결여라는 비판 또한 그 자신이 주목한 바 가토가 실감에 근거하여 내놓는 "그런 건 몰라"라는 논 모럴의 논리에는 대항하지 못한다.

못했는가를 살펴보고자 한다. 가토가 전후의 비틀림으로 이야기한 것은 강요된 평화 헌법과 자국민의 무의미한 죽음에 대한 애도의 문제였다. 헌법 개정 움직임으로 인해 전자의 비틀림이 해소되려고 하는 지금, 국민사적으로 이해되는 죽음들은 어떻게 상상되고 있을까?

## 2. 무의미한 죽음을 보는 서로 다른 시각

앞에서 언급했듯 가토 노리히로는 「패전후론」(초출: 『群像』, 1995. 1)과 「전후후론」(초출: 『群像』, 1995. 3)에서 일본의 전후에 '비틀림(ねじれ)'이 존재한다고 주장한다.[16] 이는 전쟁에서 패배한 나라는 이전과는 다른 비틀린 삶을 강요받기 때문이다. 즉, 전쟁 중에는 정의를 표명하며 싸웠음에도 불구하고 패전 후에는 이것이 침략 전쟁, 불의의 전쟁이었음을 받아들일 수밖에 없게 되는데, 이 때문에 당시의 정의를 위해 혹은 나라와 국민을 위해 싸우다 죽은 병사들의 죽음은 무의미해진다. 가토는 일본의 전후라는 시간이 끝나지 않고 줄곧 이어지고 있는 이유는 바로 이러한 침략 행위와 관련한 책임과 사죄를 다하지 않았기 때문이라고 지적한다. 그리고 전후 일본 사회는 이러한 근원적인 비틀림을 해소하지 못함으로써 바깥에서 들여온 보편성이나 공공성에 의존하는 외향적 자기와 일본 민족의 무구함이라는 공동성에 기반을 둔 내향적 자기로

---

16) 加藤典洋, 『敗戰後論』, 筑摩書房, 2008.

분열되었다고 해석한다.

그의 「패전후론」은 이렇듯 전후의 출발점이 다름 아닌 패전이었음에 주목하면서, 이러한 뒤틀림을 풀지 않으면 전후라는 모든 것이 '거꾸로 뒤집힌 세계'(さかさまの世界)는 계속해서 유지되리라고 말한다.[17] 여기서 가토가 이 무의미한 죽음과 더럽혀진 사자를 이천만 아시아의 사자 혹은 원폭 투하로 인해 죽은 무고한 사자와 대치시키면서, 야스쿠니 문제란 바로 이것의 음화이자 여기에 존재하는 공백을 메우기 위한 것이라고 보았음은 중요하다.

그렇다면 가토는 사자들 사이에 존재하는 이러한 분열을 어떻게 넘어서려고 하는가? 그는 자국의 삼백만 사자의 죽음을 무의미한 채로 추모함으로써 아시아의 이천만 사자들과 진정으로 마주볼 수 있다고 하면서, 『레이테 전기(レイテ戰記)』를 쓴 오오카 쇼헤이(大岡昇平)의 경험을 예로 든다. 오오카는 레이테 전에서 죽은 일본 병사들 한 사람, 한 사람의 이름을 좇아가는데, 그 끝에서 "결국 가장 지독한 일을 겪은 것은 필리핀인이 아닌가?"라는 결론에 도달한다. 이것이야말로 가토가 다소 모호하게 표현하는, 분열된 자아가 하나로 꿰이는(串ざし) 지점이다. 그런데 오오카의 이러한 작업은 가토가 호명하는 분열된 '우리'에게는 어떠한

---

17) 가토의 「패전후론」이 제기한 문제가 정당한 것이었다고 재평가하는 시라이 사토시는 이를 일본의 '패전 후'란 실제로는 존재하지 않는다는 자신의 관점과 연결시킨다. 단, 여기서 일본이 아시아와 빚는 갈등은 가토와는 달리 일본의 전후 체제가 대미 종속 상태를 계속해서 유지해 나가는 동시에('영구패전') 국내 및 아시아에 대해서는 패전을 결코 인정하지 않기("전쟁은 '끝난' 것이지 '진' 것이 아니다") 때문이다. 白井聡, 『永続敗戦論』, 43-50쪽 참조.

방식으로 가능할 수 있을까?

　전전과 전후의 단절을 문제 삼는 가토의 물음에는 의미가 없지 않다. 하지만 그에 대한 대답으로 무의미한 죽음을 무의미한 채로 어떻게 추모할 때 그것이 실감에서 출발하는 새로운 공동성을 열어 나갈 계기로 변화할지에 대해서는 구체적으로 제시하지 않는 대신, 그는 요시다 미쓰루(吉田滿)의 소설 『전함 야마토의 최후(戰艦大和ノ最期)』에 등장하는 우스부치(臼淵) 대위의 말을 가져온다. 전함이 출항하고 나서 젊은 사관들이 이 작전이 "거의 무의미한 자살 행위"라는 의견 일치를 보자, 우스부치 대위는 "지고 나서 눈을 뜨는 것, 그 외에 어찌 일본이 구원 받겠는가? 우리는 거기에 앞장서는 것"이라며 무의미한 죽음에 의미를 부여한다. 그리고 가토는 여기서 "스스로가 얼마나 어리석고 무의미한 죽음을 죽는지를 알면서, 오히려 그것에서 의미를 찾으며 죽어 간 한 사람의 사자"가 있다는 것이 '우리'에게는 하나의 계시라는 평가를 내린다. 이 무의미한 죽음들의 의미는 뒤에서 다소 다른 방식으로 다시 발견된다. 그것은 『레이테 전기』에서 등장하는 특공에 대한 화자의 서술과 관련 있다.

　하지만 이러한 장애에도 불구하고 출격 수 필리핀에서 400 이상, 오키나와 1,900 이상 중에서 명중 필리핀에서 111, 오키나와에서 133, 그 외 거의 같은 수의 지근거리 돌입이 있었다는 것은 우리의 긍지여야만 한다. 상상을 초월하는 정신적 고통과 동요를 넘어 목표에 도달한 인간이 우리 가운데 있었던 것이다. 이는 당시 지도자의 어리석음과 부패와는 아무런 관계도 없는 일이다. 오늘날에는 완전히 소멸해 버린 강한 의지가 저 황폐 속에서 태어날 여지가 있었다는 것이 우리의 희망이어야만 한다.[18]

가토에 따르면, 이렇게 '더러움' 혹은 오오카가 말한 '꾀죄죄한 일장기(しょぼくれた日の丸)'의 위치에 머무르는 것이 바로 부정 속의 긍정이고, 이것이야말로 무의미한 죽음의 의미가 된다. 가토는 이러한 긍정성을 전후에도 줄곧 패자로서의 정체성을 잃지 않았던 오오카 쇼헤이에게서 찾지만, 여기에 이르면 무의미한 죽음을 무의미한 채로 추모한다는 것은 결국 거기에 '강한 의지'나 '구원' 같은 또 다른 의미를 부여하는 것과 동일선상에 놓인다. 또한 가토는 평화나 '나쁜 전쟁' 같은 가치가 패전과 함께 온전히 '우리'의 외부에서 사후적으로 도래한 것으로 파악하는데, 이러한 이해가 역사적 사실에 부합하는지 여부는 차치하더라도 아시아의 해방처럼 전전에 거론되었던 가치 또한 어떤 종류의 보편성 안에 놓이며, 손바닥 뒤집듯이 시대에 영합하는 사람들에게서는 이러한 근원적인 비틀림이나 '더러움'에 대한 실감의 강조조차 언제든 "나는 그런 건 몰라"라고 말하는 논 모럴과 만날 수 있다는 점을 그는 놓치고 있는 듯 보인다.[19]

---

18) 大岡昇平, 『レイテ戦記』, 加藤典洋, 『敗戦後論』에서 재인용.

19) 이는 가토가 다자이 오사무(太宰治)의 『인간 실격』에 등장하는 호리키(堀木)라는 등장인물로써 보편적인 가치의 문제를 논하고 있는 것과도 무관하지 않다. '세간'을 구실로 이런저런 훈계를 하는 호리키를 두고 주인공인 요조(葉蔵)는 "세간이라는 것은 자네 아닌가?"라고 혼자 생각하는데, 가토는 이들의 대화를 인용한 후 "호리키의 '세간'은 프롤레타리아트이고 제삼세계이며 피침략국 주민이다"라고 정리한다. 즉 가토에게 프롤레타리아트, 제삼세계, 피침략국 주민이라는 이름은 진정 존재하는 타자라기보다는 나에게 무엇이 올바른지를 지적하는 '세간'이나 이를 빙자한 참견꾼인 셈이다. 하지만 프롤레타리아트, 제삼세계, 피침략국 주민이라는 이름과 비틀린 '우리'는 결코 따로 구분되어 존재하지 않는다. 그리고 '우리'의 근원적인 비틀림을 풀고 역사 형성의 주체를 구축한다는 가토의 과제에 대해 어떤 이들은 그야말로

그런데 전쟁의 무의미한 죽음에 대해 가토와는 거의 반대되는 방식으로 고찰한 사람이 있다. 오다 마코토가 그렇다. 종전 당시 소학교 3학년이었던 오다에게 전후의 기억은 바로 이 무의미한 죽음들에서 시작한다.

내가 (8월 15일과 관련한 죽음으로: 인용자) 상기하는 것은, 아니, 어쩔 수 없이 내 기억 속에 언제까지나 끈적끈적하게 남아있는 것은 그 전날인가 있었던 오사카 대공습에서 죽어간 사람들의 죽음이다. 그날, 그때까지는 거의 아무런 손상 없이 남아있던 당시 동양 제일을 자랑하던 포병 공창은 완전히 파괴되었다. 그리고 그 공창 안과 그 주변에서 어마어마한 수의 사람들이 죽임을 당했다.
그것이야말로 가장 무의미한 죽음은 아니었을까? 이미 패전은 확정돼 있었다. 나는 공창 근처에 살았고 따라서 방공호 속에서 떨며 그 지옥의 오후를 보냈는데, 공습 후에 하늘에서 뿌려진 "여러분 나라의 정부가 항복하여 전쟁은 끝났습니다" 어쩌고 하는 전단을 주웠던 것이다.[20]

이후 오다는 "그 죽음을 어떻게 생각할 수가 있을까?"라는 물음으로 나아간다. 이 물음은 그의 사상 전체를 관통한다고도 할 수 있는데, 「'난사(難死)'의 사상」에서 이는 산화(散華)와 난사라는 두 가지 죽음을 대비하는 논의로 전개된다. 먼저, 오다가 보기에 '천황 폐하를 위해'라는 사고방식과 '대동아공영권의 이상'이라는 전쟁의 두 공적 명분을 자기의 사정과 연결 지을 수단 즉 이념과 로맨티시즘이 대중에게는 없었다. 오다는 그것을 공적인 상황(公狀況)과 사적인 상황(私狀況)을 이어 붙이는

---

실감에 바탕을 두고 "우리라는 것은 자네 아닌가?"라고 반문할 것이다.
20) 小田実, 「「難死」の思想」, 『「難死」の思想』, 岩波書店, 2008, 5-6쪽.

접착제가 결여된 것으로 생각했다. 그리고 전후는 오다에게도 역시 모든 가치가 거꾸로 뒤집어는 경험으로 찾아왔다. 일본 사회는 공적인 상황이 지배하던 전시 하에서 사적인 상황이 우선하는 전후 민주주의로 순식간에 이행해 갔던 것이다. 이를 가토와 마찬가지로 전후의 비틀림이라고 불러도 좋겠지만,21) 오다의 경우 사적인 실감과 공적인 명분은, 혁신 세력의 공공성을 바깥에서 도래한 것으로 두고 거기에 전전으로부터 이어지는 보수 세력의 공동성을 대립시키면서 이 둘을 하나로 꿰어내려고 하는 가토의 관점과는 거의 정반대 방향을 향한다. 그리고 이는 오다가 '패전국 내셔널리즘'이라는 개념과 함께 가토와는 반대로 평화헌법을 적극적으로 끌어안는 데에서도 드러난다.

이리하여 가토가 말한 자국의 삼백만 사자 또한 원래부터 무의미한 죽음인 난사와 이전의 공적인 상황이 의미를 잃어버리면서 함께 무의미해진 산화로 나뉜다. "'산화'는 '산화'할 방향을 잃고 '난사'와 동일선상에 서게 되었다."22) 하지만 말할 필요도 없이 어느 정도의 시간이 지나면서 전쟁의 의미를 다시 생각하려 하는 움직임 또한 등장하는데, 오다는 이

---

21) 본문에서 언급했듯 '대동아공영권의 이상'이라는 대의명분을 위한 전쟁이 전후에는 침략전쟁이 되었다는 인식을 오다 또한 공유하고 있다. 오다에 따르면, 대다수의 사람들은 이러한 공적 상황에 정당성이 없다고 생각할 때조차 역시 조국을 지킨다는 스스로의 의지로 전선에 머물렀는데, 이는 사적 상황을 억압하는 세력을 오히려 지키는 결과로 나타났다는 점에서 상황을 복잡하게 만들었다. 여기에 더해, 대의명분을 내세워 사람들을 전장에 내보낸 옛 지도자층이 변함없는 모습으로 다시 등장하여 그들이 싸우라고 명령하던 바로 그 적과 나란히 담소하는 상황은 이러한 사정을 더욱 복잡하게 만드는 것이다. 만일 비틀림이 있다면, 그것은 어쩌면 여기에야말로 존재하는지도 모른다.
22) 小田実, 「「難死」の思想」, 7쪽.

것이 난사라는 무의미한 죽음으로부터 산화를 구별해 내면서 산화한 사람들의 죽음의 의미를 다시 찾는 방식으로 나타났다고 본다. 이는 가토가 『전함 야마토의 최후』나 『레이테 전기』를 통해 무의미해진 죽음에 의미를 부여하려 했던 것을 떠올리게 하지 않는가?

가령 오다에 따르면 산화를 되찾는 데에는 세 가지 방법이 존재하는데, 그 중 하나는 죽음의 의미를 사적 상황과 공적 상황의 윤리적 연결에 한정해 버리는 것이다. "논리적으로 생각할 때, 논리적으로 무의미한 '공적인 상황'에 연결되는 죽음은 틀림없이 무의미하겠지만, 여기에 예컨대 '순교'라는 윤리적인 의미를 삽입하면 유의미한 것이 된다."[23] 이렇듯 사적인 것을 죽이고 공적인 것에 목숨을 바친다는 행위를 강조하는 '순교의 미학'은 산화를 무수한 난사들로부터 구분한다. 다시 말해, "상상을 초월하는 정신적 고통과 동요를 넘어 목표에 도달한 인간", "스스로가 얼마나 어리석고 무의미한 죽음을 죽는지를 알면서, 오히려 그것에서 의미를 인정하고 죽어 간 한 사람의 사자"는 죽음의 공포에 떨면서 마치 벌레처럼 죽어간 지극히 사적이고 무의미한 죽음들과는 달라지는 것이다.[24] 오다의 결론은 이렇게 무의미한 죽음에서 의미를 찾기보다는 무의미한 죽음과 무가치한 삶을 그저 무의미한 것인 채로 두는 것이다. 그리고 이것이야말로 "'난사'적으로 더럽혀진 인생을 사"는 것이기도 하다.

23) 小田実, 「「難死」の思想」, 8쪽.
24) 참고로, 두 번째 방법은 자기 자신의 경험, 그리고 여기서 비롯된 과거나 현재에 대한 분노에서 출발하는 것인데, 오다에 따르면 이는 곧잘 첫 번째나 세 번째 방법과 결합한다. 세 번째 방법은 공적인 상황 자체에 다시 한 번 의미를 부여하려는 것으로, 침략전쟁의 측면을 부인하며 전쟁의 대의명분을 바꾸는 익숙한 방식으로 나타난다.

과거를 돌아다보며 8월 15일이라는 응축된 시간의 점 위에 놓는 것이 아니라, 그로부터 20년이라는 긴 시간 혹은 여기서부터 한층 더 긴 미래의 시간의 완만한 확장 속에 놓을 때, 이는 필연적으로 '난사'와 충돌하고 또 교착하지 않으면 안 되겠지만, 나는 이를테면 확장 속의 '난사'의 수를 증대시키고 속도를 늘리며 방향을 다양하게 변화시킴으로써 충돌과 교착의 기회를 일상적으로 끊이지 않게 하고 싶다. 그럴 때, '산화'의 아름다운 의상은 더러워지고 한때 순수하던 청년의 얼굴 생김새는 기름 낀 중년남의 그것으로 바뀌어 있을지도 모른다. 하지만 그 사내가 위대한 역사의 주역이 아니라고는 아무도 말할 수 없으리라.[25]

이렇게 비틀리고 더럽혀진 역사는 완만하게 이어져 간다. 이것은 어쩌면 삶 자체이기도 할 것이다. 그리고 죽음은 아무 것도 아니며, 적어도 거기에 반짝이는 것은 하나도 없었다고 오다는 쓴다.[26] 한없이 하찮고 보잘것없는 죽음들. 그것은 쓰나미의 풍경과도 무척 닮아 보인다.


## 3. 『상상 라디오』가 듣는 사자의 목소리

대지진 이후에 다시 주목을 받고 널리 읽힌 글로 데라다 도라히코(寺田寅彦)의 수필 「천재와 국방(天災と国防)」, 요시무라 아키라(吉村昭)의 『산리쿠 해안 거대 쓰나미(三陸海岸大津波)』과 더불어 홋타 요시에의 『방장기 사기(方丈記私記)』를 들 수 있을 것이다. 가모노 조메이(鴨

---

25) 小田実, 「「難死」の思想」, 39-40쪽.
26) 小田実, 「廃墟のなかの虚構」, 『戦後を拓く思想』, 講談社, 2014.

78  탈 전후 일본의 사상과 감성

長明)가『방장기』에 쓴 재해의 기록에 비추어 전후의 폐허에 대해 이야기한『방장기 사기』가 다시금 현대의 재난을 바라보는 참조 항이 될 수 있었던 이유로는 불타버린 벌판과 쓰나미가 지나간 자리가 곧잘 포개져 보였다는 것뿐 아니라 이를 둘러싼 정치에 대한 홋타의 비판적인 시선이 전후의 풍경과 3 · 11 이후의 일본 사회를 이어 보였다는 점이 한몫했을 것이다.[27] 그렇다면, 3 · 11 이후, 이러한 폐허 혹은 죽음에 대한 이해는 전쟁의 사자를 어떻게 애도할 것인가라는 앞서의 물음을 어떻게 사유했을까? 이러한 물음에 대답하고 있는 것이 전술하다시피 2013년에 발표된 이토 세이코의『상상 라디오』다.

소설은 한 라디오 방송의 첫 인사로부터 시작한다. 그런데 스스로를 DJ 아크라 소개하는 인물이 진행하는 이 라디오 방송에는 스폰서나 라디오 방송국, 스튜디오가 존재하지 않는다. 실은 DJ가 실제로 말을 하지도 않는데, 그럼에도 이 라디오 방송을 가능하게 하는 것은 다름 아닌 상상력이다. DJ 아크의 말에 따르면, 이 '상상 라디오'는 "상상력 속에서

---

27) 가령, "인민은 항상 '일본국은 쇠퇴했노라'라든지 '일본국의 유무' 등을 말하는 무리에 대해서는 조메이를 본받아 '의심하는' 눈을 가져야만 할 것이다"(53쪽)나 "위기의 시대에 있어 사람이 두 눈을 활짝 열고 산 자의 현실을 직시하고 미래의 전망에 생각을 집중해야 할 때, 신화에 의존하여 풍아롭고 영광스러운 전통의 말을 끄집어내는 것은 오히려 범죄에 가까웠다. 천황제라는 것이 존속한 근원은 필시 선인을 본 따는(本歌取り) 사상, 산 자의 현실을 무시하여 정치가 가져온 재앙을 인민은 눈을 끔뻑거리면서 억지로 삼키고 그러고도 또 전통에 대한 동경으로 빨려 들어가는, 우리 문화의 근본에 뿌리를 두고 있는 것이다."(221쪽)와 같은 홋타의 경고는 3 · 11 이후의 일본 사회에도 유효한 것으로 받아들여졌다. 堀田善衛, 『方丈記私記』, 筑摩書房, 2012(초판 1988) 참조.

만 온 에어"되며, "당신의 상상력이 전파이자 마이크이고 스튜디오이자 전파 탑이며 즉 내 목소리 자체"다. 그런데 음악 관련 일을 하다 그만두고 고향에 돌아왔다는 이 DJ 아크는 어떤 연유에서인지 높다란 삼나무 꼭대기에 걸려 흔들거리면서 이 방송을 진행하고 있다. 눈치 빠른 독자라면 쉽게 짐작할 수 있겠지만, 그는 실은 2011년 3월 11일의 쓰나미에 휩쓸려 죽은 자인 것이다. 그가 이러한 자신의 처지를 눈치 채고 나서도, DJ 아크가 경묘하게 진행하는 라디오 방송에서는 죽었거나 살아있는 청취자들의 사연이 소개되고, 신청곡이 흘러나온다.

3·11 이후 일본에서 활동하는 많은 문학자들이 기존의 일상적인 언어에 대한 위화감을 토로했다는 것을 상기하면, 2년이 지난 시점에서 쓰나미와 그로 인해 죽은 이들을 직접적으로 그려낸 이토 세이코의 작품은 확실히 돌출돼 있었다.

> 아주 잠깐 혼자 운전하는 사이에 멀리서 믿을 수 없는 일이 일어나기 시작하는 것을 보았어. 하늘의 아래쪽 반 정도가 검게 보였어. 육 미터라는 건 거짓말이라는 걸 알았어. 여기저기서 집들이 동시에 흔들흔들 움직이기 시작하더니, 여기에 빌딩과 자동차가 가세했어. 건물이란 건물이 상하좌우로 흔들리며 이동했어.[28]

가령 무사히 높은 곳으로 피신한 DJ 아크의 중학교 동창이 DJ의 상상의 목소리를 빌려 이렇게 말할 때, 이는 뉴스 화면을 통해 거듭 방송되

---

28) いとうせいこう, 「想像ラジオ」, 『文藝』第五二巻第一号, 河出書房新社, 2013, 32쪽. 이하, 『상상 라디오』본문에서 인용하는 경우에는 초출인 『분게이』 게재 시의 쪽수를 괄호 안에 표기한다.

기도 했던 쓰나미의 압도적인 리얼리티를 소설을 읽는 경험 속으로 직접 가져온다. 상상 라디오를 통해서는 또한 일층이 물에 잠긴 여관에서 함께 숙박한 부하를 찾아다니는 남자의 사연이나, 쓰나미에 휩쓸려 죽은 이가 내보내는 중계도 등장하기도 한다. 어둡고 차가운 물속에 잠겨 있는 죽은 청취자의 불안에 DJ 아크가 "내가 할 수 있는 말은 당신의 목소리가 똑똑히 들리고 있다는 것뿐입니다"(50쪽)라고 대답하고, 청취자가 다시 "당신에게 말을 거는 것 외에 저는 제가 있다고 확신할 수가 없습니다"(50쪽)라고 대답하는 부분은, 이 소설이 상상의 목소리를 매개하는 상상의 라디오 방송을 통해 하고자 했던 바를 잘 보여준다. 이윽고 여관의 남자는 희미하게 들려오는 라디오 소리에 이끌려 차가운 물속에 손을 뻗는다. 그리고 자신과 똑같은 라디오를 듣고 있을 누군가의 왼손을 붙잡는데, 그것은 라디오를 통해 자신의 상황을 중계하고 있던 바로 그 청취자의 손이다. 살아남은 많은 사람들이 이 남자처럼 물에 휩쓸려 가는 사람들을 향해 "이 사람이 이 이상 가라앉지 않도록 손을 꼭 잡고"(61쪽) 있을 수 있었기를 아마도 바랐으리라.

　　지금 라디오 방송을 듣고 있는 '당신'을 호명하며 말을 거는 이 소설은, 소설 내부에서 상상의 주파수를 통해 사람들이 이어지듯 소설 혹은 그것을 읽는다는 행위를 매개로 살아있는 독자들도 어느 순간 죽은 사람들과 통할 수 있음을 보여주고자 하는 것처럼 보인다. 상상력 속에서만 들을 수 있는 목소리와 음악에 귀를 기울인다는 것은 어쩌면 소설을 읽는다는 영위 자체와도 닮았고, 이는 이토 세이코가 자신의 작품에 대해 이야기하면서 사용한 "상상하면 반드시 들릴 것이다"[29]라는 표현에

서 잘 드러난다. 쓰나미가 지나간 땅 속에서 어쩌면 피어오르고 있을 "무수한 목소리"(36쪽)를 들어내려고(聞き取ろう) 하는 상상력은, 재해가 가져온 하나하나의 죽음들에 개별적인 목소리를 부여함으로써 그들의 죽음을 애도하는 작업이기도 했을 것이다. 이는 전쟁을 다룬 문학에서 전통적으로 죽은 자들과 그들의 다양한 이야기가 등장한다는 것과도 무관하지 않다.[30] 물론 전쟁과 재해의 죽음은 분명히 다른 것이지만, 쓰나미가 초래한 너무나도 무의미한 죽음들은 거의 종종 재난에 가깝게 묘사되는 전쟁으로 인한 죽음들, 그러니까 저 난사와도 겹쳐진다.

그런데 죽은 자의 목소리를 상상하고 이를 언어화함으로써 이 같은 무의미한 죽음들을 애도했다고도 볼 수 있는 이토 세이코의 시도는 같은 이유에서 애도와 관련한 문학의 윤리라는 문제를 제기하기도 하는 것이었다. 노마 문예 신인상의 선평에서 "죽은 이의 장(場)으로서 라디오를 생각한『상상 라디오』는 모두의 목소리를 전제로 한 모두의 노래를 작곡하고 있다"(多和田葉子)라거나 "타자의 기억과 호응하여 새로운 기억을 만드는 시도"(堀江敏幸)[31]라는 호평을 받기도 했던 이 소설은, 수

---

29) いとうせいこう・星野智幸,「想像すれば絶対に聴こえる」,『文藝』第五二卷第一号, 121쪽.

30) 컬렉션 '전쟁X문학'의 편자 중 한 사람인 다카하시 도시오(高橋敏夫)는 죽은 이들이 등장하는 소설과 시를 모은 권의 해설에서 "왜 전쟁 문학에는 이렇게나 죽은 자가 편재하는가? 어째서 죽은 자가 산 자와 같은 리얼함으로 혹은 산 자 이상의 리얼함으로 출현하는가?"라고 물으며, "전쟁은 대량사를 초래한다는 사실에 환원할 수만은 없는 다종다양한 전쟁의 사자들, 그 다양한 이야기"의 중요성을 지적한다. 高橋敏夫,「解説 雄弁から遠く沈黙に近い死者たちの声」,『死者たちの語り』, 集英社, 2011, 687쪽.

31)「選評」,『群像』第六九号, 講談社, 2014. 1, 109-112쪽.

상이 점쳐지기도 하던 아쿠타가와 상의 심사에서는 "안일한 휴머니즘에 빠지지 않기 위해 다양한 궁리"를 하고 있음에도 불구하고 현실의 영상이 너무나 강렬한 나머지 결과적으로 휴머니즘만이 추출되고 말았다는 무라카미 류(村上龍)의 평에서도 드러나듯 그다지 강한 지지를 받지 못했다.[32] 선정 후의 기자 회견에서 소설가 시마다 마사히코(島田雅彦)는 "세론을 매우 의식하고 있는" "약빠름"에 대한 위화감이 있었음을 밝히며, "문학은 휴머니즘이 아니다. 다른 방법으로 죽음을 받아들일 수도 있지 않았을까"[33]라는 견해를 내놓기도 했다.

이때 단서가 되는 것이 DJ 아크의 라디오 방송 바깥의 상황, 즉 상상된 사자의 목소리가 아니라 이를 둘러싼 산 자들의 세계를 그리고 있는 소설의 2장이다. 이 2장에서는 나무 위에 있는 사람의 목소리를 들으려 하지만 듣지 못하는 소설가 S를 중심으로, 죽은 사람의 목소리를 상상해서 쓰는 문학의 윤리 자체에 대한 물음이 소설을 통해서 직접적으로 제시된다. 후쿠시마의 이재민들에게 구호 물품을 전달하고 돌아가는 자원봉사자들이 탄 차에서 S는 동행한 이들에게 나무 위에 있는 사람의 목소

---

32) 이는 "『상상 라디오』는 더 논의의 대상이 되리라고 생각했는데, 뜻밖에 표를 모으지 못했다"라는 미야모토 테루(宮本輝)의 언급에서도 잘 드러난다. 이 밖에, 소설이 "현 시점에서 포스트 3·11 문학의 성과"임을 인정하면서도 엔터테인먼트로서의 완성도나 구성상의 기교 등의 '웰 메이드'된 면모에 오히려 '약빠름'을 느낀다는 시마다 마사히코나, "죽은 자를 위한 진혼가가 진혼가를 위한 죽은 자 방향으로" 기울었다는 야마다 에이미(山田詠美), "죽은 자는 어디까지나 무음이다. 무음을 말로 변환하지 않고 무음인 채 말로 그려내는 것이 소설"이라는 오가와 요코(小川洋子) 등의 비판적인 견해가 제시되었다. 「芥川賞選評」『文藝春秋』, 文藝春秋, 2013. 9, 398-407쪽을 참조.
33) 市川真人, 「聞こえるかもしれない声に耳を澄ます」, 『本の達人』, 2013. http://book.asahi.com/ebook/master/2013092500023.html 에서 재인용.

리를 들을 수 없다는 이야기를 꺼낸다. 여기에 나이 지긋한 사진가가 실은 아까부터 어떤 소리가 들리는 것 같다고 대답하면서, 칠 년쯤 전의 8월 초순에 히로시마에서 일본의 여성 영능력자와 하와이에서 온 샤먼이 사자들을 진혼하기 위해 춤과 노래, 기도를 올렸을 때 갈채와 같은 소리를 분명히 들은 적이 있다고 고백한다. 시마다 마사히코가 "'죽은 자의 목소리 따위는 들리지 않는다'라는 자기 작품에 대한 반론까지 준비"되어 있다고 평가하는 부분은, 이후에 등장하는 자원봉사단의 리더 격인 젊은이의 말과 그로부터 촉발된 등장인물들의 논의와 관련된다.[34] 다소 길어지지만 이 젊은이의 주장을 잘 보여주는 부분을 인용해보겠다.

"시체는 말하지 않아요. 그런 건 비과학적인 감상 아닙니까?"(42쪽)

"우리는 살아있는 사람을 가장 먼저 생각해야만 한다고 봐요. 죽은 사람을 달래는 마음이 중요하다는 건 알겠는데요, 그건 진짜 가족이나 지역 사람들이 매일 하고 있다는 걸 체육관에서나 임시 주택에서나 얼마든지 봐 왔잖아요. 박스로 위패 만들어서 다들 진혼을 하고 있다고요. 그런 마음의 영역이라고 해야 하나, 그런 장소에 우리 같이 상관없는

---

34) 한편 이 2장과 관련해서 노마 문예 신인상의 심사위원이었던 호리에 도시유키는 오히려 "죽은 자의 목소리를 듣자고 하면서도 반대하는 목소리도 넣어두는 성실함(…)이 용의주도함으로 잘못 읽힐 위험도 각오"하고 있다고 긍정적으로 평가하기도 한다. 「芥川賞選評」『文藝春秋』, 文藝春秋, 400쪽. 또한 문예평론가 이치카와 마코토는 소설의 시도에 대해 제기될 수 있는 비판을 저자가 소설 속에서 앞질러 함으로써 비판을 봉쇄하고 있다는 부정적인 평가를 이 소설이 일반적으로 읽힌 방식과 연관시키며, 그럼에도 안이한 상상을 부정하면서 타인의 목소리에 귀를 기울이는 것은 기도와 같은 경건함을 가질 수 있다고 결론 내린다. 市川真人, 「聞こえるかもしれない声に耳を澄ます」 참조.

사람이 흙발로 들어가서는 안 되고, 아무 것도 직접 잃어버리지는 않은 우리는 무슨 말을 하기보다는 그냥 잠자코 지금 살아있는 사람을 도와줄 수 있으면 된다고 생각해요. (중략: 인용자) 히로시마도 그렇지 않나 하고 방금 들으면서 저는 생각했어요. 좀 더 멀찍이 둘러서서 지켜보는 것 정도 말고 우리는 하면 안 되고, 그렇게 해야 한다고요."(43쪽)

"이건 예의에 어긋나는 말씀이라 정말 죄송한데, S씨는 원래 하카타 사람이고 오랫동안 도쿄에서 살아서 도호쿠에 친척 한 사람 없고 친구가 돌아가신 것도 아니라고 들었어요. 그런 사람이 사자에 대한 상상을 이야기할 시기도 아니고, 애초에 이야기할 문제도 아니라고 저는 생각합니다. 하물며 죽은 사람의 말이 들리니 어쩌니, 제가 보기에는 너무 안이한데다 사자를 모욕하고 있어요."(44쪽)

"아무리 귀를 기울여 봤자 물에 빠지고 휩쓸려서 가슴을 쥐어뜯고 바닷물을 마시며 죽은 사람의 괴로움은 절대, 절대 살아있는 우리는 이해할 수 없어요. 들린다고 생각하는 건 얼토당토않은 자만이고, 뭔가 들렸다 한들 살 희망을 잃어버리는 순간의 진정한 두려움, 슬픔 같은 걸 절대 알 수 있을 리 없어요."(46-47쪽)

이 같은 2장의 논의와 관련해서 이토 세이코는 "이 소설을 비판하는 분들은 아마 제2장에서 걸리는 것"임을 인정하면서도, 이 부분을 쓰지 않을 수밖에 없던 이유를 이들의 대화에서 등장하는 히로시마와 연결해서 설명한다. 즉, 2장을 쓴 이유는 전 세계 어디든 '재액(災厄)'이 일어난 곳에서는 시간이 지나면 기억의 풍화가 일어나는데, 나중에 태어나는 사람들도 그 장소에서 일어난 일과 무관하지 않으며 그에 대해 생각하고 이야기할 수 있음을 전하고 싶었기 때문이라는 것이다. 이는 위에서 인용한 자원 봉사단 리더 격의 말에 반론을 제기하는 젊은이가 쓰나미와 히로시마를 잇는 선 위에 도쿄 대공습의 죽음을 포개어 놓고 이야기하고 있다는 것과도 이어진다.[35] 리더 격의 젊은이는 애도의 문제를 사자나 그의 친지와 같은 당사자에게 국한하지만, 2장의 논의는 바로 이러한 애도의 당사자성을 어떻게 확장할 수 있는가와 관련되는 셈이다. 줄곧 잠자코 있던 또 다른 젊은이가 2장 마지막에 이르러 DJ 아크가 흘려보낸 보사노바 소리가 들린다는 말을 조심조심 꺼내는 데에서도 알 수 있듯, 이 물음과 관련한 이토 세이코의 입장은 분명하다. 그에 따르면 2장은 "우리는 관계가 없으니까 이야기할 자격이 없다고 생각하지 않기 위한 장치"로서 존재한다.[36]

　　물론 작품에 대한 찬반 여부와 무관하게 이재민들이 거부 반응을 일으키지 않게 하는데 최대한의 노력을 기울였다는 이토 세이코의 말처럼, 소설에서도 이러한 당사자성은 결코 안이하게 다른 시간과 장소로 확장되지는 않는다. 쓰나미의 사자의 목소리를 S씨가 듣기 전에, 마치 살아있는 사람과 하듯 죽은 연인과 나누는 긴 대화를 삽입하고 있다는 점도 이러한 노력과 무관하지 않을 것이다. 애초에 S씨는 아버지의 삼 년

---

35) "한 번에 그런 일이 일어났는데, 그건 히로시마도 아마 그럴 거야. 아니, 전부 비슷하다고 정리할 생각은 결코 아니지만 도쿄에서도 콜록, 이건 내가 정원사 밑에서 아르바이트 했을 때 몇 번이나 배웠던 내용인데 도쿄 대공습에서도 많은 사람들이 하룻밤에 목숨을 잃었다고 들었거든. 폭탄이 떨어져서 불바다가 되는 바람에 타 죽은 사람도 있었고, 스미다 강에 뛰어들어서 물에 빠지거나 질식한 사람도 있었다고(하략: 인용자)" いとうせいこう, 『想像ラジオ』, 43쪽.
36) いとうせいこう・星野智幸, 「『想像ラジオ』から『存在しない小説』へ: 想像力で世界に立ち向かう」, 『群像』 第六九号, 講談社, 2014. 1, 132쪽.

째 기일을 맞아 고향으로 가다 오른쪽 귀가 들리지 않게 되는 경험을 하는데, 소설은 섣불리 쓰나미의 죽음을 죽음 일반으로 등치하는 대신, S씨의 주변에 있는 개별적인 죽음들을 부각함으로써 보편적인 애도를 위한 최소한의 단서를 확보한다. "이 책을 읽었기 때문에 내셔널 아이덴티티로 동화하지 않을 수 있었던 사람이 실은 많아서, 눈에 보이지 않는 큰 제어 장치가 되고 있지 않은가"[37]라는 소설가 호시노 도모유키의 평가는 아마도 이러한 맥락에서 가능했을 것이다.

하지만 소설이 쓰나미의 죽음을 정말로 내셔널한 경계 바깥으로까지 확장 가능한 것으로 사고하는 데까지 나아갔다고 볼 수 있을까? 이 소설이 3·11을 다룬 다른 국지전적인 소설에 비해 열려 있다고 평가하는 평론가 진노 도시후미(陣野俊史)는 그 이유를 "다양한 것들을 불러들이는 점"에서 찾으면서, "저는 도쿄 대공습이나 히로시마·나가사키가 나왔을 때 무척 편해졌어요. 동일본대지진뿐 아니라 다양한 사자가 나와서 이야기를 하지요"[38]라고 밝히기도 했다. 물론, 소설에는 앞서 언급한 S씨와 관련된 사람들뿐 아니라 다른 사자들이 등장하기도 하지만, 여기서 상기되는 다른 죽음들이 결국 "도쿄 대공습이나 히로시마·나가사키"라는 실제 사건으로 대표된다는 점은 중요하다. 이는 소설의 주제 자체를 둘러싼 논의가 벌어지는 2장에서도 마찬가지로, 쓰나미의 사자에 대한 애도는 그에 대해 반대하는 경우에조차 일본의 전쟁이 가져온 죽

---

37) いとうせいこう・星野智幸, 「『想像ラジオ』から『存在しない小説』へ: 想像力で世界に立ち向かう」, 133쪽.
38) 陣野俊史・いとうせいこう, 「インタビュー「沈黙」のあとさき」, 『文藝』第五二巻第一号, 河出書房新社, 2013, 134-135쪽.

음에 대한 애도를 누가 담당할 것인가라는 문제와 아무런 저항 없이 연장선 위에 놓인다. 즉, 결국 애도를 둘러싼 당사자성의 확장은 특히 일본의 지난 전쟁과 관련한 지극히 내셔널한 선을 따라 이루어지고 있는 것이다. 그리고 이러한 점이 더욱 두드러지게 나타나는 것이 다소 노골적인 주제 의식이 또 다시 드러나는 4장의 대화 부분이다.

> "사자와 함께 이 나라를 다시 만들어 갈 수밖에 없는데, 마치 아무 일도 없었던 것처럼 사태에 뚜껑을 덮는 우리는 대체 뭐지? 이 나라는 어떻게 된 거야? (중략: 인용자) 대공습 때도, 가메 씨가 이야기한 히로시마 원폭 투하 때도, 나가사키 때도, 다른 수많은 재해가 있었을 때도, 우리는 사자와 손을 잡고 앞으로 나아가고 있었던 것 아닐까? 하지만 언젠가부터 이 나라는 사자를 품고 있지 못하게 됐어. 그건 왜인가?"
> (중략: 인용자)
> "목소리를 듣지 않게 돼서라고 생각해."
> (중략: 인용자)
> "죽은 사람의 목소리에 시간을 들여 귀를 기울이고, 슬퍼하고 애도하면서 동시에 조금씩 앞으로 걸어가는 것 아닌가. 사자와 함께."(70-71쪽)

여기에 이르면 쓰나미의 사자가 어디에 위치하는지는 한층 더 분명해진다. 소설이 확장하려고 했던 쓰나미의 죽음이라는 시공간은 결국 공습과 원폭이 대표하는 '이 나라' 일본의 전쟁 피해 바깥으로까지 빠져나가지는 못한다. 이는 이토 세이코가 거듭 이러한 죽음들 '이후'에 올 사람들을 염두에 두고 있다는 것과도 관련 있는데, 쓰나미는 결국 내셔널한 범위의 내부에서 시간 축을 따라 놓이는 사건들로 이어지는 셈이다.

3·11 이후 곳곳에서 터져 나왔던 "힘내라 일본"이라는 구호와는 다소 다른 방향이기는 하지만, 결과적으로 소설은 사자의 목소리를 품으며 "사자와 함께" 걸어가자고 '이 나라'를 향해 말을 걸고 있는 것이다.

하지만 '우리'가 더 이상 듣지 않게 된 것은 대체 어떠한 사자의 목소리인가? '우리'가 더 이상 애도하지 않는 것이 무수한 재해의 사자들인 동시에 공습과 원폭의 사자들이라면, 이는 결국 자국민의 무의미한 죽음에 대한 애도가 제대로 이루어지지 못했다는 가토의 인식과도 무난히 이어진다. 단, 그 다음에 오는 아시아인 사자를 향한 애도조차 설정되지 않는다는 차이점을 제외한다면 말이다.[39] 이는 물론 『상상 라디오』가 대공습과 히로시마, 나가사키를 쓰나미와 같은 재액과 동일선상에 놓는 것과 관련해서는 더 이상 아무런 고찰도 더하지 않는다는 점과도 관계 있을 것이다.

『상상 라디오』가 제기하는 잊힌 "사자의 목소리"를 "비극, 참극의 기억"[40]으로 해석할 때, 이러한 사건들이 어떠한 세계사적 맥락에 놓이는지는 전혀 보이지 않게 된다. 쓰나미의 사자를 향한 애도는 이렇게 일본의 비극적인 역사를 경유해 일본의 '우리'를 위무하고 복구하는 서사

---

39) "'애도한다'라는 것과 관련해서는 어느 신사의 합사 방식에 대해 이웃나라가 이래저래 참견을 하는 시대다. 이 작품이 태평양전쟁을 언급하는 이유 중 하나는 '애도한다'라는 것과 관련한 이러한 문제를 작가가 의식했기 때문일지도 모른다'라는 식의 독자 평이 등장하는 것에는 이유가 없지도 않다고 해야 할 것이다. イッパツマン,「悼むことについての小説」. http://www.amazon.co.jp/gp/customer-reviews/RC17UJ9QXS3VS/ref=cm_cr_pr_rvw_ttl?ie=UTF8&ASIN=4309413455 (최종 검색일: 2015. 11. 26).

40) 木村朗子,『震災後文学論: 新しい日本文学のために』, 48쪽.

로 회수된다. 소설의 끝 부분에서 다성적으로 터져 나오는 청취자들의 목소리 속에 마치 변명처럼 "감사합니다"라는 한국어가 들어 있다 해도, 이 소설의 방주(아크)는 쓰나미를 '이 나라'가 아닌 '우리'의 것으로 떠맡고자 했던 이들을 어정쩡하게 남겨두고 떠나버렸다고 밖에 할 수 없을 것이다.

## 4. 전후의 타자들

트위터 팔로워 수가 사십만 명을 넘어서 인터넷 미디어 시대의 총아로 불리기도 하는 저널리스트 사사키 도시나오(佐々木俊尚)는 3·11에서 일 년여가 지난 시점에 『'당사자'의 시대』라는 신서를 냈다. 3·11을 겪으면서 "왜 일본인 사회의 언론이 이러한 상황이 돼버렸는가?"라는 문제의식 아래 펴낸 이 책이 담고 있는 주장은 한마디로 "지금이야말로 당사자로서의 위치를 되찾아야만 한다"라는 것이다. 여기서 당사자의 위치란, 간편하게 '상상의 소수자에 빙의'하는 것이 아니라 스스로가 어디까지나 피해자와 가해자 사이에서 붕 떠 있음을 늘 자각하는 태도를 의미한다. 저자는 피해자이기 때문에 가해자가 될 수 있다는 오다 마코토의 '피해자=가해자'론이 처음으로 제시한 약자의 시점을 '과다 복용'한 일본의 언론이 스스로를 사회의 외부, 소수자라는 '신의 시점'에 놓고는 외부에서 내부를 손쉽게 비판하는 태도를 취해 왔다고 비판한다. 그리고 이러한 풍조가 지배적이 된 이유 중 하나로, 일본이 '외부의 이방인'인

소수자로서의 재일 외국인이나 아이누인, 오키나와인을 발견함과 동시에 마주하게 된 '내부의 이방인' 즉 일본군 전사자를, 전후의 경제 성장과 번영이 제대로 추모하지 않고 내버려두었다는 가책 혹은 '더러움(穢れ)'을 든다. 다시 말해, 일본인은 피해자와 가해자, 그리고 침략자의 추모자라는 스스로의 복잡한 위치를 제대로 소화하지 못하고, 쉽게 소수자에 빙의함으로써 절대적인 외부자가 되어 내부를 계속해서 비판해 왔다는 것이다.

이는 말할 것도 없이 이른바 자학적으로 일본 사회에 대한 비판을 계속해 온 소위 혁신 세력에 대해 피로나 거부감을 느끼는 정서를 어느 정도 반영하는 관점인 동시에, 내셔널한 의미에서 당사자가 아님에도 소수자 혹은 피해자의 입장에서 생각하려는 몸짓들을 내부를 비판하는 위치에 서는 것으로 간주한다는 점에서 아시아와 일본인의 사자를 대치시키는 가토의 논의와도 닮아 있다. 사사키가 이 책을 집필하는 데에 오구마 에이지의 『1968』과 더불어 가토 노리히로의 『패전후론』이 큰 영향을 주었다고 꼽고 있다는 사실은 그런 의미에서 당연하다고도 할 수 있겠다. 전후 일본 사회의 가책 혹은 더러움을 이야기하며 당사자라는 무거운 위치를 떠안지 못한 '소수자 빙의'를 비판하는 관점은 전후의 비틀림을 이야기하며 일본의 사자와 아시아의 사자가 하나로 꿰이는 애도의 지점을 찾는 가토의 논의와 포개지는 것이다.

그렇다면 3·11 이후 가토의 입장은 어떻게 변모했을까? 전후 70년을 맞는 2015년, 전쟁이 끝난 뒤로 70년의 시간이 지났음에도 일본이 오키나와의 미군 기지로 대표되는 대미 종속관계에서 벗어나지 못하고 그 결과 동아시아 국가들과 여전히 신뢰 관계를 정립하지 못하고 있다는 점에서 전후는 아직 끝나지 않았다고 진단하는 가토 또한, 일본이 지금 그 어느 때보다 심각한 상태에 놓여 있다는 문제의식 아래에서『전후 입문』을 쓴다. 가토는 전후를 둘러싼 그의 생각을 정리한 이 책에서 이전과는 달리 '자랑스러운 나라 만들기'가 중요하다고 생각하게 됐다고 밝히면서, 호헌을 넘어서서 더 적극적인 평화헌법으로 개헌할 것을 주장한다.[41]

여기서 가토는 주로 전후의 대미 종속 구조와 헌법 문제라는 비틀림의 또 다른 축에 대한 논의에 집중하지만, 일본인 전사자들의 죽음이 당시 시점에서는 나라를 지키기 위한 희생이었음에도 살아남은 전후 일본 국민이 "연합국이라는 적의 가치관으로 전향"해 버렸다는 데에서 전후의 비틀림을 본다는 인식 자체에는 변함이 없다.[42] 그리고『패전후론』

---

41) 가토가 제안하는 헌법 9조안은 다음과 같다.
"일본 국민은 정의와 질서를 기조로 하는 국제 평화를 성실히 희구하며 국권의 발동으로서의 전쟁과 무력을 통한 위협 또는 무력행사는 국제 분쟁을 해결하는 수단으로서 이를 영구히 포기한다. 이, 이상의 결의를 명확히 하기 위해 아래와 같이 선언한다. 일본이 보유한 육해공군 그 외 전력은 일부를 뒤항에서 정하는 별개 조직으로 분리하고, 남은 모든 전력은 이를 국제연합 대기군으로서 국제연합의 평화 유지 활동 및 국제연합 헌장 제47조에 의한 국제연합의 직접 지휘 아래의 평화 회복 운동 참가 외에는 발동하지 않는다. 나라의 교전권은 이를 국제연합에 양도한다. 삼, 앞항에서 분리한 군대 조직을 국토방위대로 재편성하여 국제적으로 인정되는 일본의 국경에 악의를 가지고 침입하는 자에 대한 방위용으로 쓴다. 단 이 국토방위대는 국민의 자위권의 발동이므로 치안 출동이 금지된다. 평시에는 고도의 전문성을 갖춘 재해 구조대로서 널리 국내외의 재해 구원에 임하는 것으로 한다. 사, 향후 우리 일본 국민은 어떠한 양태의 것이든 핵무기를 만들지 않고 가지지 않고 들여오지 않으며 사용하지 않는다. 오, 앞 사항의 목적을 이루기 위해 향후 외국의 군사 기지, 군대, 시설은 국내의 어떠한 장소에서도 허가하지 않는다." 加藤典洋,『戰後入門』, 筑摩書房, 2015, 551-552쪽 참조.

에는 일절 등장하지 않았던 오다 마코토를 원용하면서, 미국에 원폭 투하에 대한 책임을 물음으로써 가해 책임과도 진정으로 마주할 수 있다는 주장으로 나아간다. 가토는 이를 오키나와에서의 미군 철수와 핵무기의 포기를 담은, 현 정권과는 상반된 방향에서의 헌법 개정에 대한 논의로 이어감으로써 그야말로 전후의 끝과 새로운 시대의 시작을 그리려고 시도하는데, 이때 난사라는 경험은 개인 원리에 입각하지 않은 국가원리나 개별성에 대한 상상을 결여한 보편적 논리에 대한 생생한 비판으로 존재하게 된다. 이제 '꾀죄죄한 일장기'는 경험에 근거한 '더럽혀진 평화주의'가 되어 돌아오는 것이다.

그렇다면 무의미한 죽음들은 어떠한 지점에서 만나는가? 다카하시 데쓰야와의 논쟁에서 타자를 향해 "그런 건 몰라"라고 말하는 문학의 논모럴을 제기했던 것과는 달리, 이제 가토는 난징 대학살과 위안부 문제를 언급하며 "몇 번이고, 몇 번이고 상대국이 받아들일 때까지 사죄를 해야만 하는 것은 당연하다"[43]라고 잘라 말한다. 자국민 사자의 죽음을 무시해 버리거나 칭송하는 혁신파나 보수파의 태도는 둘 다 마음에 들지 않는 타자에 대한 상상력을 결여하고 있다는 점에서 한 쌍을 이룬다면, 이들과는 다른 애도란 가토에 따르면 결국 진정한 강함을 보여주는 사죄와 맞물려 있다.

한편 『상상 라디오』에서도 '우리'가 아닌 희생자가 등장하는 부분이 실은 한 군데 있다. 그것은 자원봉사 팀의 사진가가 히로시마에서 들었

---

42) 加藤典洋, 『戦後入門』, 58쪽.
43) 加藤典洋, 『戦後入門』, 68쪽.

다는 사자의 목소리와 관련되는데, 전술했듯 이곳에서는 일본 출신의 영능력자와 하와이 출신의 샤먼이 영을 위로하는 의식을 행한다. 의식이 있기 전날 일본인 영능력자는 죽은 아이들과 대화하며, "우리가 진주만의 어느 섬에서 샤먼을 데려와서 이 섬에서 죽은 사람과 이 섬에서부터 시작된 전쟁의 마지막에 이 마을에서 죽은 사람을 함께 애도하려 한다는 것"을 이 아이들은 알고 있다고 사진가에게 이야기한다. 이 날의 히로시마가 무의미한 죽음을 맞은 사람들의 목소리를 듣는 장이었다면, 여기서 전쟁의 시작과 끝을 각각 미국의 진주만과 히로시마로 두고 있다는 점은 결코 간과할 수 없을 것이다. 이 소설에서 아시아의 사자들이 쓰나미의 죽음과 맞닿은 곳에 존재하지 않는 이유는, 그들이 미국과의 관계 속에서 형성된 일본의 전후 속에서 거의 완벽하게 타자로 존재했기 때문은 아닐까? 바로 그렇기 때문에 이들과 같은 피해자의 당사자성을 떠맡고자 하는 일은 위에서 본 것처럼 신적인 외부나 개인적인 원리에 근거하지 않은 국가원리, 혹은 개별성을 소거한 보편성을 찾는 것으로 간단히 등치될 수 있었으리라. 전후의 끝에 대한 가토의 논의가 향하는 곳이 결국 미국과의 관계를 바꾸는 것이었다면, 3·11의 죽음들을 다룬 『상상 라디오』가 다시 물은 전후의 끝 또한 같은 곳을 향하고 있었던 것이다.

# '잃어버린 20년'과 보수의 미학

장인성

## 1. '잃어버린 20년'과 '아름다운 일본'

'아름다운 일본'은 일본의 자연과 문화와 전통에 대한 자부심을 간직한 말이다. 이 말은 흔히 일본인들의 보수적인 자의식이나 심리를 표상한다. 소설가 가와바타 야스나리(川端康成)가 1968년 노벨문학상 수상 연설 "아름다운 일본의 나"에서 이 말을 사용하여 일본 문화의 미를 세계에 드러내면서 '아름다운 일본'은 일본 문화를 상징하는 전형적 표상이 되었다.[1] 한편 진보 지식인 오에 겐자부로(大江健三郎)는 노벨문학상 수상연설(1994년)에서 선배 가와바타가 사용했던 "아름다운 일본의 나"를 "애매한 일본의 나"로 뒤틀고 있다. '아름다운 일본'의 보수적 표상을 비판한 것이다.[2] '잃어버린 20년'이 시작되고 보수적 언설과 운동

---

1) 川端康成, 『美しい日本の私: その序説』, 講談社, 1969.
2) 大江健三郎, 『あいまいな日本の私』, 岩波書店, 1995.

이 돌출하는 가운데 나온 비판이었다. 잘 알려진 이 두 사례는 '아름다운 일본'이란 표상을 둘러싼 보수와 진보의 상반된 의식을 보여준다.

'아름다운 일본'이란 말은 문예인의 전유물이 아니다. 정치적 의도를 담아 사용되기도 한다. '아름다운 일본'은 경제성장 혹은 근대화와 더불어 무너져가는 공동체를 복원하려는 욕망이 담긴 표상일뿐 아니라[3] 보수적 국가개혁을 정당화하는 정치적 수사로서 사용되기도 한다. 1980년대 중반 나카소네 야스히로(中曾根康弘) 수상은 "세계에 공헌하고 국민에 봉사하는 운명공동체이며 문화공동체"로서 일본국가를 상정하면서, 경제발전과 민주주의에 의해 차단된 지역사회의 전통을 되살리기 위해 '아름다운 일본'을 보전해야 할 가치로 제시하기도 했다.[4]

냉전 종결 이후 경제침체와 걸프전쟁으로 상실감이 확산되는 가운데 '아름다운 일본' 표상은 정치화하고 있다. 아베 신조(安倍晋三)는 총리가 되던 해 자신의 정책 구상을 담은『아름다운 나라로』(2006년)를 출간하였고, 총리에 재취임한 뒤에는『새로운 국가로: 아름다운 나라로 완전판』(2013년)으로 재포장하였다. 자신의 보수적 정책 구상을 정당화하는 수사로서 '아름다운 일본' 표상을 적극 활용한 것이다.[5] 아베는 "더욱 아름다운 나라", "더 매력있는 나라" 일본을 만들겠다는 "결의"도 보이고

---

3) '아름다운 일본' 표상의 전개는 전후 일본의 경제적 상황과 결부된, 전후 일본문화론의 변용과도 관련될 것이다. 일본의 경제적 상황과 일본문화론의 상관적 전개에 관해서는 青木保,『日本文化論の変容: 戦後日本の文化とアイデンティティー』, 中央公論社, 1990.
4) 中曾根康弘,『新しい保守の論理』, 講談社, 1978, 32-34쪽, 193-194쪽.
5) 安倍晋三,『美しい国へ』, 文藝春秋, 2006; 安倍晋三,『新しい国へ: 美しい国へ 完全版』, 文藝春秋, 2013.

있다.6)

　보수 정치인과 달리, 니시베 스스무(西部邁), 사에키 게이시(佐伯啓
思) 같은 보수주의자들은 '아름다운 일본' 표상에 유보적이며, 이 표상의
정치화에 비판적이다. '잃어버린 20년'의 보수 논단을 이끌어온 니시베
스스무와 그에 동조하는 젊은 보수주의자 나카지마 다케시(中島武志)는
아베가 표방한 '아름다운 나라'가 보수정치의 비보수성을 나타내는 내용
없는 정치적 수사에 지나지 않는다고 비판한다. 이 슬로건에 담긴 "진부
한" 미의식이 정치와 값싸게 결합된다면 위험할 수도 있다고 경계한다.7)
일본사회가 경제 침체로 상실감에 빠져 있는 가운데, 보수 지식인과 보
수 정치인 사이에는 미의식의 괴리가 엿보인다. 정치와 미의 양상을 둘
러싼 미학의 상극이 느껴진다.

　니시베나 사에키는 전후체제를 뒷받침해온 민주주의와 평화주의
를 부정한다. 공동체적 가치와 국가의식을 고양시킴으로써 국가 심벌을
강화하고자 한다. 이를 위해 '언론전'을 활발히 펼치고 있다. 일본의 보수
주의자들은 '잃어버린 20년'의 맥락에서 어떠한 성격의 사상을 영위하고
있을까. '포스트 전후'와 '잃어버린 20년'의 맥락에서 보수적 미의식은 어
떤 모습을 보일까. 보수 담론을 주도해온 니시베 스스무와 사에키 게이
시의 언설을 통해 일본 보수주의와 미의식의 실태를 살펴보기로 한다.8)

---

6) 安倍晋三, 『日本の決意』, 新潮社, 2014. 제6장.
7) 西部邁·中島岳志, 『保守問答』, 講談社, 2008, 64-65쪽. 나카지마는 아베 수상
　에게는 예술적 감성이 없기 때문에 '아름다운 일본'이라는 슬로건도 큰 문제
　를 초래하지 않는다고 말하고 있다. 의미 있는 지적이다.
8) 본고의 주제와 관련된 졸고로는 장인성, 「현대일본의 보수주의와 '국가'」,
　『일본비평』 창간호, 그린비, 2009; 장인성, 「현대일본의 애국주의: 전후공간

'포스트 전후'적 특성을 드러내기 위해 '전후' 일본의 보수주의와 미의식도 비교 준거로 삼을 것이다.

## 2. 보수의 미학과 두 개의 '전후'

### 2.1. 보수와 정치미학

아베 신조는 '아름다운 일본'을 기미가요에서 찾는다. 기미가요를 독해하는 방식에서 보수 정치인의 정치미학을 얼마간 엿볼 수 있다. 아베 신조의 '아름다운 나라'론은 정치와 미의 결합 방식의 일례를 보여준다. 아베는 자연미의 관점에서 천황을 읽어낸다.

> [기미가요의] 가사는 상당히 격조가 높다. '[군주의 치세는 천 대에 팔천 대에] 작은 조약돌이 큰 바위가 되어 이끼가 낄 때까지'라는 대목은 자연의 유구한 시간과 나라의 유구한 역사가 훌륭히 상징화되어 있고 진정 일본적이기에 나는 좋아한다. 거기에는 자연과 조화하고 공생하는 것의 중요성과 역사의 연속성이 응축되어 있다. '기미가요'가 천황제를 연상시킨다는 사람이 있지만, '기미'는 일본국의 상징으로서의 천황이다. 일본에서는 천황을 날줄(縱糸)로 역사라는 장대한 태피스트리가 짜여져 온 것이 사실이다. 그저 짧은 한 시기를 들어서는 어떤 의미가 있는 걸까. 있는 그대로 읽으면 이 가사의 어디에서 군국주의 사상이 느껴질

---

과 포스트냉전공간의 애국심론」, 『일어일문학연구』 84, 한국일어일문학회, 2013; 장인성, 「고도대중사회 일본과 보수주의: 니시베 스스무의 보수 이념」, 『일본사상』 26, 한국일본사상사학회, 2014 등이 있다.

까…전의(戰意)를 고양시키는 국가(國歌)는 세계에 많이 있다. 독립이나 권리를 쟁취한 역사를 반영시키고자 하기 때문이다.[9]

아베는 기미가요에서 천황을 매개로 하는 자연의 아름다움과 역사의 유구함을 읽고 있다. 자연과의 조화와 공생, 그리고 역사의 연속성을 읽어낸다. 기미가요는 "자연의 유구한 시간과 국가의 유구한 역사가 훌륭하게 상징화된" "진정 일본적인" 것으로 해석된다. 아베는 기미가요와 천황제의 관련성을 부정하고, 일본의 군국주의, 침략 전쟁, 식민지 지배를 아름다운 일본과 자연의 유구한 역사 속에서 "아주 짧은 일 시기"에 발생한 예외적인 현상으로 규정하면서 기미가요의 정치성을 퇴색시키고, 비전투성을 부각시키고 있다. 텍스트의 비정치화에 의한 정치와 미의 구별을 통해 '아름다운 나라'의 순결주의적 색채가 강조되고 있다. 아베는 자연미 예찬을 통해 공동체성을 높이는 미의식과, 개인의 자유와 사회의 질서를 지켜주는 국민국가를 병존시킴으로써 일본국민에게 "자국의 안전을 위한 최대한의 자조 노력", "자신의 나라는 스스로 지킨다는 기개"를 요구한다.[10] 정치와 미의 분리를 통해 정치적 의도를 달성하고자 하는 '비정치성의 정치성'이 엿보인다.

보수정치가 마치무라 노부타카(町村信孝)는 노골적으로 자연미와 정치를 연결시킨다. 마치무라에 의하면, 아름다움과 더러움이 일본인의 "인격"을 나타내는 도덕적 가치라면, "늠름한" "아름다움"은 일본의 "국격"을 나타내는 일본적 가치다. 그런데 전후 일본은 경제적 풍요로움을

---

9) 安倍晋三, 『新しい国へ』, 86-88쪽.
10) 安倍晋三, 『新しい国へ』, 67-69쪽, 133-134쪽.

추구한 나머지 "늠름한(=아름다운)" 품격을 잊어버리고 말았다. 국익과 주권을 지키는 독립국가로서 국제공헌도 하고 세계에서 신뢰도 얻으려면 "늠름한 아름다운" 자세와 "국가로서의 품격"이 필요하다. 마치무라는 "아름다운 품격"과 "평화를 사랑하는 심성"이 일본인의 몸에 체화되어 있다면서 일본적 미에서 "평화적이고 친절한" 일본 민족의 이미지를 끌어낸다. 아베와 마찬가지로 일본이 일으킨 전쟁은 예외적인 것으로 간주된다.[11] 마치무라는 역사, 전통, 문화, 언어, 판도(版圖) 등으로 이루어진 국가를 상정하면서 국가 속에 국민을 배치시킨다.[12] 마치무라의 확고한 국민국가관은 정치와 미의 손쉬운 결합과 미의 정치화를 허용하고 있다.

아베와 마치무라는 정치와 미의 결합 방식은 다르지만 아무런 긴장감 없이 미를 정치에 쉽게 끌어들이고 있다는 점은 같다. 이들 보수 정치인이 국가개혁을 정당화하는 정치적 의도를 담아 '아름다운 나라'를 수사로서 동원한 것은 그리 이상한 일이 아니다. 하지만 이러한 수사적 용법이 경제대국화 혹은 근대화 이후 스러져가는 전통에 대한 회한이 커지고, 냉전 이후 불안감이 깊어지고, '잃어버린 20년'의 상실감이 심해지면서 정치화한다는 사실은 간과할 수 없다. 보수 논객 니시베 스스무가 극우 정치인 이시하라 신타로(石原愼太郞)를 떠올리면서 정치와 미의 결합이 초래할 위험을 우려한 것은 미의 정치화를 허용할 수도 있는 맥

---

11) 町村信孝, 『保守の論理: '凜として美しい日本'をつくる』, PHP硏究所, 2005, 57-62쪽.
12) 町村信孝, 『保守の論理』, 51-52쪽.

락이 전개되고 있음을 시사한다.

　그런데 아베나 마치무라가 말하는 정치미학이 실제 작동할 전망은 거의 없어 보인다. 문화적, 심미적 심성과 정치적, 정책적 의지가 손쉽게 결합할 때, '아름다운 나라'의 보수적 표상이 정치미학으로서 작용할 여지는 크지 않을 것이다. 보수 정치가이건 보수 지식인이건, 정치와 미의 결합 방식이 어떠하건, '아름다운 일본' 표상이 더 이상 현실정치를 규정하기는 어렵다. 가와바타와 같은 문학자에게 '아름다운 일본' 표상에 담긴 문화적 미의식이 정치와 결합할 기회는 없었다. 반면 아베나 마치무라 같은 보수 정치가들은 몰미학적이기에 미의식이 정치와 결부된다 한들 힘을 갖지는 못할 것이다. 니시베의 우려와 달리, 문학자의 에토스를 상실한 '전(前) 소설가' 이시하라 신타로에게 미와 정치의 결합이 일어나기는커녕 정치미학을 바랄 수 없음은 이미 분명해졌다.

　여기서 '잃어버린 20년'에 영위된 보수 미학의 중요한 일면을 엿볼 수 있다. 1930년대 후반 낭만파 문학자 야스다 요주로(保田与重郞)나 고바야시 히데오(小林秀雄), 그리고 패전 공간의 문학자들에게 보였던 것과 같은 정치와 미의 연관성을 둘러싼 진지한 고투를 더 이상 찾기 어렵게 되었다는 사실에서 '잃어버린 20년'에서의 '미의식의 상실'을 감지할 수 있지 않을까. "아름다운 나라", "늠름한 국가", "도의 넘치는 나라"라는 말에서 심미감을 찾기는 어렵다. '잃어버린 20년'을 거치면서 보수가 변질했음을 시사한다.

## 2.2. '전후'와 보수

보수주의는 전통주의, 유기체주의, 정치적 회의주의를 원리로 한다. 전통주의는 기존의 관습과 제도에 대한 애착과 존경을 의미한다. 유기체주의는 사회를 추상적인 개인의 기계적 집합체가 아니라 역사적으로 물려받은 관습과 제도에 기초한 사회성을 지닌 인간이 만들어낸 공동체로 보고 공동체의 유기적 질서를 중시하는 사고방식이다. 정치적 회의주의는 사변적 이론이 아니라 사회적 경험에서 얻은 지혜, 관습과 제도의 퇴적, 그리고 정치적 경험의 축적에서 생겨난 지식에 근거한, 기존의 지식과 행위에 대한 비판적 성찰이다.[13] 보수의 사상과 미의식은 이들 원리에서 성립한다. 전통주의는 관습적인 미와 가치의 미학을 규율하고, 유기체주의는 개인, 사회, 공동체의 질서에 관한 미의식을 규정한다. 정치적 회의주의는 투쟁적 행동의 미학을 동반하기도 한다.[14] 보수의 미학은 이들 원리가 실제로 작동하지 않을 때 나타난다. 논리와 경험 사이의 괴리 때문에 역설적 상황이 나타나고, 개인과 사회의 부조화

---

13) Anthony Quinton, *The politics of imperfection: the religious and secular traditions of conservative thought in England from Hooker to Oakeshott* (London & Boston; Faber and Faber, 1978), pp.16-22.

14) 보수주의자들의 성찰과 비판에는 경계(한계)가 설정되어 있다. 하시카와 분조(橋川文三)에 의하면, 보수주의는 각각의 경우에서 출발해서 자기의 특수한 환경을 넘어 지평을 넓히는 일은 없다. 직접적인 행동을 지향하고 구체적인 개별 사항을 바꾸고자 하기 때문에 사람들이 생활하는 세계의 구조를 문제 삼지 않는다. 한편, 진보적 행동은 가능한 것을 의식하면서 살며, 주어진 직접적인 것을 체계적인 가능성으로서 재인식함으로써 초월한다. 다른 구체적인 것을 가지고 바꾸고자 하는 것이 아니라 다른 체계적인 발단을 찾아서 싸운다. 橋川文三, 「日本保守主義の体験と思想」, 『橋川文三著作集』 6, 筑摩書房, 1986, 11-14쪽.

로 인해 질서의 불균형이 생기고, 오래된 것과 새로운 것 사이의 부정합으로 개혁 의지가 끓어오를 때, 보수의 미학은 기능한다.

　보수주의는 삶의 태도에 관한 원리이지만 도그마가 아니라 사회적 문맥이나 정치적 상황을 의식하면서 이에 대처하는 사고방식이다. 보수의 미학은 이러한 보수주의와 관련되며, 따라서 원리와 실제의 양면에서 파악해야 한다. 민주주의, 평화헌법, 미일동맹으로 이루어진 '전후체제'는 전후일본의 보수 사상을 규정하는 문맥을 구성해왔다.[15] 전후 일본의 보수주의는 전후체제의 정책을 규정해온 보수정치와 전후체제의 정신을 규율해온 진보주의를 비판하는 보수적 사유라 할 수 있다. 일본의 보수주의자들은 고도 경제성장 과정에서는 전후체제를 받아들이면서 보수정책과 진보주의 양쪽을 비판했지만, 냉전 종식을 전후한 때부터는 전후체제의 전면적 부정에 나서고 있다.

　전후체제의 전면적 부정, 즉 전후체제로부터의 탈피는 '포스트 전후'의 의식과 사상을 조출해내고 있다. '포스트 전후'는 두 개의 탈'전후'를 뜻한다. '포스트 전후'는 태평양전쟁 종결과 더불어 성립한 '전후'체제로부터의 탈각뿐 아니라 '냉전후' - 또한 그것에 이은 '걸프전쟁 후' - 를 가리키는 '또 하나의 전후'를 의미한다.[16] '냉전후'는 전후와의 결별만이

---

15) 전후체제의 국면은 민주화와 미일 안보가 쟁점이 되는 〈민주=안보 공간〉, 경제성장과 대중사회화의 쟁점이 성립한 〈성장=경제 공간〉, 탈냉전과 지구화로 역사와 국가가 쟁점화한 〈탈냉전=역사 공간〉으로 대별할 수 있다.

16) 걸프전쟁은 '포스트 전후' 의식을 초래한 중요한 계기였다. 니시베 스스무는 이 전쟁이 1980년대 경제대국, 근대화라는 목표를 달성한 이후 찾아온 "목표 상실, 목적 상실, 가치 상실의 자기 불안"을 극복하기 위한 단서를 찾을 수 있는 계기로서 받아들인다. "자기 불안"은 "미국에 대한 과잉 적응, 근대

아니라 새로 출현한 지구화의 싸움도 포함한다. '싸우는 보수'(보수 논객)에게 '잃어버린 20년'은 보수적 관점에서 전후체제의 '전후'와 결별하고 '냉전후'라는 새로운 전후와의 싸움이 벌어지는 시기이며, '전후'의 시간을 극복하려는 의식과 '냉전후'의 공간에 대응하려는 의식이 겹치는 시기다. '보보(保保) 대결'은 낡은 전후(전후체제)로부터의 일탈과 새로운 전후에의 대응을 둘러싼, 보수 정치가와 보수론자 사이에 벌어지는 싸움과 다를 바 없다. '보보 대결'은 일본사회가 보수화를 심화시키는 가운데 전후체제 하에서 보수적 국가개혁과 친미적 외교정책을 강화하는 보수 정치가들의 정책과, 전후체제와 미국적 '자유민주주의'를 부정하는 보수 논객들의 언설이 길항하는 상태를 가리킨다. 보수의 정체성을 둘러싼 인정(認定) 투쟁도 이러한 대결의 표현이다. 보수 정치가들은 국가개혁을 정당화하기 위해 "보수주의자"를 자부한다.[17] 보수 지식인들은 이러한 보수 정치가들을 "이른바 보수", "자칭 보수", "자칭 보수주의자"로 타자화하고, 전통을 파괴하고 인습을 지키려는 "위장(僞裝)의 보수"라 비난한다. 자신들이야말로 전통을 유지하고 인습을 타파하는 "진정한 보수"라 자임한다.[18]

---

에의 순수 적응의 결과"라고 본다. "이 전쟁"(걸프 전쟁)은 "저 전쟁"(대동아전쟁)을 바라보고, "정신 병동으로서의 전후"를 극복하는 계기로서 인식된다. 西部邁, 『戰爭論』, 日本文芸社, 1991, 第1部 "戰爭·国家·人間".

17) 아베도 "열린 보수주의"를 표방한다. 安倍晋三, 『新しい国へ』, 22쪽.

18) 西部邁, 『国柄の思想』, 德間書店, 1997, 9쪽; 西部邁·中島岳志, 『保守問答』, 83쪽. 니시베는 이미 1980년대 중반부터 보수의 수세적 상황을 자각하였는데, 여러 저작에서 보수를 구별하고 있다. 그는 전통 파괴의 인습을 보수하는 "가짜 보수"와 좋은 전통을 보수하고 인습을 거스르는 "진정한 보수"를 구별하였다. 西部邁, 『幻想の保守へ』, 文藝春秋, 1985, 221쪽. "진정한 보수"는 우익과 차별

보수 지식인의 미의식은 이러한 보보 대결의 상황에서 제시되고 있다. 그들이 정치와 미의 결합이 초래할 위험성을 지적했을 때도 "위장의 보수"(보수 정치인)와의 차이가 느껴진다. 하지만 정치와 미의 결합이 초래할 위험성을 말하는 것 자체가 정치와 결부된 미의식이 소멸했거나 약화되었음을 뜻하는 것이 아닐까. 정치와 미를 손쉽게 병립시키는 보수 정치인이건, 정치와 미의 결합을 우려하는 보수 지식인이건, 더 이상 문예적 미의식은 찾아볼 수 없게 되었음을 알 수 있다. 보보 대결이 벌어지는 '잃어버린 20년'은 '미의 상실'과도 겹친다. 물론 미의식의 상실이 꼭 보수적 미학의 건전함을 뜻하는 것은 아니다. 오히려 탈전후 지향의 보수론자들은 문예적 미의식을 상실했기에 문학적 소양을 가졌던 이전의 보수주의자들과는 다른 방식으로 미의식을 드러내고 있을지도 모른다.

탈전후 보수주의자들의 미의식은 '국가' 상징에 집착하는 보수적 심정에 엿보인다. 니시베와 사에키 같은 보수주의자들의 미의식이나 정치미학은 '전후'의 시간을 극복하고, 또한 '냉전후'의 공간과 싸우는 보수적 심정과 행동에 나타난다. 이들 보수론자의 현실 인식을 담은 언설은 대략 상식론, 질서론, 국가론으로 나눌 수 있다. 보수적 미의식이나 정치미학은 각 언설에 보이는 역설의 미학, 균형의 미학, 공동성의 미학을 통해 파악할 수 있다. 니시베의 경우 미(美)가 진(眞)과 선(善)의 기초이며, 정치는 추상적인 미를 구체화하는 것이라 생각하면서도, 미 자체를 추

화하는 자칭이기도 하다. 니시베 스스무, 사에키 게이시 등 보수 지식인들은 진보 지식인들을 "좌익"이라 부르는 반면, 자신들은 "진정한 보수"라고 부른다. "진정한 보수"는 우익과의 차별화를 꾀하는 호칭일 뿐 아니라 "우익"으로 불리고 싶지 않은 심리를 내포한 자칭이다.

구하는 탐미나 심미보다는 모순적 인간의 감각, 이성, 지성이 만들어내는 평형의 미를 탐색하는 일에 주목한다.[19]

　　포스트 전후체제를 지향하는 '냉전후'의 보수주의와 미의식은 전후체제가 형성되는 '전후'의 그것에 견주어 볼 때 더욱 분명하게 드러날 것이다. 전후 보수주의의 원점으로 여겨지는 후쿠다 쓰네아리(福田恆存)는 최량의 준거가 될 수 있다. '전후' 맥락에서 후쿠다가 영위한 보수적 사상과 미의식에 비추어 보았을 때, '냉전후' 맥락의 보수주의와 미의식의 양상과 '냉전후'라는 맥락의 특질은 보다 분명해질 수 있다.[20] '전후'의 후쿠다도 정치와 미(예술)의 안이한 결합을 비판했지만, 미에 대한 사념과 미의 독자성에 대한 생각이 '냉전후'의 그것과는 사뭇 달랐다. 이 차이는 두 개의 '전후'에서 영위된 일본 보수주의의 편차를 드러낼 뿐만이 아니다. '잃어버린 20년'을 거치면서 변모한 '냉전후' 보수주의의 특질을 보여줄 것이다.

---

19) 西部邁・中島岳志, 『保守問答』, 64-65쪽.
20) 냉전 이후 보수론자들은 후쿠다 쓰네아리를 전후 보수주의의 원점이라 평가하면서도 후쿠다의 '전통' '상식'을 언급하는 정도일 뿐, 후쿠다의 사회사상, 정치사상을 논구하고 있지는 않다. 후쿠다의 보수 사상은 그나마 문예비평의 영역에서 다루어져 왔지만, 대체로 후쿠다의 사회비평이나 정치론에 관한 분석은 결여되어 있다.

## 3. 역설의 미학

### 3.1. 괴리감각

'냉전후' 보수주의자들은 전후체제가 잉태한 모순에 주목한다. 전후체제는 말과 체험이 분리되었을 때 생겨난, 체험이 결여된, "언어의 환상적인 비대화"가 발생하는 세계로 여겨진다. 전후체제의 모순은 전후체제에서 생성한 말(논리)과 체험(실제)의 어긋남을 말한다. '민주주의', '평화'라는 진보적 언어들로 구상된 전후체제의 언어적 세계(진보적 세계)와, 역사적 경험과 일본인들의 체험에 의존하는 사회, 국가의 현실(보수적 현실) 사이의 어긋남이다. 보수론자들은 이러한 어긋남, 괴리를 감내하지 못하는 심리를 보인다.

이러한 심리에서 전후체제를 부정하는 발언과 행동이 나온다. 보수주의자들은 '민주주의'와 '평화'를 절대 표상으로 삼는 진보적 주장이 언설 세계를 압도했던 냉전체제 속에서는 수세적인 자세를 취했지만, '냉전후'에 들어서는 민주주의와 평화주의로 분식된 전후체제의 "허구적 세계"를 깨뜨리고자 한다. 니시베는 이미 1980년대 중반 이래 말과 체험의 어긋남을 누구보다도 민감하게 자각하고 있었다. 체험에 근거해야 할 보수가 유토피아를 상정하는 진보적인 여론에 맞서기 위해 스스로 유토피아를 구상해야만 하는 상황, 즉 "도착(倒着)의 감각"을 견뎌야만 하는 역설적 상황을 그는 강하게 느꼈다. 그는 "과잉의 계획적 혁신"(진보)으로부터 스스로를 지키지 않으면 안 되는 보수의 수세적 숙명을 자각하였다.[21) 니시베는 말과 체험의 일치를 통해 "도착의 감각", "수세적인 숙명"을 벗어나고자 했다. 니시베는 "도착의 감각"을 교정할 근거로서 "상식"을 상정하면서 "상식으로 돌아가라"고 외쳤다.

냉전후의 '잃어버린 20년'이 진행되면서 말과 체험의 어긋남을 극복하고 수세적 숙명을 벗어나려는 의식이 강해지고 확산된다. '잃어버린 20년'은 진보의 유토피아가 힘을 잃고, 보수가 수세적 숙명에서 벗어나 공세적 자세로 전환하는 과정이기도 하다. "도착의 감각"은 보수의 공통감각으로 확산되었다. 리버럴 보수 지식인 가토 노리히로(加藤典洋)가 말과 체험이 분열된 전후체제의 "뒤틀림"을 해소할 길을 모색하고, 뒤틀림의 해소를 둘러싸고 진보 지식인들과 주체성 논쟁을 벌인 것은 이러한 변화를 상징한다.[22) 공세적 보수주의자들, 이른바 '싸우는 보수'는 전후체제를 지탱해온 민주주의와 평화주의의 "허구"를 깨뜨리기 위해 공통 체험의 재구축을 시도한다. 사에키 게이시는 전후체제의 "닫힌 언설공간"과 "허구적 세계"[23)를 깨뜨리고자 전쟁체험을 상기시키고 애국심을 높여 국가의식을 되살리고자 한다.

'전후' 맥락에서 후쿠다 쓰네아리도 말과 체험의 괴리를 강하게 느꼈다. 후쿠다는 일상 생활과 분리된, 전쟁 공포증에 사로잡힌 진보 평화론자들이 "억지, 감상(感傷), 증오, 흥분, 자기도취, 고정관념"을 갖고 평화와 안보 문제를 다루는 것에 큰 위화감을 느꼈고, "상식으로 돌아가라"

21) 西部邁, 『幻想の保守へ』, 文藝春秋, 1985, 206-208쪽.
22) 加藤典洋, 『敗戦後論』, 講談社, 1997.
23) 佐伯啓思, 『現代日本のイデオロギー』, 講談社, 1998, 124-126쪽.

고 외쳤다.[24] 니시베의 외침은 후쿠다의 이 말을 따온 것이다. 후쿠다는 "평범한 상식이 역설로 보이는 곳에 일본의 역사적 현실 자체의 역설성이 있다"[25]고 말한다. 전후의 후쿠다는 진보론자들이 외관상 화려한 평화 운동을 벌이면서도 "자족적인 수세"를 취하는 역설적 상황을 민감하게 느꼈다. 이 역설적 상황이 "자력에 의한 혁명"과 같은 주체적 체험이 결여된 "진보주의적 기분"에서 비롯된다고 보았다.[26] 진보론자들의 "진보주의적 기분"이 말과 체험의 간극을 호도하고 있었음을 간파했던 것이다.

말(논리적 언어세계)과 체험(일상적 생활세계)의 괴리를 감지했다는 점에서 냉전후의 보수론자들이 후쿠다를 일본 보수주의의 원점으로 생각하는 것은 충분히 그럴만하다. 다만 후쿠다는 진보와 싸우는 심정을 나타내긴 했어도 "도착의 감각"을 보이지는 않았다. '상식'은 전후체제의 체험을 전제로 한 것이며, 전체적 '기분'이 아니라 개별적 '체험'에서 성립한 것이었다. 때문에 후쿠다는 민주주의를 공유의 가치와 제도로 삼았고, 미일 협력을 자연스러운 상식으로 받아들였던 것이다.[27] 말과 체험의 괴리를 없애기 위해 냉전 후와 전후의 보수주의자가 끌어들인 '체험'의 의미는 서로 달랐다. 냉전후의 보수 논객들은 역사에서 경험의 총체성과 관념성을 찾아내려는 경향을 보인다. 예컨대, 사에키는 현재의 개별적 체험에서 보수적인 것의 의미를 찾기보다는 파트리, 역사, 문

---

24) 福田恆存, 「常識に還れ」, 『福田恆存全集』 第5巻, 234쪽.
25) 福田恆存, 「戦争と平和と」, 『福田恆存全集』 第3巻, 52-56쪽.
26) 福田恆存, 「進歩主義の自己欺瞞」, 『福田恆存全集』 第5巻, 175쪽.
27) 福田恆存, 「戦争と平和と」, 60-61쪽.

화에 퇴적된 추상화된 공통 체험을 상정하고, "일본적 정신"을 내세워 탐미주의와 정신주의를 강조하는 체험의 이념화를 시도한다.[28] 반면, 전후의 후쿠다는 체험의 개별성과 구체성에 입각하여 현재의 진보주의적 기분을 깨려는 자세를 보였다. 전후 후쿠다의 관점에 비추어 본다면, 냉전후의 보수주의자들은 전후의 진보주의자들처럼 개별적 체험이 아니라 전체적 기분에 움직이는, '보수주의적 기분'에 물든 존재일 것이다. 이러한 상위(相違)에서 '전후'와는 다른, '잃어버린 20년' 동안에 전개된 '냉전후' 보수주의의 특수성을 읽어낼 수 있다.

## 3.2. 낭만적 기분

'진보주의적 기분'과 '보수주의적 기분'은 어느 쪽이건 말과 체험의 어긋남에서 벗어나려는 낭만적 기분이다. 낭만적 기분은 말과 체험 사이의 괴리를 강하게 느낄 때 생겨나는 아이러니, 역설, 뒤틀림, 도착과 같은 심리에서 벗어나려는 운동성에서 발한다. 이상적 상태로의 도약이나 현상(現狀) 변경/타파의 운동성은 흔히 투쟁의 심리를 동반한다. 니시베는 이상적 상태로의 비상을 꿈꾼다. 도착의 심리를 극복하려면 전후체제의 인습을 타파하고, "합리적으로 설명할 수 없는 환상"을 마음에 품고, "투쟁하는 감각"을 길러 "의도하지 않는 모험"을 시도해야만 한다고 역설한다.[29] 여기서 "언론전"(言論戰)이 벌어진다. 언론전은 낭만적

---

28) 佐伯啓思, 『国家についての考察』, 飛鳥新社, 2001에 상세하다. 이에 관해서는 졸고, 「현대일본의 보수주의와 '국가'」, 275-276쪽.
29) 西部邁, 『幻想の保守へ』, 206-221쪽.

투쟁이다. 니시베, 사에키가 벌이는 "언론전"은 전후 민주주의와 평화주의로부터의 일탈을 꿈꾸는, 이른바 '좌익'(진보)과의 "보혁(保革) 투쟁"이며, 미일동맹에 갇힌 전후체제에서 벗어나려는, 보수 정치가들과의 "보보(保保) 투쟁"이다. 이러한 투쟁 감각이야말로 '냉전후' '잃어버린 20년'의 보수적 정신과 미학을 움직이는 동력이다.

'전후'의 후쿠다 쓰네아리도 민주주의와 평화를 현실 문제로 받아들이면서 진보주의자들과 싸움을 벌였다. 하지만 그의 싸움은 "언론전"이 아니라 "논쟁"이었다. 후쿠다가 생각하는 "논쟁"이란 사람 좋음, 무사안일주의, 미온함, 위선을 내포한 일본적인 "대화의 정치"를 극복하고 민주주의를 실현하는 수단이었다.[30] 민주주의의 실현을 지향하는 체험이다. 다만 후쿠다는 논쟁적 민주주의가 초래할 상대주의는 경계하였다. 후쿠다는 상대주의를 "같은 차원에서 되풀이되는 무한의 우행(愚行)"[31]으로 보았고, 이를 극복하기 위해 "부동의 절대주의"를 상정하였다. 서구 민주주의가 기독교에 기초한 절대주의를 매개로 발전했다는 사실에 주목하면서 신을 대체할 절대적 존재를 상실한 전후 일본의 민주주의에는 보편적 윤리와 절대자가 필요하다고 생각했다. '냉전후'의 니시베와 사에키는 상대주의의 폐해를 초래하는 민주주의를 극복하기 위해 '국가' 표상을 강화함으로써 '국가의식'과 '애국심'을 고취시키는 언론전을 벌이고 있다. 민주주의를 바라보는 보수적 시선은 '전후'와 '냉전후'가 이렇게

---

30) 土屋道雄, 『福田恒存と戰後の時代: 保守の精神とは何か』, 日本敎文社, 1989, 150쪽.
31) 福田恆存, 「個人と社會」, 『福田恆存全集』 第3卷, 73쪽.

다르다.

낭만적 기분은 비평적 태도와도 관련된다. 전후체제의 보수적 언설을 주도하는 지식인들은 후쿠다 쓰네아리, 에토 준(江藤淳), 미시마 유키오(三島由紀夫) 등 문예인이었다. 이들은 진보적 사회과학자들의 사회과학이나 좌파 역사학, 혹은 보수적 사회과학의 '과학'에 대항하여 낭만적 '비평'을 행하였다. 반면 '냉전후' 보수주의자들은 사회과학자(경제사상가)로서 과학적 '비평'에 종사하고 있다. 어느 쪽이든 낭만적 기분에서 나오는 낭만적 비평이며, 이러한 낭만적 비평에 미의식, 미학이 기능한다. 미학은 과학 자체가 아니라 비평이 개재할 때 나타난다.[32] 전전 일본의 낭만파에서 보듯이, 낭만적 사고는 기지(旣知)의 체험에서건, 미지(未知)의 체험에서건, 그것을 추상화하고 이상화할 때 나타난다. 보수주의자가 구체적, 직접적인 것을 신비화할 때, 일본의 역사를 신비화하고 낭만화하는 퇴행의 경향이나, 낭만주의적으로 신격화하는 사고방식이 나타날 수도 있다.[33] 전후의 후쿠다는 현실적 보수주의자로서 낭만적 기분을 경계하고 개별적 현실에 대해 합리적(과학적, 현실주의적) 설명을 시도하는 문예적 비평을 수행하였다. 한편, 냉전후의 니시베 사에키는 개별적 현실의 추상화를 통해 전후 진보론자들과 같은 낭만적 기

---

32) 가라타니 고진에 따르면, 과학과 미학은 대립하지 않고 과학적 태도가 미적인 태도보다 선행한다. 대상을 타자화하는 사회과학적 태도는, 유럽 계몽주의에서 보듯이, 종교적, 주술적 의미를 벗겨내 사물을 보는 근대적 자연과학의 태도에 기초한다. 하지만 18세기 후반 낭만주의에서는 지적, 도덕적으로 열등하다고 여겨진 것을 미적으로 평가하는 태도가 나타났다. 柄谷行人, 『定本 柄谷行人集4 ネーションと美学』, 岩波書店, 2004, 153쪽.

33) 橋川文三, 「日本保守主義の体験と思想」, 41-42쪽.

분을 드러내고 있다. '냉전후'의 보수주의는 '보수주의의 원점'(福田恆存)에서 멀어져 있는 셈이다. 후쿠다의 눈에는 현실과의 긴장감을 상실한 '가짜 보수'로 비치지 않을까.

## 4. 평형의 미학

### 4.1. 평형감각

'균형' 혹은 '평형'은 보수주의자들의 질서관을 지탱하는 핵심 개념이며, 이들의 실존 의식을 담보하는 기초 감각이다. 평형감각은 인간의 삶의 다원성과 능력의 조화, 그리고 현명한 판단과 사려 있는 행동에 요구되는 균형 지향의 감각이다.[34] 괴리 감각이 언설 공간과 현실 세계의 어긋남, 논리적 세계와 현실적 세계의 차이를 판별하는 것이라면, 평형감각은 동일한 수준에서 대립적 가치 체계들 사이에 나타난다. 때문에 차원을 달리하는 두 영역 사이에 보이는 괴리, 모순, 뒤틀림, 아이러니, 역설의 감각과는 구별된다.

보수론자는 일본의 사회와 국가의 기본 방향을 모색할 때 '평형'을 말하는 경향이 있다. 니시베 스스무는 산업주의와 민주주의의 과잉이

---

34) 보수주의자는 인간의 본성과 능력의 한계를 인식하고, 삶의 다원성과 능력의 조화, 현명한 판단과 사려 있는 행동과 더불어 평형감각을 중시한다. 林健太郎, 「現代における保守と自由と進步」, 林健太郎編, 『新保守主義』, 筑摩書房, 1963, 10-22쪽.

초래한 상대주의를 비판하는 한편, 고도 대중사회에 대한 "회의"와 공동
체적 가치에 대한 "신앙" 사이의 평형을 요구한다.[35] 과학과 종교 사이
의, 이성과 감성 사이의, 이론과 신화 사이의 평형을 호소한다.[36] 니시베
는 민주주의의 사회적 이념으로서 "자유, 평등, 우애"라는 이념과 "책임,
격차, 경합"이라는 가치 사이의 평형, 달리 말하면 자유와 책임 사이의
평형("질서"), 평등과 격차 사이의 평형("공정"), 우애와 경쟁 사이의 평형
("소통")을 제시한다.[37] 사에키 게이시도 국가의 존재 방식을 논하는 가
운데 평형감각을 드러낸다. 사에키는 역사와 전통에 기초한 국가와 지
구화에 대항하는 국가 사이의 균형, 즉 국가의 시간적 연속과 국가의 공
간적 확산 사이의 균형을 요구하면서 "균형체 국가"를 상정한다.[38] 국가
를 공동체와 기능체의 양면에서 포착하는 균형 감각이 엿보인다.

　　보수 지식인의 평형감각은 대립적 가치들 사이에서, 혹은 현상(現
狀)에서 평형을 되찾고자 하는 역동성을 지닌다. 개인적 자유와 사회적
질서와 국가의 생존 사이의 불균형을 교정하려는 의지를 내포한다. 평
형감각은 정적인 물리적 평형만을 뜻하지 않는다. 양 끝의 어느 한 끝으
로 질주하려는 운동성을 내포하며, 여기서 활력이 생겨난다. 니시베에
따르면, 평형감각은 현실을 바꾸고자 하는 구체적인 행위를 통해 표현
되고, 활력은 현실과 이상 사이의 평형이 유지될 때 생긴다.[39] 평형감각

---

35) 西部邁, 『幻想の保守へ』, 221쪽.
36) 西部邁, 『大衆の病理』, 日本放送出版協会, 1987, 112쪽.
37) 西部邁, 『「成熟」とは何か』, 講談社, 1993, 58-59쪽.
38) 佐伯啓思, 『国家についての考察』, 285-292쪽. 사에키에 따르면, "균형체 국가"는
　　시간축의 실정법(시민적 측면)과 관행(에스닉, 계보적 측면), 그리고 공간축의
　　이익과 아이덴티티가 밸런스를 유지할 때 성립한다.

은 구체적인 행위를 의도하며, 활력은 그러한 의도에서 생겨난다. 평형감각이 현실을 바꾸려는 구체적인 행위를 의도하는 한, 중립의 평형은 유지하기 힘들고, 균형은 무너질 수밖에 없다. 활력은 평형의 붕괴를 바라는 심리를 가질 때 생겨난다. 사에키의 경우도 역사의 지혜와 전통의 정신을 축적한 공동체 국가를 재생하고자 하는 의지를 강화했을 때, 평형감각은 무너지고 "균형체 국가"는 "역사적 국가"로 변질되고 만다. 그는 역사와 전통 위에 구축한 "상상된 공동체"로서 "역사적 국가"를 설정한다.40) 보수론자의 평형감각은 현상 변혁의 실천 의지를 감춘 보수적 견해를 옹호하는 명분으로서 동원되고 있다. 불균형의 운동성에 가치를 부여하는 정치 미학은 이 지점에서 작동한다. 사회 질서와 공동체 국가에 구애된 '냉전후' 의식이 엿보인다.

　한편 '전후' 문맥에서 후쿠다 쓰네아리는 평형감각을 자기 실존의 인식론적 방법으로 제시하였다. 후쿠다에게 평형감각이란 "자기 내면의 심리적 혼란에 직면해서 이상(異常)과 편향(偏向)을 혐오하고, 오로지 그 균형을 회복하고자 애쓰는, 일종의 물리적, 생리적인 운동 기능"이며, "모든 운동의 부정이자 억제"였다. 평형감각은 다름 아닌 "비평의 정신"이며, 상식은 평형 운동을 일으키는 기점(起點), 즉 "비평의 강력한 수단(切札)"이다. 평형감각은 상식에 의해 평형 운동을 지속시키면서 운동을 일으키는 주체가 이에 저항하는 객체로 하여금 실체로 되돌아가도록 해주는 것이다.41) 후쿠다는 "크리티컬"(critical)이라는 말에는 "비평적=비

---

39) 西部邁・中島岳志, 『保守問答』, 58-60쪽.
40) 佐伯啓思, 『現代日本のイデオロギー』, 101-104쪽.

판적"이라는 뜻 이외에 "임계적"이란 의미가 있다고 말한다. 평형감각은 균형을 보전하려는 것이지만, 무엇보다도 평형이 무너진 위기적인 임계점을 찾아내는 감각인 것이다.[42]

후쿠다는 "나에게 센스 오브 밸런스(sense of balance)라는 것은 -아니, 그것만이- 나의 정신을 지탱해준다. 나 자신의-그리고 나 자신을 포함한 현실의- 균형이 조금이라도 이상해지면 나는 더 이상 그것을 견디지 못한다"[43]라고 말한다. 평형감각은 사회에 관련된 개인의 정신적 밸런스를 지탱하는 실존 의식의 근거로 여겨지고 있다. 이 평형감각은 "상대의 세계에 대립하는 절대의 세계, 그리고 양자의 병존",[44] "인간은 자유이자 자유롭지 못하다. 인간은 자유일 수는 없지만 자유일 수 있다"[45]는 발언과 함께 생각해야 할 것이다. 여기에는 "나 자신을 포함한

41) 福田恆存, 「あとがき」, 『平衡感覚』, 真善美社, 1947, 260-262쪽. '비평정신'의 평형감각은 전후 민주화의 질서변동 속에서 보인 것이다. 기시다 구니오(岸田國士)는 "평형이 유지되지 않는 상태"보다는 "평형의 감각이 무디어지거나 상실된 상태"가 중대한 것이라 말하고, "평형이 유지되고 있는지 없는지를 감지하는 정신의 작용"을 "비평정신"이라 부르고 있다. 岸田国士, "平衡感覚について"(1947), 『岸田國士全集』第10巻, 新潮社, 1955, 222-223쪽.
42) 福田恆存, 「批評精神について」, 『福田恆存全集』第2巻, 339-340쪽. 이 지적은 가라타니 고진에 의한 것이다. 柄谷行人, 「平衡感覚」, 『福田恆存: 人間・この劇的なるもの』, 河出書房新社, 2015, 170쪽.
43) 福田恆存, 「あとがき」, 『白く塗りたる墓』, 河出書房, 1948. 土屋道雄, 『福田恒存と戦後の時代』, 158쪽에서 재인용.
44) 福田恆存, 「個人と社会」, 79쪽.
45) 福田恆存, 「自由と平和」, 『福田恆存全集』第5巻, 307쪽. 개인, 사회, 국제사회의 윤리를 연속적으로 보는 후쿠다의 질서론은 전후 민주주의를 개인이 국가에 반항할 수 있는 근거로서의 '제도'보다는 '철학'으로 파악하는 후쿠다의 자세와도 통한다. 후쿠다의 자유론은 마루야마 마사오(丸山眞男)가 민주국가의 논리적인 구성을 통해 국가에서 개인과 사회를 분리시키고 사회적 질

현실"과의 밸런스를 찾아내려는 보수의 평형감각이 제시되어 있다. 평형감각은 "절대"를 의식하는 "상대", 그 속에서 인간의 자유로움을 구하는 실존을 모색한다. 역사는 현재의 사회와 국가가 되찾아야만 하는 모범이기보다는 개체적 실존의 모색을 통해 현실 속에서 구축해야만 하는 것이다. 냉전후의 보수론자들이 공동체적 실존을 모색할 때, 전후의 후쿠다가 생각했던 개체적 실존에 대한 의지는 사라지고 만다.

## 4.2. 자유와 질서

보수주의자들은 무엇보다 자유와 질서에서 평형감각을 중시한다. 냉전후의 보수주의자들은 전후체제의 민주주의 속에서 이기주의와 상대주의가 생겨났다고 보고, 이것을 초래한 개인주의를 매섭게 비판한다. 그들은 개인과 사회 사이의, 그리고 자유와 질서 사이의 평형을 말한다. 평형은 개인과 사회에 대한 국가의 관여를 허용했을 때 생겨나는 질서를 전제로 한다. 질서 없는 자유는 무질서를 초래하며 개인의 자유보다는 사회의 안정이 중요하다는 질서관을 표명한다.

니시베의 경우, 국가가 일정 부분 관여하는 사회적 질서를 상정한다. 니시베에 따르면, 질서는 국가악과 사회적 불평등을 규율하는, 국가가 만든 "공정"과 "규칙"(법적 강제력)에 의해 성립한다. 개인은 국가로부

---

서에서 "개인의 석출(析出)"을 시도한 것과도 다르다. 또한, 오쿠미 노부유키(大熊信行)가 전쟁체험과 국가체험을 통해 윤리적 관점에서 국가를 "국가악(國家惡)"으로 간주하고 국가를 부정함으로써 개인의 주체적 자유를 추구한 것과도 다르다. 아울러, 사회 속의 개인을 설정하면서도 개인의 자유를 인간의 본질로 생각했던 리버럴 보수의 자유관과도 다르다.

터 자유로운 자율적 주체와 국가에 연결된 타율적 복속체 사이에서 균형을 이루어야 한다. 이러한 개인은 국가를 매개로 했을 때 "위기로서의 삶"을 자각하고 총체적 인격을 형성할 수 있다. 개인의 활력도 국가가 규칙을 이용하여 관련되었을 때 비로소 생겨난다. 자유란 개인 간의 불평등을 "숙명"으로 받아들여 질서와의 긴장을 유지하고 활력 있는 삶을 찾는 노력이든가,[46] 질서의 규제를 받아들여 긴장감과 동태성을 부여하는 감성이다.[47] 니시베에게 자유와 질서 사이의 평형은 국가를 매개로 성립하며, 개인의 자유는 국가의 "규칙"과 개체간 불평등의 "숙명"이 내장된 사회 질서에 구애받는다. 니시베는 질서의 균형 감각을 "전통의 지혜"에서 찾는다.

사에키는 사회를 제쳐두고 개인을 국가에 직결시킨다. 국가는 자유로운 개인을 지탱하는 권력적 존재로 간주된다.[48] 사에키에 따르면, "개인은 같은 공간에 태어나 같은 시간을 공유하여 공통의 역사를 경험함으로써 국가를 부하하고, 역으로 국가는 개인에 의해 실현되는" 관계에 있다. 개인의 사고, 생활, 대인 관계, 교양은 집단의 역사적 "공경험"(共經驗)에 의존하고, 국가는 그것에 관여한다. 개인과 국가는 호오(好惡)를 넘어선 "숙명"의 관계에 있다. 이 숙명은 "공경험"에 기초한 국가의식(내셔널 아이덴티티)과 내셔널리즘에 의해 자각된다. 국가의식을 결여한 개인은 국가나 민족공동체에 귀속되지 않는 "잔여로서의 개인"에 지나

---

46) 장인성, 「고도대중사회 일본과 보수주의」, 173-179쪽.
47) 西部邁, 『保守思想のための39章』, 中央公論新社, 2012(초판은 2002), 36-39쪽.
48) 佐伯啓思, 『自由とは何か』, 講談社, 2004, 29쪽.

지 않는다. 개인은 역사적 경험과 유대의 퇴적 속에서 형성되는 "역사적 국가"에 회수된다.[49)]

니시베와 사에키는 개인과 사회와 국가의 상관 방식이나, 자유와 질서의 방식을 포착하는 관점, 특히 국가관에서 차이를 보인다. 그러나 개인의 자유를 규제하는 '국가'와 '역사'의 무게는 두 사람 모두에게서 공히 느껴진다. "평형감각"과 "숙명"은 "역사의 지혜"와 "국가"에 회수되고 있다. 개인의 자유에 기초한 계약적 국가론은 부정된다. 전후의 후쿠다 쓰네아리는 달랐다. 후쿠다는 "사회는 목적, 개인은 수단"이라는 견해에 유보적이었다. 개인은 사회의 부분이 아니라 오히려 사회가 개인이라는 거울에 비친 단편(斷片)일 수도 있다고 생각했다. 또한 사회를 억제하려면 "개인주의의 성숙"이, 그리고 개인주의와 상대주의에 의해 초래될 "상대적 세계"를 제어하려면 "절대적 관념"이 필요하다고 생각했다. 개인 윤리의 공간적 확장을 통해 개인, 공동체, 국제사회가 공유할 "공통의 윤리"를 상정하고, 사회를 살면서 국가에 대항할 근거를 개인에 부여하고자 했다.[50)] 여기서 보듯이 냉전후 보수주의자들의 자유관, 질서관은 후쿠다의 그것과는 동떨어진 것이다. 세계적 보편성을 지닌 "절대적 관념", "공통의 윤리"(福田恆存)와, 일본적 특수성을 띤 "국가", "역사"(西部邁, 佐伯啓思)를 대비시켰을 때, 개인의 개체적 실존을 둘러싼 사고법에

---

49) 佐伯啓思, 『国家についての考察』, 27-29쪽.
50) 福田恆存, 「個人と社会」, 75-78쪽. 전후의 보수적 올드 리버럴리스트들도 사회질서와의 조화를 말했지만 개인의 자유를 보다 중시하였다. 후쿠다의 자유관은 이들 교양주의자의 그것과 통하면서도 개인의 자유를 더욱 중시한 것으로 보인다.

적지 않은 차이가 드러난다. 그렇기 때문에 한쪽은 "개인주의의 성숙"을 말하고, 다른 한쪽은 공동체에 회수되는 개인의 "숙명"을 얘기한다. 여기에는 민주주의를 보는 시선의 차이뿐 아니라 근대를 생각하는 사고법의 편차가 가로놓여 있다.

## 5. 공동체의 미학

### 5.1. 공동체와 전통

냉전후의 보수 지식인들은 전통과 역사에 토대를 둔 공동체 국가를 구상하고 미국적 민주주의를 부정한다. 니시베는 일본이 미국과는 민주주의적 가치를 공유한다는 보수 정치인(安倍晋三)의 발언을 놓고 "미국의 하수인"임을 자인하는 꼴이라 비난한다.[51] 니시베는 다수결 원리와 개인주의를 낳은 대중 민주주의를 비판한다. 대안으로서 "나시오"(natio)를 동원한다. 나시오란 개인 생활과 국가 정책을 규율하는 국민성(nationality)을 담은 규칙으로 구성되는 문화 공동체를 가리킨다.[52] 나시오(문화 공동체)는 전통에 토대를 둔다. 니시베에 따르면, 전통은 자유와 억압 사이, 개인과 집단 사이, 신앙과 회의 사이에서 생기는 모순과 갈등을 해소

---

51) 西部邁・辻惠, 『道義あふれる国へ: '美しい国へ'の欺瞞を撃つ』, イプシロン出版企画, 2007.
52) 中曾根康弘・佐藤誠三郎・村上泰亮・西部邁, 『共同研究 '冷戦以後'』, 文藝春秋, 1992, 60-69쪽.

하고, 평형감각을 되찾고 상실감을 극복할 수 있는 지혜를 제공한다. 전통의 요체는 역사의 퇴적 속에 굳어진 습속(mores), 즉 도덕이다.[53] 전통=도덕은 공동체 국가를 구축하면서 개인과 국가 사이의 이율배반을 없애는 투쟁의 근거가 된다. 사에키도 경제적 상호의존과 지구적 자본주의에 대응할 공동체 국가를 상정하고, 이를 구축하기 위해 역사와 전통의 재발견을 시도한다. 국가의 계약(제도)적 측면과 역사(공동체)적 측면의 형평 위에 성립하는 "균형체 국가"는 역사와 전통에 입각하면서 강력한 권력과 공통의 가치를 갖는 역사적, 문화적 공동체인 "역사적 국가"에 회수된다.[54]

습속(도덕)으로 간주되는 전통(역사)에 쉽게 환원하는 길을 선택했을 때, 평형 감각은 상실되고 현실에 대한 긴장감도 떨어질 수밖에 없다. 현재와의 격투에서 비등하는 미적 감각도 소거될 수밖에 없다. 일찍이 문학평론가 고바야시 히데오(小林秀雄)는 "옛날을 아끼는" 감정을 순수하고 풍부하게 만들고자 노력하는 것이 전통을 체득하는 유일한 길이며, 그것을 현재에 회복하고자 하는 노력과 자각이 없으면 전통은 결코 발견할 수 없다고 말했다.[55] 고바야시에 따르면, "어찌할 수 없는 재료의 필연"과 통일되어 있다는 아름다움이 확립된 문화로서 느껴질 때 정신의 자유는 생겨난다. 전통은 훌륭한 재료를 찾아냈다고 느꼈을 때 발견

53) 장인성, 「고도대중사회 일본과 보수주의」, 185-186쪽.
54) 佐伯啓思, 『国家についての考察』, 第3章, 第4章; 佐伯啓思, 『成長経済の終焉』, ダイヤモンド社, 2003, 113-123쪽.
55) 小林秀雄, 「伝統について」, 『小林秀雄全集』第7巻, 新潮社, 2001, 260쪽; 小林秀雄, "伝統", 『小林秀雄全集』第7巻, 247-251쪽.

된다.56) 전통은 현재를 구속하는 문화와의 통일과 투쟁을 통해 현재의 미를 느끼고 자유를 찾는 지점에서 발견된다는 것이다. 현실과의 격투에서 자유와 전통을 찾으려 했던 고바야시의 미의식은 자연미를 전통과 동일시하는 안일한 보수 정치가보다 정치적이고, 역사와 전통으로 쉽사리 회귀해버리는 보수 논객보다 투쟁적인 것이 아닐까.

'잃어버린 20년'의 보수주의자들이 전후체제의 "어찌할 수 없는 재료"-민주주의, 평화헌법, 미일동맹-와의 싸움으로부터 전통과 역사로 쉽게 환원해버렸을 때, "어찌할 수 없는 재료"와의 격투를 통해 진정한 자유와 미를 찾아내고자 노력했을 때 생겨나는 긴장감은 보이지 않는다. 니시베와 사에키의 경우 정치와 도덕의 일치는 강렬한 정치 미학을 산출하기보다는, 도덕과 동일시되는 막연한 과거(전통)에의 안이한 의탁을 초래하고 있다. 전후의 후쿠다 쓰네아리는 도덕과 정치를 혼동하는 애매함과 위선과 자만을 씻어내고 "정치와 도덕의 이원적 대립이라는 근대 감각"을 체화해야 한다고 역설하였다.57) "정치와 도덕의 이원적 대립"은 현재에서 "어찌할 수 없는 재료"와의 고투를 뜻할 것이다. 후쿠다가 말한 "공통의 윤리"는 역사적 축적물(전통=도덕)이 아니라 "정치와 도덕의 이원적 대립"이 촉발하는 고투(苦鬪)를 통해 생겨나는 것이었다.

### 5.2. 전쟁체험과 숭고미

'잃어버린 20년'을 살아가는 니시베와 사에키에게 문예적 탐미 의

---

56) 小林秀雄, 「伝統」, 256-259쪽.
57) 福田恆存, 「日本共産黨禮讚」, 『福田恆存全集』第5卷, 340쪽.

식이 소멸했다는 사실은, 비록 정치와 미의 결탁 가능성에 대해 우려는 했어도, 예술가가 미를 모색할 때 요구되는, 현재와의 격투에 보이는 긴장감이 사라졌음을 뜻한다. 전후체제의 '민주주의'와 '근대'에 대한 전면적 부정이 역사적 전통에 기초한 공동체 국가로의 회귀로 이어지는 환원론적 사고법에서는, 혹은 '싸우는 보수'의 투쟁 정신에서는, "어찌할 수 없는 재료"와 대면하고 이들 재료와 고투하는 과정에서 표출되는 미의식을 기대하기는 어렵다.

냉전후 보수론자들은 다른 성질의 미학을 보인다. '전후체제'와 '민주주의'를 비판하는 강렬한 분투심은 역사와 전통을 이념화함으로써 국가의식과 애국심을 고양시키고자 하는 사명감으로 이어진다. 이 지점에서 이들 보수론자들은 숭고의 감정을 요구한다. 니시베는 대중사회 일본에서는 숭고한 것에 대한 사념(思念)이 소멸하고 숭고의 차원에 대해 말할 능력이 없어졌다고 한탄하면서 개인주의와 상대주의를 극복하려면 공동체에 대한 "신앙"을 가져야만 한다고 주장한다. 신앙이란 "숭고한 차원으로 승화되고 싶다는 희망", 혹은 "전통에 구현된 숭고한 것에 대한 사념"을 가리킨다.[58] 칸트에 따르면, 미의 근거는 외적이지만 숭고의 근거는 우리들 내부에 있다. 숭고의 감정은 인간을 압도하는 자연에 직면하여 초감성적 능력이 환기될 때 생긴다. 외부에 인간을 무력화하는 거대한 사물이나 위력이 없으면 숭고는 있을 수 없다.[59] 공동체 국가에 대한 신앙(국가의식과 애국심)은 사람들의 내부로부터 숭고의 감정을 산

---

58) 西部邁, 『大衆の病理』, 138쪽.
59) 柄谷行人, 『定本柄谷行人集4ネーションと美学』, 98쪽.

출하는 것이다. 신앙(사랑과 헌신)을 낳는 숭고의 감정은 '국가'에 사람들을 압도하는 거대한 사물이나 위력을 설정하든가, 아니면 전통에서 숭고한 것을 찾아내서 조장할 수밖에 없다. 절대자를 갖지 못하는 한, 국가 혹은 전통에 숭고의 감정을 불러일으키는 뭔가를 찾지 않으면 안 될 것이다.

국가를 향한 숭고심은 애국과 충성의 감성을 다할 때 깊어지는 것으로 생각된다. 보수주의자들은 역사로부터 초감성적인 전쟁 체험의 기억을 불러일으키고, 전사(戰死)의 기억을 되살린다. 죽음은 비애와 더불어 숭고의 감정을 일으키는 가장 극적인 계기이기 때문이다. 앤더슨(Benedict Anderson)에 따르면, 자기 나라를 위해 죽는 것은 다른 단체를 위해 죽는 것과는 다른 도덕적 숭고함을 띤다. 국가는 참여와 탈퇴가 쉽지 않기 때문이다.[60] 애국심과 충성심을 통해 국가적 생활과 개인적 생활을 일치시키는 '숙명' 의식을 갖고 공동체에 대한 구속과 의무를 강하게 느낄 때, 국가를 향한 숭고심은 깊어진다. 사에키는 근대 일본의 전쟁 체험을 소환함으로써 국가에 대한 실감을 높이고 애국심을 높이고자 시도한다. 황국론적 애국심, 조국애로 오해되는 것을 피하고자 "제3의 애국심"을 제시하는데, 실제 이는 "일본적 정신"의 다른 표현에 지나지 않는다. 사에키는 역사 속의 전쟁 체험을 반추하면서 "혼의 부흥"을 말한다. 가미카제 특공대의 일본적 정신에서 "비애", "무사"(無私), "스러짐"과 같은 감정을 읽어내면서 탐미적, 결단주의적 애국의 미학을 직조해낸

---

60) 베네딕트 앤더슨, 윤형숙 역, 『상상의 공동체』, 나남, 2004, 187쪽.

다.[61] 애국심과 결탁한 탐미주의와 정신주의야말로 '국가의식'과 결합한, 예술가의 그것과는 동떨어진, 굴절된 탐미 의식과 다른 것이 아니다.

이들에게는 국가와 결부된 '숙명'이 미의식의 조건이다. 니시베와 사에키는 숙명적인 죽음을 개별적 체험으로 구체화하기보다는 공통 경험으로 추상화한다. 개인의 죽음을 자기 결정적인 것이 아니라 가족이나 사회에 연루된 것으로 파악한다. 젊은 보수주의자 나카지마 다케시(中島岳志)까지도 전쟁을 미화하지는 않는다는 단서를 달면서도 특공대의 "숙명을 받아들이는 결단"은 "가슴에 저미는 것이 있다"고 말한다. "특공대를 조직한 군의 지도자에게는 심한 분노를 느낀다"고 말하면서도, "가까운 장래의 패전을 찰지(察知)하면서 죽음을 숙명지운 사람들의 생각은 후세의 인간이 확실하게 받아들여야만 한다"고 토로한다.[62] 니시베는 나카지마의 이 발언을 받아 "국가를 지킨다는 관념" 때문에 죽음을 받아들이는 특공대의 심정에 이해를 표한다. "사적으로는 죽고 싶은 사람이야 없겠지만, 공적으로는 자사(自死), 특공을 포함한 "뭔가를 위한" 자살, 국가의 의(義)를 위한 자살은 있을 수 있다"고 호응한다.[63] 투쟁의 숭고함은 개별적인 죽음을 자기 결정성에 의한 것이 아니라 추상화된

---

61) 佐伯啓思, 『日本の愛国心』, 207-208쪽. 사카모토 다카오(坂本多加雄)도 야스쿠니나 대동아전쟁과 같은 전쟁체험 표상을 끌어들여 평시에 전사자를 생각하면서 전쟁에 대한 각오를 다지고, 전시의 국가와 개인의 의무에 대해 "항상 사색하는 습관"을 "자연스럽게 몸에 익히는 것"이 국민의 마음가짐이며 정치적 성숙이라 말하고 있다. 坂本多加雄, 『求められる國家』, 小学館, 2001, 76-77쪽.
62) 西部邁・中島岳志, 『保守問答』, 292-293쪽.
63) 西部邁・中島岳志, 『保守問答』, 293-294쪽.

숙명적인 것, 공동체 국가를 위한 공적 행위로 승화시키고 있다. 사적인 욕망을 공적인 죽음 속에 담고, 사적 체험을 공적 체험으로서 추상화하는 심정이 엿보인다. '전후'의 후쿠다 쓰네아리는 "개인이 족히 죽을 만한 것이 없으면 개인의 삶의 기쁨조차 없다"[64]고 말했다. 전쟁체험과 국가체험을 몸소 겪었던 후쿠다는 '냉전후'의 보수론자들과 달리 사람들의 개별적 체험을 직시함으로써 개인의 삶과 평화를 생각하는 관점에서 '죽음'을 말하고 있다. 공동체적인 죽음보다 개별적인 죽음에 주목했다.

## 6. '미의 상실'과 '근대의 숙명'

전후에 정치와 미의 연관 방식-결합인가 분리인가-을 둘러싸고 논쟁이 벌어졌을 때, 후쿠다 쓰네아리는 예술의 정치 참여를 옹호하는 진보 문학자들에 대항하여 정치와 미의 분리를 주장하였다. 예술이 정치에 종속되어 자율성을 잃을까 우려했기 때문이다. 그는 리버럴 보수들(올드 리버럴리스트)이 문예적 교양을 그대로 정치를 투사시키는 순진함을 참지 못했다. 예컨대 리버럴 보수였던 아베 요시시게(安倍能成)는 개인의 의지와 자각에 의한 주체적 정신을 강조했고, 개인을 존중치 않는 사회적 협동에 비판적이었다. 이 아베는 "진선미"를 "자신의 생활 속에 실현하는" "나의 것이 아니라 만인에 통하는 보편의 것"으로 파악하면

---

64) 福田恆存, 「個人と社会」, 78쪽.

서, 진선미의 성취를 무엇보다 필요한 "고귀한 정신", "만인을 높이고자 하는 건전한 민주주의의 정신"이라 생각하였다.[65] 진선미의 보편성과 민주주의 정신을 모색하는 전후 교양주의의 일단을 드러내고 있다. 전후의 리버럴 보수는 진선미를 총체적으로 파악하는 방식으로 긴장감 없이 쉽게-냉전후의 보수주의자들과는 전혀 다른 방식으로, 하지만 똑같이 긴장감 없이 쉽게- 정치와 미의 결합을 허용했던 것이다. 후쿠다는 문예적 교양을 공유하였지만 정치와 미의 안이한 결탁에 비판적이었고, 말(논리)과 체험을 따지는 쟁투(논쟁)를 통해 끊임없이 현실(맥락)과 긴장하고 있었다.

'냉전후' 문맥에서는 정치와 미의 방식을 둘러싼 논쟁을 찾아보기 어렵다. 미와 정치의 결합을 우려하는 니시베 스스무의 발언은 예외적이다. 보수적 언설에서도 무게감이 거의 없다. 이것은 교양주의자들에게 공유된 것과 같은 미의식이 소멸했음을 뜻하지 않을까. 정치와 미의 결부에 관한 사고가 부재하거나 취약한 것은 '냉전후'라는 문맥의 특수성을 시사한다. 냉전후 20년간의 상실감과 '미의 상실'은 겹쳐 있다. '미의 상실'은 탈냉전과 지구화라는 외적 계기뿐 아니라 고도 경제성장과 대중 민주주의가 만들어낸 내적 변화에 유발된 것이기도 하다.

1990년대 중반을 통과하면서 보수 언설이 문예적 비평에서 사회과학적 비평으로 바뀐 것이 이를 상징한다. 민주주의와 평화의 진보적 관점, 전후체제를 부정하는 사회과학적 비평이 출현한 것이다. 1948년 창

---

65) 安倍能成, 「卒業式の辞」, 『心』創刊号, 1948年7月号, 36쪽.

간된 이래 교양주의에 기초한 미의식을 견지했던 보수 문예지 『고코로』(心)가 경제 대국을 달성할 즈음인 1981년 여름에 폐간된 것은 이러한 변화를 암시한 조짐이었다.[66] 문예 보수론자들의 보편적 윤리 관념과 문예적 교양이 현저히 퇴색하고, 더 이상 미를 말하는 것이 힘들어진 가운데, '아름다운 일본' 표상만이 돌출하여 경박함을 더하는 듯이 보인다. 가와바타 야스나리가 품었던 '아름다운 일본'과 아베 신조와 같은 보수 정치인이 떠올렸던 '아름다운 나라' 사이에는 문예인과 정치인이라는 신체의 다름만 있는 것이 아니다. 문예적 미감이 쇠퇴하고 정치적 의도를 키워가는 변질도 엿보인다. 공동체 국가를 향한 헌신과 애국의 숭고함도 '미의 상실'에 따른 굴절된 미의식의 표현일 것이다.

'미의 상실'은 전후 일본의 '근대'를 부정하는 보수론자들의 투쟁성과도 연관된다. 니시베, 사에키는 전후 민주주의와 평화주의를 비판하고 서구식 '근대'를 부정하면서 일본의 역사와 전통과 공동체 국가로의 회귀를 꾀한다. '잃어버린 20년'을 거치는 동안에 '근대의 초극'이 재발견되는 모양새다. 전후의 후쿠다 쓰네아리가 "근대의 숙명"을 말했던 것과 대비된다. 전후의 후쿠다에게 '근대'는 대면해야만 하는, 그 속에서 실존을 모색해야만 하는 "숙명"과 같은 것이었다.

> 우리는 메이지에 회귀할 수도 없는 동시에 지금 당장 현재로부터 출발할 수도 없다. 우리들이 할 수 있는 것은 우리들 현실의 한복판에 멈춰 서있는 것이다. 지금은 여기에 정지(靜止)하는 것이다… 정신이 때로 정

---

66) 잡지 『고코로』의 보수주의에 관해서는 장인성, 「전후일본의 보수주의와 『고코로』」, 『일본비평』 제6호, 그린비, 2012를 참조할 것.

지하는 것이 아니다. 우리들이 정지할 때 등장하는 것이 정신이다. 만일 우리의 근대사에서 가장 근원적인 약점을 지적한다면 그것은 메이지 이래 현재에 이르기까지 우리 일본인이 정지의 순간을 갖지 못한 것, 따라서 정신이 자유를 쟁취하는 때를 갖지 못한 것이리라. 우리는 진정 자기의 현실 속에 틀어박힌 적이 한 번도 없었다… 우리는 무엇보다도 지금 자신이 서있는 발판을 이해하지 않으면 안 된다… 정지는 유럽과 일본 사이에 거의 넘기 어려운 해역(海域)이 존재함을 자각시킨다. 물론 영원히 넘기 어려운 것이라 단정할 수는 없지만, 그 해역의 존재를 지금 은 오히려 넘기 어려운 것으로 인식함으로써 완강히 멈춰 서있기 위해 나는 감히 유럽의 근대에 직면하고 싶은 것이다.[67]

후쿠다는 현실의 한복판에 멈춰서 있는, 자신의 현실 속에 틀어박혀 있는, "정지"(靜止)를 요구한다. "정지"는 근대에 "직면"하는 것이며, 유럽과 일본 사이에 개재하는 "넘기 어려운 해역"을 자각하는, "근대의 숙명"과 대면하는 실존적 행위다. 후쿠다에 따르면, 유럽은 중세 이후 신을 상실했다고는 하지만 신의 해체이건 변형이건 추상화를 통해 근대를 성립시킨 데 반해, 일본은 초극해야 할 근대도 중세도 갖지 못했고 신과 분리된 채 개인의 순수성도 없고 특수성밖에 없다. "근대의 숙명"은 유럽의 근대적 정신과 제도를 받아들여 "근대의 확립"을 이룬다고 끝나지 않는다. "근대의 초극"은 "근대의 확립"과 더불어 강구될 수 있는 것이다.[68] 후쿠다의 이러한 숙명 의식은 "어찌할 수 없는 재료"의 제약(필연성)과 투쟁하는 속에서 정신의 자유와 아름다움을 발견하고자 했던 고바야시

---

67) 福田恆存, 「近代の宿命」, 『福田恆存全集』第2卷, 432-434쪽.
68) 福田恆存, 「近代の宿命」, 466-467쪽.

히데오의 그것과도 통한다. '근대'는 대면하지 않으면 안 되는 "어찌할 수 없는 재료"인 것이다.

　니시베 스스무와 사에키 게이시에게 '근대'는 그 속으로부터의 격투를 통해 대면해야만 하는 것이 아니라 그 밖으로부터의 격투에 의해 초월해야 할 대상이다. 이들이 전통(역사)과 공동체(국가)에 묶인 개인에게 요구하는 것은 '전통의 숙명', '공동체의 숙명'이다. 그들에게 '숙명'이란 전통의 도덕에 기초한 공동체 국가에 대한 사랑과 헌신에 의해 개인적 생활이 공동체적, 국가적 생활에 귀속해야만 하는 필연성을 가리킨다. 하지만 전통이나 공동체 국가는 '근대' 속에서 변모하고 있는 한, '근대'를 규제할 수 있는 확고한 준거일 수는 없을 터다. 후쿠다가 "절대자", "절대적 관념"을 상정한 것은 '절대'를 갖지 못하는 한[69] '근대'와 직면할 수밖에 없는 '숙명'을 벗어날 수 없다고 생각했기 때문이다.

---

[69] 보수주의자들은 우익과 달리 천황을 '절대자'로 보지는 않는다. 니시베의 경우 천황은 세속적 인간의 이율배반성(모순, 역설)이 만들어낸 픽션이거나 통치와 국가의 계속성을 상징하는 전통일 뿐 신앙의 대상이 아니다. 西部邁, 『国柄の思想』, 299쪽.

# 전후와 탈전후 일본의 '태평양 전쟁'사 다시 쓰기와 진실의 정치
## 〈진상은 이렇다〉·〈진상 상자〉를 통해 본 사실로서의 역사와 진실 말하기*

정지희

## 1. 역사수정주의와 사실로서의 역사: 역사인식 논쟁, 그 후

역사수정주의의 대두는 1990년대 이후 뚜렷해진 일본 사회의 탈전후적 징후를 가장 특징적으로 보여주는 사회현상 중 하나이다. 주지하다시피 네오내셔널리즘 입장에서 시도되고 있는 역사 다시 쓰기는 냉전의 '해체'와 전지구화의 진전으로 '전후체제'에 대한 도전과 국민국가의 경계와 규정성에 동요가 일어나고 있는 구조 변환의 산물이라 할 수 있다. '전후 역사학'의 전통을 '자학사관'이라 공격하고 일본의 식민지배·

---

* 이 글의 초고는 『동아시아문화연구』 제65집(한양대학교 동아시아문화연구소, 2016)에 「사실로서의 역사와 역사적 진실: 전후와 포스트 전후 일본의 『태평양 전쟁』사 다시 쓰기와 진실의 정치」라는 제목으로 게재되었다.

전쟁책임과 전후책임을 부정하는 역사수정주의의 주장이나 화법이 안고 있는 윤리적·논리적 문제점에 대한 지적은 1990년대 후반부터 2000년대 중반까지 일본 안팎에서 활발하게 이루어진 바 있다.[1] 그러나 이와 같은 역사인식 논쟁을 통해 지적되었던 논리적 결함과 문제점에도 불구하고 역사수정주의의 대중적 저변은 십여 년 전에 비해 오히려 확대된 듯 보인다. 이를 내면화한 개인들이 '행동하는 보수'로 자임하며 신우익 운동에 앞장서는 것과 같은 최근의 현실은 우리에게 많은 생각할 거리를 안겨준다.[2] 역사수정주의에 대한 논리적인 비판에서 한 발 더 나아가, 수정된 역사적 지식과 담론을 대중들이 역사적 진실로 받아들이도록 하는 기제들을 다시 한 번 진지하게 문제시해야 할 때다.

　이 글은 그 중에서도 과거사 진실에 대한 지배적인 지식과 담론을 급격하고도 가시적으로 교체하려는 시도과정에서 역사·사실·진실에

---

1) 공간의 제약으로 모두 언급하기는 어렵지만, 당시의 쟁점과 주요한 비판을 잘 보여주는 연구들로는 임성모, 「기억의 내전, 세기말 일본의 자화상」, 『당대비평』 8, 1999; 임성모, 「일본 '역사수정주의'의 역사서술론: 사카모토 타카오를 중심으로」, 『역사교육』 82, 2002; 코모리 요우이치·타카하시 테츠야 엮음, 이규수 옮김, 『내셔널 히스토리를 넘어서』, 삼인, 1999(小森陽一・高橋哲哉 編, 『ナショナル・ヒストリーを超えて』, 東京大学出版会, 1998); 다카하시 데쓰야 엮음, 임성모 옮김, 『역사인식 논쟁』, 동북아역사재단, 2009(高橋哲哉 編, 『「歷史認識」論争』, 作品社, 2002); 다카하시 데쓰야, 김성혜 옮김, 『역사/수정주의』, 푸른역사, 2015(高橋哲哉, 『歷史/修正主義』, 岩波書店, 2001); Harry Harootunian, "Japan's Long Postwar: The Trick of Memory and the Ruse of History", *South Atlantic Quarterly* 99(4), 2000 참조.
2) 거리로 나온 넷우익 재특회의 회원에 대한 최근의 분석은 혐한의 감수성과 논리의 근저에 수정주의 역사인식이 자리함을 지적한다. 樋口直人, 『日本型排外主義: 在特会・外国人参政権・東アジア地政学』, 名古屋大学出版会, 2014, 87-85쪽, 95쪽.

대한 과학주의적이고 실증주의적인 통념들이 적극적으로 동원되고 활용되는 현상에 주목한다. 역사인식 논쟁 당시 논자들은 주로 역사수정주의자들이 국민적 주체회복의 필요성을 설파하기 위해 구성주의 인식론과 '역사는 이야기'라는 역사 서사론을 전략적으로 차용하는 움직임에 우려를 표했다. 일국사에 대한 본질주의적 접근을 비판하는 국민국가론의 인식론과 방법론을 전유하여 국민국가론의 맹점을 파고들며, 역사는 '허구'임을 강조하여 역사와 '사실'을 유리시키고 수정주의 역사 서사의 편파성이나 정치성에 대한 비판 자체를 차단한다는 것이다.[3] 그러나 학계를 벗어난 정치의 장(場)이나 논단과 매스미디어 중심의 대중 공론장에서 역사수정주의 담론이 이러한 '허구'로서의 역사를 전면화하는 경우는 드물다. 많은 경우 역사수정주의 담론을 대중적으로 설득하기 위해 동원되는 것은 오히려 '사실로서의 역사(history as fact)'에 대한 고전적인 통념들로 보인다. 즉, 역사적 사실이란 과거에 실제로 일어났던 사건이며 이러한 사건은 실증적으로 재현 가능하고 가치 판단을 배제한 채 이러한 '사실'들을 종합함으로써 하나의 온전하고 객관적인 역사적 진실에 도달 가능하다는 인식이다. 우리는 여전히 "일본정부가 발견한 자료 중에는 군이나 관헌에 의한 강제연행을 직접적으로 나타내는 기술(記述)은 발견되지 않았다"는 언명이 곧 '위안부'에 대한 강제연행은 없었다는 '증명'으로 공표되는 현실 속에 살고 있다.[4] 따라서 구성주의 세례와 상

---

3) 임성모, 「기억의 내전, 세기말 일본의 자화상」, 394-397쪽; 다카하시 데쓰야, 김성혜 옮김, 『역사/수정주의』, 50-57쪽; 成田龍一, 「歷史を教科書に描くということ」, 『世界』, 2001. 6, 71쪽.
4) 「女子差別撤廃条約第7回及び第8回報告審査の質疑応答における杉山外務審

관없이 대중적인 설득의 차원에서 여전히 역사적 사실과 진실에 대한 고전적 믿음들이 온존할 뿐 아니라 적극적으로 동원되는 현상을 직시할 필요가 있을 것이다.

　소위 '태평양 전쟁'사[5] 다시 쓰기 시도에서 수정주의 역사관을 대중적으로 설득하는 주요한 기제는 바로 미군정이 유일무이한 역사적 '사실'을 왜곡하고 일본 국민들에게 거짓된 역사를 강요했다는 '진실' 은폐의 수사이다. 그리고 과거에 대한 지배적인 서사를 교체하고자 시도하는 과정에서 역사적 '사실'에 대한 대중기만과 '진실'의 폭로가 그 교체를 정당화하는 가장 핵심적인 수사로 사용된 것이 처음 있는 일은 아니다. 역사수정주의가 논박의 대상으로 삼는, 종전 직후 미군정이 전파한 '태평양 전쟁사관'이야말로 "'군국주의자'가 국민에게 '진실'을 은폐했다"는 전제 하에 "군국주의 지도자와 그들에게 속아 넘어간 국민이라는 도식"을 반복적으로 활용한 예이다. 그리고 이러한 대중 기만론(騙された論) 혹은 대중 기만사관(騙された史観)은 '태평양 전쟁사관'이 전후 일본 사

---

議官の発言概要」, 2016. 2. 16.

　http://www.mofa.go.jp/mofaj/files/000136254.pdf(최종 검색일: 2016. 9. 6).
5) 필자는 '태평양 전쟁'이라는 용어 자체가 미국-일본 간의 전쟁에 초점을 맞춰, 일본의 식민지 지배의 역사나 중국과 동남아시아 등 피점령 아시아 제 민족의 저항운동의 영향을 축소하거나 무시하는 경향을 내포한다는 점을 의식하면서 이 용어를 사용한다. 이러한 용어 자체가 갖는 문제점을 포함하여 미군정의 언설과 전후 일본사회의 지배적 담론이 미국-일본 간의 전쟁만 문제 삼았던 특수한 역사성을 조명하기 위해서이다. 이 용어의 문제점과 특수한 역사성에 대해서는 吉田裕, 「『太平洋戦争観』の成立」, 『日本人の戦争観: 戦後史の中の変容』, 岩波書店, 1995, 31-33쪽; Sebastian Conrad, *Quest for the Lost Nation: Writing History in Germany and Japan in the American Century*, Berkely: University of California Press, 2010, pp.107-108.

회에서 널리 받아들여진 사상적·심리적 토대로 종종 거론된다.[6]

이 글은 이처럼 일본 패전 직후 미군정과 포스트전후 시기 역사수정주의자들의 '태평양 전쟁'사 다시 쓰기에 역사적 진실에 대한 유사한 전제들이 반복적으로 동원되어왔음에 주목하여 흔히 대립적으로 이해되는 두 시기의 역사 다시 쓰기에 공통적으로 작동해온 진실의 정치[7]를 조명하려 한다. 이는 우리가 역사에 대해 사고하는 방식에 여전히 영향을 미치고 있는 역사·사실·진실에 관한 통념을 비판적으로 검토하기 위함이다.

한편 이러한 검토는 그간 역사수정주의에 대한 대중적 지지를 주로 사회 심리의 문제로 설명하던 기존의 접근방식이 간과한 요인들에 시선을 돌릴 기회를 제공한다. 정체성의 혼란과 미래에 대한 불안을 국가라는 상상된 공동체를 통해 위로받으려는 '치유'의 내셔널리즘('癒し'のナショナリズム)[8]과 같은 사회 심리는 과거 전쟁에 대한 새로운 역사적 담론을 진실로 받아들이는 필요조건은 될 수 있어도 충분조건은 되지

---

6) 吉田裕, 「『太平洋戦争観』の成立」, 32쪽.
7) 이 글에서 사용하는 '진실의 정치'는 미셸 푸코가 각 사회에서 "진실로 받아들여지거나 기능하는 특정한 유형의 담론"이나 "개인이 진실과 거짓 진술을 구별하는 메커니즘", 혹은 "진실 획득에서 가치를 인정받은 기법이나 절차" 등을 통칭하기 위해 사용한 개념이다. 모든 사회에 이와 같은 '진실의 정치'가 존재한다는 명제를 받아들이면 진실은 "[모든 굴레로부터] 해방된 개인이 누리는 특권"이나 절대적인 진리라기보다는 이와 같은 여러 가지 조건들에 의해 '생산'되고 "권력을 발휘하는" 것으로 이해할 수 있다. Michel Foucault, "Truth and Power", *The Foucault Reader*, edited by Paul Rabinow, New York: Pantheon Books, 1984, pp.72-73.
8) 小熊英二・上野陽子, 『癒しのナショナリズム: 草の根保守運動の実証研究』, 慶應義塾大学出版会, 2003.

않는다. '태평양 전쟁사관,' 혹은 그를 뒤집는 역사관을 각종 매스 미디어를 통해 전파하고 교육하는 과정과 역사적 진실을 언명하는 방식에 대한 검토는 그래서 더욱 필요하다. 또한 역사에서 개인이나 국민공동체의 '정체성'이나 '유래'를 찾고자 할 뿐 역사가 "'학문'으로서 객관적으로, 분석적으로 이야기되는 것을 거부하는" 대중의 심성을 탓하는 태도9) 역시 대중은 감성적이고 본능적이어서 쉽게 선동된다는 식의 편견으로부터 자유롭지 않다. 사실로서의 역사에 대한 통념은 실증적이고 경험적인 역사, 즉 과학으로서의 역사에 대한 믿음에 기반을 둔 것이다. 따라서 이러한 통념에 기반을 둔 대중 기만론과 역사적 진실의 수사는 합리적인 방법을 통해 진실에 도달 가능하다는 논리에 의존하여, 조작된 정보와 대중 기만으로부터 '해방'되어 진실의 담지자로서 거듭나려는 주체화의 욕망에 소구한다. 역사수정주의의 대중적 확산을 단순히 반(反)지성주의나 파시즘적 광기로 치부해서는 이러한 욕망을 제대로 포착할 수 없다.

이 글은 위와 같은 문제의식에서 전후와 탈전후 일본의 '태평양 전쟁'사 서술을 둘러싼 진실의 정치를 살펴보려 한다. 구체적인 사례는 아시아 태평양 전쟁 종전 직후 일본방송협회(이하 NHK)가 방송했던 라디오 프로그램 〈진상은 이렇다(真相はかうだ, Now It Can Be Told)〉(방송기간 1945. 12. 9-1946. 2. 10)와 그 후속 프로그램인 〈진상 상자(真相箱, Truth Box)〉(1946. 2. 17-1946. 11. 29)이다.10) 이 프로그램들은 아시아

---

9) 成田龍一, 「歴史を教科書に描くということ」, 70-71쪽.
10) 이들의 후속 프로그램으로 〈질문 상자(質問箱, Question Box)〉(1946. 12.

태평양 전쟁 종전 직후 연합군최고사령부(GHQ/SCAP: General Head-quarters/Supreme Commander for the Allied Powers)에 의해 실시되었던 일본의 '민주화와 비(非)군국주의화'를 목적으로 한 '일본인 재교육' 프로젝트를 위해, 민간정보교육국(CIE: Civil Information and Education Section)의 라디오과(課)가 직접 기획하여 집필한 후, 연출까지 진두지휘한 몇 안 되는 프로그램에 해당한다. CIE는 일본인의 의식변혁을 위한 계몽 및 선전 활동을 담당하기 위해 설립되었으며, 그 주요 임무 중 하나가 바로 '일본 패전의 진실, 일본의 전쟁 유죄성, 현재와 장래의 일본의 불행과 고난에 대한 군국주의자들의 책임"을 "모든 수준의 일본 공중에게 주지시키는 것"(일반지령 제 2호)이었다. 그리고 비군국주의화와 민주화를 위한 의식 변혁을 꾀하는 적극적 캠페인 계획 중 점령 초기에 가장 중시되었던 것이 전쟁의 유죄성과 전쟁 책임에 대한 의식을 제고하고 전쟁의 진실과 군국주의 지도자들의 책임을 인식시키는 것을 목표로 하는 전쟁 유죄(war guilt) 캠페인이었다.[11] 〈진상은 이렇다〉와 〈진상 상자〉

11-1948. 1. 4)가 방송되었으나, 전쟁에 관한 내용에 한정하지 않고 주로 신헌법 등 미군정의 민주화 개혁에 의해 도입된 새로운 법제나 여타 정보 프로그램과 관련된 내용을 다루었으므로, 태평양 전쟁에 관한 역사 서술 문제에 집중하는 본고에서는 주요 분석 대상으로 삼지 않는다.

11) 'War guilt'는 한국어나 일본어로 번역하기 까다로운 용어로, 문맥에 따라 '전쟁 범죄'나 '전쟁에 대한 죄책감' 내지는 '전쟁 책임'으로 번역할 수 있다. 논자에 따라, 그리고 정치적인 입장에 따라 다른 번역어를 사용하기도 한다. 특히 역사수정주의 논객들은 '전쟁에 대한 죄악감'이라는 다소 어감이 강한 번역어를 사용하기도 한다. 본고는 미군정이 이 개념을 "협의의 전쟁 범죄 개념을 포함하면서도 … 일본이 일으킨 전쟁의 침략성 자체를 유죄로 탄핵"하는 의미로 사용했다는 아리야마 데루오의 분석을 수용하여, '전쟁 유죄 캠페인'으로 번역한다. 有山輝雄, 『占領期メディア史研究: 自由と統制・1945年』,

는 이러한 전쟁 유죄 캠페인의 일환으로 방송되었으며, 동 캠페인을 위해 CIE가 개전기념일인 1945년 12월 8일을 기해 전 10부작으로 일본 주요 신문에 동시 연재했던 「태평양 전쟁사」의 라디오판이었다. 〈진상은 이렇다〉와 〈진상 상자〉는 신문에 게재되었던 「태평양 전쟁사」와 함께 '태평양 전쟁사관'의 성립과 대중화에 일익을 담당했던 것으로 알려져 왔다. 게다가 냉전 '해체'와 함께 일본의 역사수정주의 논객들에 의해 '자학사관'을 퍼뜨린 '교본' 중 하나로 비난받으면서 다시금 주목을 받게 되었다는 점에서, 이 글이 제기하는 문제들을 검토하기에 적합하다.

이 프로그램들의 제작과 방송 경위, 청취자 반응에 관해서는 다케야마 아키코(竹山昭子), 수잔 스멀리언(Susan Smulyan), 말린 메이요(Marlene Mayo)에 의해 상세한 연구가 이루어진 바 있다. 그러나 이들의 연구는 일본인 재교육 정책에 따른 미군정의 일본 라디오 방송 제작 및 지도 활동과 미군정기 일본 방송의 실태를 실증적으로 밝히는 데 집중한다. 역사 서술 문제나 역사 인식 문제에 대해서는 승자의 시각에 입각한 전쟁관을 전파하려는 미국의 의도를 지적하는 데 그치고 있다.[12] 포스트전

---

柏書房, 1996, 246쪽. CIE의 임무와 전쟁 유죄 캠페인에 관해서는 236-251쪽.
12) 竹山昭子, 『ラジオの時代: ラジオは茶の間の主役だった』, 世界思想社, 2002, 304-345쪽; 竹山昭子, 「GHQの戦争有罪キャンペーン: 『太平洋戦争史』『真相はかうだ』が語るもの」; Susan Smulyan, "Now It Can Be Told: The Influence of the United States Occupation on Japanese Radio", in *Radio Reader: Essays in the Cultural History of Radio*, edited by Michele Hilmes and Jason Loviglio, New York and London: Routledge, 2002; Marlene Mayo, "The War of Words Continues: American Radio Guidance in Occupied Japan", in *The Occupation of Japan: Arts and Culture*, edited by Thomas W. Burkman, Norfolk: The General Douglas MacArthur Foundation, 1988.

후 시기 일본의 사회 평론가 · 학자들에 의해 이 프로그램들이 재조명되었던 사정에 대한 연구는 전무한 실정이다.

이 글은 〈진상은 이렇다〉와 〈진상 상자〉가 역사적 진실을 다루는 방식과, 포스트전후 시기 이 프로그램들을 논박하는 사회 평론가 · 학자들이 역사적 진실을 이야기하는 방식을 분석한다. 이를 통해 역사 · 사실 · 진실에 대한 통념이 어떻게 '태평양 전쟁'사의 지배적 서사의 교체 시도에 작용하는 권력과 의도를 비가시화하고 과거 전쟁에 대한 새로운 역사적 담론이 진실로 기능하도록 활용되는지를 드러내려 한다. 이러한 작업이 전후와 탈전후 일본의 '태평양 전쟁'사 다시 쓰기를 둘러싼 진실의 정치를 가시화하고 문제시하는 데 시사점을 줄 수 있기를 희망한다.

## 2. 극화된 과거, '사실'을 가로지르는 서사: 〈진상은 이렇다〉

일본의 군국주의자가 국민에게 범한 죄는 일일이 거론할 수 없을 정도이다. 그 중 몇 가지는 이미 공표되어 있으나, 대다수는 아직 백일하에 드러나 있지 않아, 시간을 두고 차례대로 움직일 수 없는 확실한 자료에 의거해 발표될 것이다. … 그들[군국주의자들]의 무도한 행위 중에서도 중대한 결과를 가져온 것은 진실의 은폐일 것이다. … 지금이야말로 반드시 일본 국민이 이번 전쟁의 완전한 역사를 알 필요가 있다. … 이를 통해서만, 일본 국민은 군국주의적 행위에 저항하여 국제 평화 사회의 일원으로서 국가를 재건하기 위한 지식과 기력을 지닐 수 있을 것이다. 이런 관점에서, 미군사령부 당국은 일본과 일본 국민을 지금의 운명으로 이끈 사건을 다룬 특별 기사를 제공하는 것이다.(강조: 필자)[13]

위의 인용문은 〈진상은 이렇다〉의 토대가 되었던 신문판 「태평양 전쟁사」의 서장에 제시된 내용이다. '일본인 재교육 프로젝트'의 전쟁 유죄 캠페인과 '태평양 전쟁사관'에서 대중 기만론과 역사적 진실의 수사가 핵심적으로 동원되었음을 단적으로 보여준다. 같은 취지 아래 라디오판으로 기획된 〈진상은 이렇다〉는 태평양 전쟁의 '이해하기 쉬운, 사실 위주의 역사'(a simple, factual history)를 "서사 드라마(narrative—drama) 형식으로 소개"하는 프로그램이었다.[14] 1945년 10월 중순 경, 신문판 「태평양 전쟁사」를 준비 중이던 브래드포드 스미스(Bradford Smith) CIE 기획과장이 CIE 국장 케네스 다이크(Kenneth Reed Dyke)에게 같은 주제의 라디오 프로그램 제작을 제안한 일이 발단이 된 것으로 알려져 있다.[15] 11월 13일 CIE 라디오과가 방송 제작을 결정했으며, 라디오과 소속 미군 장교 두 명이 〈태평양 전쟁사〉를 방송용으로 편집한 원고의 일본어 번역본을 대본으로 사용했다. 성우로는 도쿄방송극단 단원들이 동원되었다. 미국 전미방송회사(NBC: National Broadcasting Company)의 인기 다큐멘터리 〈마치 오브 타임(The March of Time)〉의 포맷을 차용하여, 극화된 사건 재연 및 극적인 음향효과와 배경음악이 추가되었고, 템포 역시 빠르게 연출되었다. 이렇게 준비된 〈진상은 이렇다〉는 총

---

13) 「太平洋戰爭史 真実なき軍国日本の崩潰」, 『朝日新聞』, 1945. 12. 08; 「隠蔽されし真実 今こそ明らかに暴露」, 『読売新聞』, 1945. 12. 08.

14) Radio Division, CIE, GHQ/SCAP, "Broadcasting in Japan, 1 February 1946", Folder 43, Box 5313, Record Group 331, National Archives at College Park, Maryland(이하 RG 331), p.10.

15) Marlene Mayo, "The War of Words Continues: American Radio Guidance in Occupied Japan", pp.57-58.

10회 연속 프로그램으로 방송되었다. 라디오과는 〈진상은 이렇다〉를 일본인 청취자들이 라디오를 가장 많이 듣는 일요일 8시부터 30분간 편성하여 최대 방송 노출 효과를 노렸다. 특히 어린이와 학생 청취자의 '재교육'을 염두에 두고, 월요일 낮 12시 30분부터 방송된 〈어린이의 시간(子供の時間)〉과, 목요일 11시부터 도쿄방송국 학교방송 정규 프로그램 중에 재방송하였다.[16]

CIE의 보고서에 기재된 프로그램 소개에 따르면, 〈진상은 이렇다〉의 목적은 "일본인들에게 전쟁에 이르기까지의 발자취와 전쟁 중에 실제로 일어난 일들을 제시하고, 일본을 폐허와 패배로 이끈 군국주의 지도자들의 책임과 전쟁 범죄를 일본인 청취자들에게 납득시키는 것"이었다.[17] 이러한 프로그램의 취지는 방송 오프닝에서 다음과 같이 분명히 제시되었다.

> 아나운서: 우리 일본인은 그들[군국주의자들]이 우리에게 저지른 범죄(crimes committed against us)에 대해 알게 되었습니다.
> 목소리: 우리는 누가 군국주의자들인지, 누가 그 범죄를 저질렀는지 압니다.
> 복수의 목소리: 누구입니까, 그들은 누구입니까?
> 아나운서: 기쿠치 다케오(菊池武夫)와 도요타 소에무(豊田副武) 대장입니다.
> 복수의 목소리: 네, 네. 그 외에 누가 있습니까?

---

16) 竹山昭子, 『ラジオの時代: ラジオは茶の間の主役だった』, 304-320쪽, 324-326쪽.
17) Radio Division, CIE, GHQ/SCAP, "Broadcasting in Japan, 1 February 1946", p.10.

목소리: 오노 고이치(大野広一) 장군은 어떻습니까?

아나운서: 예, 오노 고이치 장군도 그렇습니다. 잠시 기다려주십시오. 지금부터 30분간 더 많은 이름을 알려드릴 겁니다. 무엇보다도, 사실(facts)을 알려드릴 겁니다. 사실 말입니다. 여러분들이 스스로 결론을 낼 수 있도록. 여러분이 일본의 범죄자들에 대해 스스로 판단을 내릴 수 있도록.

(음악)

아나운서: 〈진상은 이렇다〉. 일본 국민 모두에게 전쟁과 전쟁에 이르기까지의 사건들에 대한 올바른 사실(true facts)을 알려드리는 연속 방송 중 일곱 번째 시간입니다. 이것은 여러분과 관련이 깊은 이야기, 여러분을 어둠에서 빛으로 인도할 이야기입니다.(강조: 필자)[18]

위의 내용은 GHQ/SCAP 기록 문서에 남아있는 방송 7회 원고에서 인용한 것이다. 전범으로 지목된 군국주의자들의 이름은 회차에 따라 달라지기도 했으나, 그 이외에는 큰 차이가 없는 위와 같은 대화가 매회 방송 오프닝에 제시된 것으로 보인다.[19]

---

[18] Civil Information and Education Section, GHQ/SCAP, "Radio Broadcast, 'Now It Can Be Told'", Folder 15, Box 3490, RG 331, p.1. 원문에 General Koicho Ono, Keicho Ono로 표기되어 있으나, A급 전범 혐의로 체포되었다가 불기소 석방된 패전 당시 육군 중장 오노 고이치의 오기(誤記)로 보인다. 다케야마는 같은 도입부의 일본어판을 인용하고 있으나, 자료의 출처와 몇 회 방송분에서 인용한 내용인지 밝히고 있지 않아 본고에서는 CIE가 작성한 영어 원본을 번역해서 인용했다. 竹山昭子, 「GHQの戦争有罪キャンペーン: 『太平洋戦争史』 『真相はかうだ』 が語るもの」, 28쪽. 다케야마가 인용한 내용은 NHK가 소장하고 있는 10회분 녹음의 녹취일 가능성이 크다. 일부분만 인용된 채로 남아있는 경우를 제외하고 〈진상은 이렇다〉의 일본어 원고는 아직 발견되지 않았다.

[19] 다케야마가 소개한 도입부에는 기쿠치와 도요타 대신 도조 히데키 등을 언급하고 있어 회차별로 다른 이름이 소개되었을 가능성이 높다.

이후 이어진 7회 방송은 1943년 정월초하루부터 1944년 정월초하루까지 1년간을 대상으로 하여, 솔로몬 제도 과달카날 전투, 길버트 제도 타라와 전투와 마샬 제도에서의 전투와 같은 일련의 전투들을 다루었다. 이 시기 역사적 사건들에 대한 설명은 해설자와 일본인 소년 다로(太郞) 사이의 대화로 진행되며, 대화 중간에 몇 차례에 걸쳐 극화된 회상 장면(플래시백)이 삽입되는 식이었다. 다로는 태평양 전쟁사의 '진상'을 알고자 하는 열망을 가진 일본인 청취자를 대표하는 인물로 그려졌다. 일본인으로 상정된 해설자는 이런 다로의 열망에 응답하는 진실의 담지자로 표상되었다.[20]

일본을 패전으로 이끌면서 전쟁의 '진상'에 대해 은폐한 것은 군국주의 지도자들임을 강조하는 대중 기만론은 신문판 「태평양 전쟁사」에서와 마찬가지로 〈진상은 이렇다〉에서도 진실 언명(assertion of truth)의 중요한 전제로 작용했다. 위의 오프닝에서도 알 수 있듯, 방송은 군국주의자들을 전범으로 지목하고 그들의 이름을 명시하는 것으로 시작되었다. 그리고 그들이 저지른 범죄 중 하나는 바로 전쟁의 '진상'을 일본인들에게 은폐한 것임이 강조되었다. 7회 방송의 초반은 일본군과 관이 태평양 전쟁에 관한 사실을 제대로 알려주지 않았음을 반복 강조하는 데 할애되었다. 다로는 1943년 새해 첫날 일본이 전투에서 연이어 패하고 있었다는 사실을 모른 채 여느 새해 첫날과 다름없는 하루를 보냈다고 회

---

20) 해설자는 극 중에서 '우리 일본인(We Japanese)'이라는 표현을 사용한다. 예를 들면 Civil Information and Education Section, GHQ/SCAP, "Radio Broadcast, 'Now It Can Be Told'", p.2.

상한다. 이에 대해 해설자가 "우리 일본인들은 대본영이 우리에게 1942년 하반기에 있었던 주요 전투에 대해 허위 정보(false information)를 제공했다는 것을 알지 못했습니다"라면서 일본인들이 지도자들에게 속아 넘어갔음을 다음과 같이 강조했다.

> 그러나 대본영은 이들 전투(산호해, 미드웨이, 과달카날)에서 아군이 대승을 거두었다고 발표했고, 우리는 당연히(naturally) 그들을 믿었습니다. 우리는 전쟁의 추이를 알지 못했습니다. 우리는 과달카날 섬과 그 앞바다에서의 패배로 일본의 팽창기가 끝났음을 알지 못했습니다. 우리는 … 연합국이 마닐라로 돌아가는 먼 길에 반격을 가하기 시작했음을 알지 못했습니다. 속 편하게 모르고 있었던 겁니다.[21)]

이후 방송은 전쟁 중에 군국주의 지도자들이 발표했던 내용과 미군정이 실제로 일어났던 것으로 제시하는 사건들의 구체적인 정보를 대비해서 제시하는 전략을 취했다. 7회 방송에서는 1943년 당시 수상이었던 도조 히데키를 특정하여 그가 "모든 일이 아주 훌륭하게 진행되고 있다"며 일본인들에게 거짓을 고하고, 문부대신, 대장대신 등을 겸하면서 '독재적 권력'을 휘둘렀음을 강조했다. 방송 후반은 일본군이 승리하고 있다는 허위 선전과 달리 일본군에 불리하게 전개되었던 전황 자체가 군국주의 지도자들의 대중 기만 시도의 방해요소로 작용했음을 시사했다. 일 년 전과는 달리 1944년 새해 첫날 무렵에는 일본인들 역시 군국주의 지도자들이 약속했던 신속한 승리란 이미 불가능해졌고 전쟁이 장기화

---

21) Civil Information and Education Section, GHQ/SCAP, "Radio Broadcast, 'Now It Can Be Told'", p.2.

되면서 "무언가 잘못되고 있음"을 눈치 채고 있었던 것으로 묘사되었다. 방송은 "진실은 모든 나라의 최강의 동맹국입니다"라는 아나운서의 발언으로 끝을 맺었다.[22]

위와 같이 일본인들이 군국주의 지도자들에게 기만당했다는 전제가 마련된 위에 태평양 전쟁의 '진상'으로 제기된 새로운 정보의 '진실성'을 구축하는 데 사실로서의 역사에 대한 믿음이 어떻게 활용되었는지를 이해하기 위해서는 약간 더 부연 설명이 필요할 것이다. 이 프로그램을 기획한 CIE가 역사와 역사적 진실에 대해 어떤 인식을 갖고 있었는지는 일단 "전쟁 중에 실제로 일어난 일들"을 제시하는, '사실 위주의 역사'를 소개한다는 프로그램 취지에서 분명히 드러난다. 즉 사실이란 "실제로 일어난 일들"이며 이러한 과거의 사건을 현재의 청취자들에게 실증적으로 재현할 수 있다는 인식이다. 역사적 사실을 객관적으로 존재했던 것으로 간주할 경우, 역사적 사실은 곧 과거에 이미 완결된 것이며 고정적인 것으로 인식된다. '움직일 수 없는 사실'이라는 상투적인 표현은 이런 인식에 기반을 둔 것이다. 객관적으로 존재했던 사실이 실증적으로 재현 가능한 성격의 것이라면, 역사가의 작업은 "모든 사실을 제시하여 사실이 스스로 말하도록 하는 것"이 된다.[23] 이런 관점에서 보면 역사적 진실이란 객관적으로 실존했던 역사적 현실이며, 가치 판단을 배제한 상태에서 사실들을 종합하는 행위를 통해 누구나 동일한 역사적 진실, 즉

---

22) Civil Information and Education Section, GHQ/SCAP, "Radio Broadcast, 'Now It Can Be Told'", p.20.
23) Carl L. Becker, "What Are Historical Facts?", *The Western Political Quarterly* 8(3), 1955, p.334.

절대적 진실에 도달 가능하다는 논리가 성립된다.

역사적 사실이란 '과거에 실제로 일어난 사건'이며 경험적 방법론을 통해 객관적으로 재현 가능하다는 믿음은 18세기 말, 19세기 초 이래 근대 역사학의 주류를 형성했던 경험주의적 · 실증주의적 인식론과 방법론의 영향 아래 오랫동안 보편적으로 통용되었고 언어적 전회(linguistic turn) 이후에도 여전히 대중적 파급력을 지닌 인식이다. 역사는 객관적 사실의 종합이라는, 사실로서의 역사에 대한 믿음의 주요한 근거로 작용해 왔다고 할 수 있다. 물론 이와 같은 사실로서의 역사에 대한 인식이 갖는 맹점에 대해서는 이미 많은 지적이 있어왔으므로 여기서 자세히 설명할 필요는 없을 것이다. 언어적 전회나 근대 과학적 지식의 확실성에 대한 재고와 연동하여 활발하게 일어났던 역사 서술에 대한 근본적이고 철학적인 문제 제기들을 떠올리지 않더라도, 역사적 사건이란 이미 사라져버린 과거의 일이며, 역사가가 직접 관찰하거나 검증할 수 없다는 근본적인 한계를 갖는다. 역사 연구와 서술 과정에서 인식론적 · 방법론적 곤란이 필연적으로 발생할 수밖에 없다.[24]

역사가가 입수할 수 있는 사실이란 엄밀히 말해 사건 그 자체가 아니라 "그 사건이 일어난 것이 사실이라고 언명한 기록"뿐이다.[25] 그런 점에서 모든 역사적 사실은 특정한 사건이 일어났다는 언명에 근거해 구축된 사실이다. 따라서 역사적 사실은 그것을 기록하는 주체, 그리고 그 기록 행위나 타인의 기록을 통해 사실을 구축하는 주체와 별개로 설명

---

24) Carl L. Becker, "What Are Historical Facts?", pp.331-332.
25) Carl L. Becker, "What Are Historical Facts?", p.330.

할 수 없다. 따라서 역사적 사실이란 특정한 사건이 사실로서 구축되는 현재와 동떨어져 과거 속에 객관적으로 존재하는 사건으로만 볼 수 없다. 게다가 역사적 기록과 실제로 일어난 사건이 일치하지 않을 가능성을 완전히 배제할 수 없기 때문에 기록의 대조를 통해 역사적 사실의 진실성을 온전히 담보할 수는 없다는 점을 염두에 둬야 한다.[26] 역사적 사실이란 결국 현실에서 각축하는 여타의 서사를 '침묵'시키고 특정한 서사만이 역사로 인정받는 과정, 즉 역사로 '생산'되는 과정과 이러한 과정에서 작용하는 권력과 분리해서 이해할 수 없는 것이다.[27]

위와 같은 점이 "역사적 사실이 갖는 본질이자 특징"[28]이라는 전제를 받아들인다면, 태평양 전쟁의 역사적 사실을 "전쟁 중에 실제로 일어난 일들"로 제시함으로써 〈진상은 이렇다〉가 가져올 수 있는 효과를 조금 더 명확히 이해할 수 있다. 바로 점령 하 '태평양 전쟁사'의 생산 과정과 그 과정에서 작용하는 권력을 비가시화하는 것이다. 이런 맥락에서 보면 일본인 청취자들이 스스로 판단하여 결론을 낼 수 있도록 오로지 '사실'을 알려준다는 취지가 매회 방송 오프닝에서 반복적으로 천명된 것은 의미심장하다. 이 오프닝은 위에서 설명한 역사적 진실에 대한 특정한 믿음, 즉 사실로서의 역사에 대한 확신을 환기시키는 일종의 주문인 것이다.

---

26) 양호환, 「역사적 사실의 특징과 역사교육의 특수성」, 『역사교육』 113, 2010, 113쪽.
27) Michel-Rolph Trouillot, *Silencing the Past: Power and the Production of History,* Boston, Mass.: Beacon Press, 1995, Chapter 1.
28) 양호환, 「역사적 사실의 특징과 역사교육의 특수성」, 113쪽.

그렇다면 〈진상은 이렇다〉는 어떤 방식으로 '태평양 전쟁사'를 사실로서의 역사로 제시했는가? 일단 〈진상은 이렇다〉는 역사를 연대순으로 배열된 사건들의 연쇄로 묘사했다. 여기에서 우리는 연대기(chronology)가 사실로서의 역사에 대한 믿음을 환기하는 기제로 기능할 수 있다는 점을 상기할 필요가 있을 것이다.[29] 연대기는 "생각할 수 있는 모든 사건으로 구성된 균질한 매개체"로서 단선적 시간을 상정하여, 역사적 사건들을 시간 순으로 배열하는 '기계적인 묘사 체계' 안에 위치시킨다.[30] 역사적 사건과 "관련된 정보, 이야기, 지식을 그들 간의 관계를 결정했던 세계로부터 분리"[31]시켜 역사적 사실이 역사 생성 행위와는 별개로 객관적으로 존재하는 것으로 보이게 한다. 〈진상은 이렇다〉는 방송 시작과 끝에 전회에서 다룬 기간과 다음 회에 다룰 기간을 명시하여 연대순으로 빠뜨린 기간 없이, 태평양 전쟁사의 시간적 전개를 포괄적으로 다룬다는 점을 강조했다. 즉, 연대기적 서술을 통해 '완전'하고도 객관적인 역사를 제공한다는 인상을 강화한 것으로 볼 수 있다.

둘째, 〈진상은 이렇다〉는 일본인들이 알지 못한 것이 객관적인 '사

---

29) Stefan Tanaka, "History without Chronology", *Public Culture* 28(1), 2016는 역사 서술에서 연대기가 수행하는 기능에 대한 유용하고도 비판적인 분석을 제공한다. 이하에서 소개하는 Kracauer, Harvey, Foucault의 분석은 다나카의 논문을 통해 접하게 되었다.

30) Siegfried Kracauer, "Ahasuerus, or the Riddle of Time", *History: The Last Things before the Last*, New York: Oxford University, 1969, p.139; David Harvey, *Justice, Nature, and the Geography of Difference*, Cambridge, MA: Blackwell, 1996, p.264.

31) Michel Foucault, *The Order of Things: An Archeology of the Human Sciences*, New York: Vintage Books, 1970, p.132.

실'에 해당하는 정보임을 반복적으로 강조하면서 "객관적으로 실재했던 사실"로 인식될 수 있는 정보들을 빈번히 제시했다. 전쟁의 추이에 대한 설명 과정에서 구체적인 날짜, 인명, 지명, 수치화된 거리, 사상자 수 등의, '사실'로 인식될 수 있는 정보를 꾸준히 언급했다.[32] 즉, 단순히 허위 '사실'을 올바른 '사실'로 교체함으로써 일본인 청취자들이 객관적이고 절대적인 진실에 도달할 수 있다는 믿음을 강화하여, 일본 패전 후 '태평양 전쟁'사를 둘러싼 진실의 재구축 과정에 어떠한 가치 판단에 의한 주체의 선택과 권력이 작용하고 있는지를 비가시화하는 것이다.

다만 드라마 형식을 빌려 해설자가 다로에게 '태평양 전쟁'의 새로운 역사를 이야기해 준다는 〈진상은 이렇다〉의 구조상, 서사가 두드러지면서 해설자에 의해 이미 구축이 완결된 역사를 일방적으로 전달한다는 인상은 지울 수 없다. 즉 오프닝에서 명시된 취지와 달리 청취자를 대변하는 다로가 〈진상은 이렇다〉가 제기하는 역사의 진실성을 스스로 판단하거나 그 서사에 개입할 수 있는 여지는 매우 적은 것이다. 이런 점에서 〈진상은 이렇다〉가 방송되기 전 언론에 공개되었던, "군벌이 진정한 전범(true war criminals)이라는 사실(fact), 그리고 그들의 진실(truth) 은폐가 일본을 전쟁으로 이끄는 데 주요한 역할을 했다는 사실(fact)에 역점을 둘 것"이라는 프로그램에 대한 설명은 이 프로그램이 사실을 다루는 방식에 대해 시사하는 바가 크다.[33] 실제로 일어난 과거의 사건으로

---

32) Civil Information and Education Section, GHQ/SCAP, "Radio Broadcast, 'Now It Can Be Told'", pp.3-20.
33) "Nips Will Learn Facts behind War: Japanese Language Broadcasts Will Start Re-Education Drive", Stars&Stripes, 1945. 12. 5, Folder 15, Box 3490, RG 331.

서의 역사적 사실을 강조하고 있지만, 이 프로그램이 일본인들에게 전파하고자 하는 사실이란 특정한 서사에 합치되도록, 주체의 해석에 의해 구축된 것임을 노정하기 때문이다.

그렇다면 이 프로그램의 효과는 청취자가 〈진상은 이렇다〉에서 '사실'로 제공된 정보를 '진실된 사실'로 받아들일지 여부에 달려 있을 것이다. 그리고 이 문제에 관해서는 역사 서술을 일종의 커뮤니케이션 행위, 혹은 커뮤니케이션 행위를 전제로 한 지식 생성 과정으로 보아야 한다는 근래의 연구들을 참조하는 것이 도움이 될 것이다.[34] 예를 들어 마렉 탐(Marek Tamm)은 역사 서술을 역사가와 독자 사이의 상호작용, 즉 커뮤니케이션 행위로 이해하여, 역사가의 주장을 독자가 진실로 받아들이기 위해서는 일단 역사가와 독자 사이에 '진실 협약(truth pact)'이 성립되어야만 함을 논증했다. 모든 역사가는 암묵적으로든 명시적으로든 자신의 의도는 오로지 진실만을 추구하는 것임을 독자들에게 약속하며, 이 약속이 일단 독자로 하여금 그 역사가가 서술하는 역사를 진실로 받아들이게 하는 필요조건을 구성한다는 것이다. 그러나 독자들이 역사가의 약속을 믿어야 할 필연적인 이유는 없는 만큼, 탐은 독자들이 역사가가 진실을 말하려는 의도를 가지고 있음을 확신하기 위해서는 그 진실성을 확인할 수 있는 표식이나 신호가 필요하다고 강조한다. 이 중 가장 가시적이고 일반화된 표식이나 신호로 각주나 참고문헌을 들 수 있을 것이다. 각주나 참고문헌은 역사가가 기술한 내용이 스스로 만들어낸 것이

---

34) Gunnar Karlsson, "Reader-Relativism in History", *Rethinking History: The Journal of Theory and Practice* 1(2), 1997.

아니라 독자들도 얼마든지 찾아볼 수 있는 외부 정보에 기대고 있으며 독자들이 그 정보를 찾아본다면 결국 같은 결론에 이르게 될 것이라는 암묵적인 전제로 작용하기 때문이다.[35]

〈진상은 이렇다〉는 방송에서 '사실'로 제시한 정보가 '진실한 사실'임을 입증할 수 있는 증거, 혹은 참조 자료에 대한 구체적인 정보를 방송 안에서 청취자들에게 충분히 제공하지 않았다. 진실의 담지자로 묘사된 해설자가 일방적으로 역사를 서술하고 다로가 알고 있던 것과 다른 수치나 '사실'을 제시할 뿐이었다. 청취자들이 그 진실성을 외부적으로 확인할 수 없는 '사실'이 극화된 이야기 안에서 제기되는 서술 구조상, 〈진상은 이렇다〉가 아무리 객관적 사실을 제시한다고 주장하더라도 결국 역사적 사건의 서술을 관통하는 서사 자체가 뚜렷하게 가시화될 수밖에 없는 것이다.

그렇다면 일본인 청취자들은 〈진상은 이렇다〉가 '진실한 역사'로 제시한 태평양 전쟁사에 대해 어떻게 반응했는가? 전후 초 전국 단위의 청취율이나 개별 프로그램에 대한 여론동향에 대한 체계적인 조사가 이루어지지 않아 〈진상은 이렇다〉에 대한 청취자 반응을 종합적으로 살펴보기는 어렵다. 다만 당시 일본 방송인들의 증언이나 미군정 보고서에 따르면 대다수의 청취자들이 〈진상은 이렇다〉에 대해 거부반응을 보였다. 이들이 방송 내용과 프로그램 제작진을 비난하는 투서가 NHK에 연일 쇄도했고 항의 전화 역시 빗발쳤다. 후일 CIE 보고서는 빠른 템포나

---

35) Marek Tamm, "Truth, Objectivity and Evidence in Historical Writing", *Journal of the Philosophy of History* 8, 2014, pp.272-278.

극적인 음향 효과에 불만이 많았음을 강조하면서 일본인들이 미국식의 세련된 연출법에 적응을 못 했기 때문에 이러한 부정적 반응이 나왔다는 결론을 내렸다.[36] 그러나 당시 일본 방송인들의 증언에 따르면 내용에 대한 반발 또한 이러한 부정적 반응의 주요한 이유였던 것으로 보아야 할 것이다. 아나운서나 성우에 대해서는 "그러고도 일본인이라 할 수 있는가?"라거나, "그런 비(非)국민같은 말을 잘도 하는군요. … 애국심이 조금이라도 있다면 그런 방송에 출연하지 마세요."라는 질타와 신변에 대한 위협마저 가해졌다. 이러한 일화는 〈진상은 이렇다〉가 다수의 일본인 청취자들의 심기를 건드린 이유가 무엇인지를 시사한다.[37]

한편 소수이나마 〈진상은 이렇다〉에 긍정적으로 반응했던 청취자들은 전쟁의 진실을 알고자 하는 열망에서 이 프로그램이 주로 과거에 일어난 일로서 제시했던 '사실'에 관심을 가졌던 것으로 보인다. 1946년 1월 16일 『닛폰 타임즈(Nippon Times)』 기사는 〈진상은 이렇다〉에 대한 호평과 기대를 담고 있는 청취자 편지 여러 편을 소개했는데, 이 편지들에 따르면, 호평과 기대의 주요 이유는 바로 사실의 제공이었다. "납득할 만한 사실(convincing facts)을 다수 제공"하므로, 혹은 "내가 보기에 [일본인] 모두가 최대한 빨리 진실에 대면하고 싶은 마음을 공통적으로 가지고 있"기 때문에 〈진상은 이렇다〉 방송이 연장되기를 희망한다는 것

---

36) Radio Unit, CIE, GHQ/SCAP, "Radio in Japan: A Report of the Condition of Broadcasting in Japan as of 1 May 1947", Folder 35, Box 5313, RG 331, p.14; Marlene Mayo, "The War of Words Continues: American Radio Guidance in Occupied Japan", pp.58-59.
37) 浜田健二의 회고 내용. 竹山昭子, 『ラジオの時代: ラジオは茶の間の主役だった』, 329-330쪽.

이다.[38] 물론 미군정이 〈진상은 이렇다〉의 의의를 선전하기 위해 위와 같은 청취자 반응을 과대평가하고 홍보했을 가능성이 크므로 위와 같은 청취자 반응을 함부로 일반화해서는 안 될 것이다. 그러나 1949년 대학을 졸업하고 역사학자가 되었던 도이 마사오키(土井正興)가 자신이 역사학자가 된 계기를 설명하면서 들려준 다음의 이야기는 일본의 지도자들에게 기만당했다는 인식으로 인해 전쟁 중 지배적이었던 역사를 재검토하고 '진실'을 알고자 하는 열망을 품게 된 개인들이 분명히 존재했음을 시사한다.

> 나의 경우 [역사가가 된] 계기가 된 것은 태평양 전쟁, 즉 제2차 세계대전이었다. 그 전쟁에서 일본이 패배했다는 사실이었다. 전전에 우리가 배웠던 역사는… 천황 중심의 역사로, 일본은 신국(神国)이니까 전쟁에 반드시 이긴다는 것이었다. 그러나 현실에서 일본이 패배했으므로, 그 이전에 우리가 배웠던 것은 대체 무엇이었냐는 의문에 내 나름대로 답을 내야하고, 그를 위해서는 역사를 다시 보고 깊이 공부해야 한다고 생각하게 되었던 것이다. …속아 넘어가지 않는 인간이 되기 위해서라도 어떻게든 패전의 원인을 밝혀내고 싶었다.[39]

대다수 청취자들이 표출한 반감과 그럼에도 〈진상은 이렇다〉가 다른 일부의 청취자들에게 호소력을 갖는 이유에 대한 미군정의 인식은 후속 프로그램 〈진상 상자〉의 기획에 상당한 영향을 미쳤던 것으로 보

---

38) "'Now It Can Be Told' Radio Series Proving Big Popularity among Japanese Listeners", *Nippon Times*, 1946. 1. 29, Folder 15, Box 3490, RG 331.
39) 土井正興, 「歴史学と現代」, 『歴史科学入門: 歴史を学ぶ人々のために』, 三省堂, 1986, 3쪽.

인다. 〈진상 상자〉 기획 단계에서 『닛폰 타임즈』에 게재된 선전 기사는 〈진상 상자〉가 〈진상은 이렇다〉를 "보충하기 위해", 그리고 〈진상은 이렇다〉가 "시간의 제약 탓에 일본인들에게 전쟁에 대한 모든 사실을 제공하거나, 특정한 질문에 답할 수 없었기 때문"에 기획되었다고 설명했다. 그러나 본고의 관심사에 비추어 더 주목을 끄는 것은 같은 기사에서 라디오과장 베플이 설명한 기획 의도이다. 그는 〈진상 상자〉가 청취자의 "질문에 진실하게 답하"며, "논설적인 견해나 프로파간다를 삽입하려는 어떤 시도도 하지 않는다"고 강조했다. "우리는 일본 전역에서 들어오는 청취자의 편지에 대해 사실에 입각한 해답을 주는 것이 일본국민이 얼마나 철저하고 완전하게 호도당하고 패배했는지를 다른 어떤 허구에 기반을 둔 이야기보다도 신속하게 증명할 것이라 믿는다"는 것이다.[40] 즉 〈진상 상자〉는 전시 대중 기만론을 전제로 하되 서사를 배제하고 역사적 '사실'의 제공에 좀 더 집중하는 전략을 취했던 것이다.

## 3. 역사적 '사실'의 탈(脫)맥락화: 〈진상 상자〉

〈진상 상자〉는 "청취자들이 제출한 특정한 질문에 대해 사실에 입각한 해답을 방송함으로써 일본인들에게 전쟁에 관한 올바른 사실을 알려준다"는 취지로 기획되었다.[41] 1946년 2월 17일 일요일 저녁 8시부터

---

40) "'Now It Can Be Told' Radio Series Proving Big Popularity among Japanese Listeners", 1946. 1. 29.

30분간 방송된 첫 회를 시작으로 같은 해 11월 29일까지 방송되었다. 〈진상 상자〉는 〈진상은 이렇다〉와 같이 전시기 통용되었던 역사적 서사를 뒤집는 새로운 서사를 일방적으로 제시하는 것이 아니라, 청취자의 앎에 대한 의지에 대응하여 쌍방향 커뮤니케이션을 통해 진실에 도달한다는 구조를 취했다. 게다가 논설이 틈틈이 삽입되었던 〈진상은 이렇다〉와 달리 논설을 최소화하여 해석으로부터 분리된 '사실'만을 제시한다는 인상을 주는 것이 중시되었다. CIE 보고서에 따르면 〈진상은 이렇다〉의 구성이 정보 50%, 교육 45%, 음악 5%의 비중이었던 데 반해, 〈진상 상자〉는 정보 100% 구성으로 기획되었다.[42]

GHQ/SCAP 기록 문서에 영문으로 된 〈진상 상자〉의 방송 원고 일부가 남아있어, 이 프로그램이 진실을 말하는 방식을 구체적으로 이해하는 데 도움을 준다. 31회에 해당하는 방송 내용으로, 1946년 8월 23일 8시 30분부터 9시까지 방송된 것으로 보인다. 결론부터 말하자면, 〈진상 상자〉는 방송 중에 청취자들의 질문에 대한 해답의 근거 자료를 제시하여 객관적이라는 인상을 강화시키고, 사실로서의 역사에 대한 믿음에 한층 적극적으로 호소했다.

"〈진상 상자〉! 오늘은 전쟁에 대한 여러분의 질문에 진실하게 답하는 연속 프로그램의 31번째 시간입니다. 질문이 있으면 분명하고 간단하게 작성해서 라디오 도쿄의 〈진상 상자〉로 보내주십시오."라는 오프닝

---

41) 방송 시간은 1946년 6월 28일부터는 금요일 저녁 8시 반에서 9시로 변경되었다. 竹山昭子, 『ラジオの時代: ラジオは茶の間の主役だった』, 340쪽.
42) Radio Division, CIE, GHQ/SCAP, "Broadcasting in Japan, 1 February 1946", p.9.

멘트에 이어 아나운서는 "오늘의 질문에 답하기 위해서 몇 가지 자료들을 사용했습니다. 그 중 일부는 다음과 같습니다."라고 참고문헌을 소개한다.[43]

방송은 매 질문마다 질문자의 거주지와 직업, 성별 등을 간단히 소개한 후 성우가 질문을 읽고, 뒤이어 아나운서가 "이 해답은 [특정 자료 제목]에서 가져 왔습니다."라고 설명한 후 제3의 성우가 해답을 읽는 방식으로 진행되었다. 방송 도입부에서 아나운서가 소개한 자료 중, 각 질문 해답 작성 시 사용된 자료가 다시 언급되었다. 질문, 질문자, 해답에 사용된 자료는 〈표 1〉과 같이 제시되었다. 질문자의 실명은 소개되지 않았지만 지역, 성별, 직업은 대체로 소개되었다. 거주 지역과 성별, 직업이 서로 달라, 방송 한 회 안에서 일정 정도 다양성을 안배한 것으로 추정된다.

〈표1〉〈진상 상자〉 31회 질문 · 질문자 · 근거 자료

| 질문 | 질문자 | 질문 | 해답 근거 자료 |
|---|---|---|---|
| 1 | 나가사키 현 거주 여성 | 전쟁 중 미국 젊은이들의 사상 경향과 삶과 죽음에 대한 생각을 알려주세요. | 2차 세계대전 유럽 작전전구(作戰戰區)(ETO: European Theater of Operations) 참전 병장의 진술, CIE 교육반(Education Unit) 야스하라 씨의 진술 |
| 2 | 교토의 샐러리맨 | 전쟁 직전에 일본의 지도자들은 미국의 상황에 대해 알고 있었습니까? 그들은 미국 상황을 어떻게 보았습니까? | 존 마키(John M. Maki), 『일본의 군국주의: 원인과 해법(Japanese Militarism: Its Cause and Cure)』(New York: Alfred A. Knopf, 1945) |

---

43) C. F. Smithers, "Truth Box (Program #31)", Folder 25, Box 5316, RG 331, unpaged.

| 질문 | 질문자 | 질문 | 해답 근거 자료 |
|---|---|---|---|
| 3 | (거주지미상) 청취자 | 일본과 가스전(gas warfare)에 대해 알려주세요. | 『스타즈 앤드 스트라이프스(Stars and Stripes)』(46/07/14), 『닛폰 타임즈(Nippon Times)』(46/07/15) |
| 4 | 도쿄 덴엔쵸후 (田園調布) 거주자 | 『살아있는 병대(生きている 兵隊)』의 발매금지와 줄거리를 알려주세요. | 「PPB Dist #1 파일 보고서: 이시카와 다쓰조(石川達三),『살아있는 병대』(河出書房, 45/12/25)」 |
| 5 | 야마가타 현 거주자 | 천황 폐하의 전쟁 전과 현재의 일상생활이 어떠한지 알려주세요. | 윌프레드 플레셔(Wilfred Fleisher), 『화산도(Volcanic Isle)』(New York: Doubleday, Doran, 1941), 『라이프 (Life)』(46/02/04), 『포춘(Fortune)』(44/04), 『스포트라이트(Spotlight)』(46/06) |

출처: C. F. Smithers, "Truth Box (Program #31)", pp.1-15에 기초하여 필자 작성.

〈진상 상자〉가 청취자의 질문에 답한다는 형식을 취하고 있는 만큼, 한 회에 방송된 질문의 내용이나 순서는 일정한 서사구조를 갖지 않는다. 심지어 질문과 관련된 사건들의 연대에 따라 질문이 배열되지도 않았다. 이러한 구조는 전쟁과 관련된 사실이라면 무엇이든 무작위로 제공한다는 인상을 전달한다. 언뜻 무체계적인 사실의 나열로 보이나, 이렇게 연출된 무체계성 자체가 역사 서술에 대한 특정한 인식, 즉 사실로서의 역사에 대한 믿음에 기대는 동시에 이러한 믿음을 강화하는 기능을 한다. 달리 말해, 역사란 '사실'의 연쇄이며, 특정한 의도에 기반을 둔 선택이나 가치 판단 없이 '사실'을 나열하는 것이야말로 진실에 다다르는 방법이라는 믿음 말이다. '사실'은 자명하며, '사실'의 양적 축적을 통해 온전한 진상에 도달 가능하다는 경험주의적·실증주의적인 인식론과 방법론에 근거를 둔 일반적인 믿음에 호소하는 것이다.

이처럼 특정한 사건이나 사안에 대한 '사실'들이 전체적인 서사로부터 일단 분리되어 백과사전적으로 제시되는 만큼, 큰 이야기, 즉 새로 쓴 태평양 전쟁의 서사 또한 〈진상은 이렇다〉에 비해 한층 비가시화되었다. 물론 서사 자체가 사라진 것은 아니다. 오히려 서사가 막후로 이동한 대신 막후의 서사를 뒷받침하는 개별적인 사안이나 '사실'들이 선택되어 전면화한 것으로 보아야 할 것이다. 프로그램에서 거론된 주제와 '사실'들을 종합하면 자연스럽게 하나의 이야기로 가시화될 수 있도록 말이다. 예를 들면 7회 방송에 등장한『살아있는 병대(生きている兵隊)』는 1938년에 출간된 소설로, 난징 함락 당시 일본군에 의한 잔학 행위를 묘사하여 일본 정부로부터 판매 금지 처분을 받은 바 있다. 일본과 가스전에 대한 질문에 대해 답하는 과정에서는 일본과 미군의 압도적인 전력(戰力) 차이가 '사실'로 언급되었다.[44)]

설명방식 또한 〈진상은 이렇다〉에서와는 달리 지극히 건조하고 차분해졌으며, 음향 효과의 사용 빈도 역시 〈진상은 이렇다〉에 비해 줄어들었다. 〈진상 상자〉는 〈진상은 이렇다〉에서 흡인력을 강화한다는 목적으로 사용되었던 극적 장치나 효과를 최소화하는 한편 딱딱한 설명으로 일관했다. 무엇보다도 "[특정한 보고서나 저자 이름]에 따르면"과 같은 표현을 통해 정보의 출처를 제시한 후 직접 인용문을 사용하는 경우가 많았다. 그리고 틈틈이 "[특정 참고문헌 이름]에서 제시한 [특정 정보 내용]에 근거하여 판단해볼 때", 혹은 "앞서 말한 내용에 따라 [특정 서술]

---

44) C. F. Smithers, "Truth Box (Program #31)", pp.5-9.

이라는 결론을 내려도 무방할 것이다"와 같은 표현을 통해 이 프로그램이 외부적으로 확인 가능한 '사실'에서 도출한 결론을 알려주고 있다는 점을 강조했다.[45]

이와 같이 '사실'에 의거한 '진실'을 객관적으로 제시한다는 프로그램의 취지는 엔딩에서 재차 강조되었다.

> 아나운서: 여러분께서는 전쟁에 대한 여러분의 질문에 정직한 해답을 드리는 프로그램인 〈진상 상자〉 31회를 청취하셨습니다. 전쟁에 대한 질문을 라디오 도쿄 〈진상 상자〉로 보내주십시오. … 그리고 이 프로그램에서 제공하는 해답들은, 사실에 의거한, 참전국들의 전쟁 기록으로부터 알아낸 진실이라는 점을 기억해주십시오.
> (음악)
> 이 프로그램은 GHQ/SCAP의 CIE에 의해 준비되고 제작되었습니다. … 그리고 기억하십시오. "진실이야말로 모든 국가의 최강의 동맹국"임을.[46]

엔딩에서 이 프로그램이 제공하는 정보는 '사실'에 근거를 둔 진실이며, 참전국들의 전쟁 기록이 정보의 출처임을 다시 한 번 강조하고, 그러한 '진실'을 전달하고 언명하는 주체에 대해서도 명백하게 제시된 것은 주목할 만하다. 탈전후 일본의 사회 평론가·학자들은 미군정이 〈진상 상자〉 제작에 관여했음을 숨겨 일본인들로 하여금 NHK가 자체 제작하기라도 한 것처럼 믿게 했다고 주장한다.[47] 이들의 주장에서 미군정

---

45) 예를 들면 C. F. Smithers, "Truth Box (Program #31)", p.1, p.6, p.7, p.12.
46) C. F. Smithers, "Truth Box (Program #31)", p.15.
47) 櫻井よしこ, 『GHQ作成の情報操作書 「真相箱」の呪縛を解く: 戦後日本人の歴史観はこうして歪められた』, 小学館, 2002, 11쪽.

의 개입을 일본인들에게 숨겼다는 믿음은 미군정에 의해 다시 쓰인 역사를 '프로파간다'로 표상하기 위한 중요한 전제로 기능한다. 진실한 역사와 프로파간다를 대극(對極)에 위치시켜 "선전 주체를 드러내지 않는 것"이 '원칙'인 프로파간다, 즉 허위로 간주하는 것이다.[48] 그러나 〈진상 상자〉의 경우 미군정은 상당히 의식적으로 정보의 출처와 새로운 역사를 제공하는 주체를 명시하고자 했던 것으로 보인다. 방송 중에 이들에 관한 정보를 밝힌 것은 물론이고, 〈진상 상자〉 방송 내용을 정리하여 출간한 『진상은 이렇다: 라디오 방송 「진상 상자」의 재록(眞相はかうだ: ラヂオ放送「眞相箱」の再録)』제1집 속표지 옆면에, "본서는 1946년 1월 16일 이래 라디오로 방송된 〈진상 상자〉의 재록(再錄)으로, 일반청취자로부터의 질문에 대한 해답이다. 해답은 전부 전쟁 중의 실제 기록으로부터 얻은 것이며, 연합군 최고사령부 민간정보교육국에 의해 조사·작성·제공된 진상이다."라는 기술이 삽입되었던 것이다.[49] 이 책의 편자는 CIE임이 책 표지에도 판권지에도 명확히 기재되어 있다. 탈전후 일본의 사회 평론가·학자들의 비판에 비추어본다면, 막후에서 정보를 조작하는 프로파간다가 아니라 진실된 역사를 제공하려 한다는 미군정의 주장을 뒷받침하기 위한 선택으로 볼 수 있을 것이다.

---

48) 里見脩,「『歴史と記憶』の研究(その2): ラジオ番組『真相はこうだ』」,『発言者』 112, 2003, 102쪽.

49) 聯合軍最高司令部民間情報教育局 編,『眞相はかうだ: ラジオ放送「眞相箱」の再録』 第一輯, 東京: 聯合プレス社, 1946, 앞표지 뒷면. 제목 때문에 〈진상은 이렇다〉의 원고로 오인받기도 하나 부제에서도 알 수 있듯이 〈진상 상자〉의 재록이다. 일본 국회도서관 홈페이지를 통해서도 원문에 접근할 수 있다. http://kindai.ndl.go.jp/info:ndljp/pid/1042022(최종 검색일: 2016. 5. 10).

대중 기만론은 〈진상은 이렇다〉에서처럼 눈에 띄게 제시되지는 않았다. 그 대신 〈진상 상자〉에서는 대중 기만론이 암묵적인 전제로 자리했다고 봐야 한다. "전쟁에 대한 여러분의 질문에 정직한 해답을 드리는 프로그램", "이 프로그램에서 제공하는 해답들은 사실에 의거한, 참전국들의 전쟁 기록으로부터 알아낸 진실"이라는 오프닝과 엔딩은, 일본의 지도자들이 전쟁 당시에는 일본인들에게 이러한 진실을 알려주지 않았음을 암시적이고도 반복적으로 상기시키며 전체 프로그램의 논조를 결정했다.

〈진상 상자〉는 〈진상은 이렇다〉에 비해 일본인 청취자들로부터 훨씬 호의적인 반응을 이끌어 낸 것으로 알려져 있다. 프로그램이 방송되기 시작한지 3개월쯤에 해당하는 5월에는 매주 평균 1,000통에서 1,200통의 질문을 담은 투서가 도착했고 방송일이 금요일로 이동한 후인 7월에도 매주 900통 정도의 투서가 있었다. 7월에 우편 요금이 기존의 3배로 상승한 탓에 투서 수는 8월과 9월에 걸쳐 급감하나, 그래도 각종 프로그램 중 최다 투서 수를 기록할 정도였다.[50]

〈진상은 이렇다〉에서 채용되어 반감을 불러일으켰던 권위적이고 강하게 몰아붙이는 식의 해설 대신, 부드러운 설명조로 전환한 덕분에 일본 청취자들이 〈진상은 이렇다〉에 비해 거부감 없이 받아들였으리라는 분석도 있다. 내용적으로도 전쟁 중 일본인의 미담 등, 일본인들의 긍정적인 모습을 소개하기도 했다는 점도 비교적 청취자의 반향이 컸던

---

50) 竹山昭子, 「GHQの戦争有罪キャンペーン: 『太平洋戦争史』 『真相はかうだ』が語るもの」, 36쪽.

이유로 거론되었다.[51] 일부 탈전후 역사수정주의 담론에서는 시간 경과에 따라 "전쟁 기억이 풍화되어 일본인들이 조작된 역사를 조작이라고 깨닫지 못하게 된" 탓이라고 주장하기도 한다.[52] 그러나 본고에서 살펴본 것처럼 〈진상 상자〉가 일방적으로 서사를 강요하기보다 외부적으로 참조 가능한 객관적 '사실'을 통해 역사적 진실에 도달할 수 있다는 통념을 적극적으로 활용했던 점도 또 하나의 이유로 생각해볼 수 있다. 근대 이후 일본 역사학에서는 실증주의적 사조가 꾸준히 지배적이었으며[53] 전후 초 '비이성적인' 군지도부와 미국에 비해 뒤떨어진 과학·기술 수준이 패전의 큰 이유였으므로 합리적인 사고방식과 심성이 중요하다는 인식이 대중적으로 널리 받아들여졌다.[54] 이러한 시대정신에 비추어본다면 〈진상 상자〉가 '과학'으로서의 역사학과 움직일 수 없는 '사실'에 대한 믿음을 꾸준히 상기시켰던 점을 중요한 요인으로 고려할 필요가 있을 것이다.

---

51) 竹山昭子, 「GHQの戦争有罪キャンペーン: 『太平洋戦争史』『真相はかうだ』が語るもの」, 37쪽.
52) 里見脩, 「『歴史と記憶』の研究(その2): ラジオ番組『真相はこうだ』」, 103쪽.
53) 일본사학자 나가하라 게이지는 20세기 일본역사학을 총괄하면서 메이지 시기 이래 실증주의 사조가 광범위하게 뿌리를 내려, '무사상적 실증주의사학'이라는 비판 속에서도 실증주의 역사연구가 "일본사학의 기반을 형성하고 있다"고 설명한다. 永原慶二, 『20世紀日本の歴史学』, 吉川弘文館, 2003, 2쪽.
54) John W. Dower, *Embracing Defeat: Japan in the Wake of World War II*, New York: W.W. Norton & Co., 1999, pp.492-496.

## 4. 〈진상은 이렇다〉·〈진상 상자〉의 탈전후적 재조명과 되풀이 되는 대중 기만론

　　〈진상은 이렇다〉와 〈진상 상자〉는 미군정 종료 직후에도 주로 논단 잡지 기사들을 통해 한 차례 공론화된 바 있다. 이 무렵에 등장했던 담론들은 주로 미군정의 개입을 포함해 이 프로그램들이 어떤 경위로 제작되었으며 청취자는 어떻게 반응했는지에 관해 '이제는 말할 수 있다' 식의 증언에 집중되었다. 그러나 '태평양 전쟁'사에 대한 역사인식이 쟁점화된 경우는 찾아보기 어렵다.[55] 2000년대 초반이후 활발해진 이 프로그램들의 공론화 양상은 상당히 다르다. 역사수정주의적 '태평양 전쟁'사 다시 쓰기의 일환으로 시작되어 미군정에 의한 개혁이나 미국에 비판적인 사회 평론가·학자들까지 가세하는 양상으로 진행되었기 때문이다. '전후 체제로부터의 탈피'를 외치는 신우익의 대두와 함께 보수·우익적 정치가·사회 평론가·학자들이 '태평양 전쟁사관'을 전면적으로 부정하려는 움직임 속에서 '자학사관의 원인'으로 지목되었던 것이다.[56] 이번 장(章)에서는 〈진상은 이렇다〉와 〈진상 상자〉의 탈전후적 재조명 과정에서 사실로서의 역사에 대한 통념이 어떻게 환기되고 이용되었는지를 살펴보겠다.

---

55) 吉本明光, 「『真相箱』の真相」, 『改造』 33(6), 1952; 다른 잡지 기사들의 발췌문은 竹山昭子, 『ラジオの時代: ラジオは茶の間の主役だった』, 324-326쪽, 329-331쪽 참조.

56) 인용 어구는 水間政憲, 「GHQによる情報操作·NHK『真相箱』の真相: 作られた 『バタアン死の行進』」, 『月刊日本』 6(9), 2002, 34쪽.

포스트전후 시기 재조명의 계기로는 2002년 쇼가쿠칸(小学館) 출판사가 〈진상 상자〉 1회부터 24회의 재록본(聯合軍最高司令部民間情報教育局 編, 『眞相箱: 太平洋戦争の政治・外交・陸海空戦の眞相』, 東京: コズモ出版社, 1946)의 복각판을 문고본으로 출간한 일을 들 수 있다. 저명한 역사수정주의 우익 논객 사쿠라이 요시코(桜井よしこ)가 서문과 후기를 쓰고 〈진상 상자〉에서 다뤄진 상당수 질문에 대한 CIE의 해답을 반박하는 해설을 추가한 내용이다. 복각판 출간의 이유와 맥락은 『GHQ 작성의 정보 조작서 「진상 상자」의 굴레를 벗다(GHQ作成の情報操作書「真相箱」の呪縛を解く)』라는 제목과 "전후 일본인의 역사관은 이렇게 왜곡되었다"(戦後日本人の歴史観はこうして歪められた)라는 앞표지의 선전 문구에 상징적으로 표현되었다.

사쿠라이의 논지는 〈진상은 이렇다〉와 〈진상 상자〉를 통해 미군정이 전파한 '사실'의 상당수는 '허위 정보'로, 이 프로그램들은 허위 '사실'을 통해 태평양 전쟁을 '악한 나라 일본의 악한 전쟁'으로 묘사하여 "미국 입장에서 본 태평양 전쟁관"을 일본인에게 '세뇌'하려 한 '프로파간다'라는 것이다. 사쿠라이에 따르면 이러한 '프로파간다'가 효력을 발휘한 것은 미군정이 "진실 사이에 교묘히 거짓을 끼워 넣는 수법"을 사용했기 때문이다. "청취자는 군데군데 들어가 있는 부분적 진실 때문에 교묘히 섞여있는 허위도 틀림없이 진실일 것이라고 믿기 십상"이라는 것이다. 어디까지가 진실이고 허위인지 구별해낼 수 있는 이들은 전쟁을 실제로 체험한 사람들, 즉 전쟁 세대인데 미군정의 검열 탓에 그들이 침묵을 강요당한 사이 후속 세대는 "세뇌로부터 헤어날 수 없었"고 허위 정보가

"진실로 변신"해 버렸다는 것이 사쿠라이의 해석이다. 그리고 "일본을 부정하고 미국을 정의로" 표상하는 이러한 프로파간다는 "일본인이 스스로를 보는 눈을 미국인의 시점으로 조금씩 옮겨" '일본인의 정신적 자립'을 얻지 못하게 해왔다고 주장한다.[57] 사쿠라이가 생각하는 이러한 문제의 해결책은 다음과 같다.

> 일본의 미래, 우리의 미래를 생각하면 우리는 점령 통치의 이 허구의 올가미로부터 우리들 자신을 자유롭게 해야 한다. 그러기 위해서는 전쟁 직후 일본 국민에게 씌워진 올가미, … 그 올가미 속에 은폐되어버린 사실을 파헤쳐 나가는 방법뿐이다.
> 지금 사실을 안다는 것이 일본인의 사활이 걸린 중요한 일임을 우리 한 사람 한 사람이 실감하고 더욱더 [사실을] 찾는 일이다. 그렇게 해야만 비로소 우리들은 점령기 미국의 가증스럽고도 교묘한 올가미로부터 탈출할 수 있는 것이다.(강조: 필자)[58]

여기서 사쿠라이는 비록 미군정이 제시한 '태평양 전쟁사관'을 부정하는 입장을 취하기는 하지만, 기본적으로 미군정이 사용한 것과 매우 유사한 전략을 취하고 있다. 즉 미군정이 역사적 '사실'을 은폐한 탓에 대다수 일본인들이 기만을 당했다는 전제 하에 진실한 '사실'로 '프로파간다'를 교체하여 단 하나의 완전한 진실에 도달할 수 있다는 통념을 환기시키는 것이다. 일본인들은 허위 정보에 속은 탓에 제대로 판단할 수

---

57) 桜井よしこ, 『GHQ作成の情報操作書「真相箱」の呪縛を解く』, 11쪽, 55-57쪽, 441쪽, 443쪽.
58) 桜井よしこ, 『GHQ作成の情報操作書「真相箱」の呪縛を解く』, 443쪽.

없었다는 논리에 따라 기존의 지배적인 태평양 전쟁에 대한 이해(여기에서는 '태평양 전생사관')에 공감했던 이들의 주체성은 부정되며, 새로 제시되는 '진실'을 통해서만 온전한 주체로 거듭날 수 있다는 메시지를 전파하는 것도, 기본적으로는 미군정이 사용한 것과 유사한 전략이다.

또한 사쿠라이는 본인이 제시하는 역사적 '사실'이 움직일 수 없는, 객관적 '사실'임을 설득하기 위해 독자들이 사실의 진실성을 판단하기 위해 흔히 필요로 하는 표식을 적극적으로 활용한다. 참조한 자료를 빈번히 언급하며 구체적인 서지 정보를 일일이 제시하는 것이다. 『쇼와(昭和) 천황 독백록』이나 『분게슌쥬(文藝春秋)』, 쇼가쿠칸 출판사에서 간행된 세미 학술서나 증언록 등이 자주 거론되었다. 특히 〈진상 상자〉가 방송된 것과 복각판 간행 사이에 시차가 있는 만큼, 새로운 자료의 발견에 따른 새로운 정보에 근거하고 있음을 강조하여 거짓된 '사실'을 진실된 '사실'로 교체한다는 인상을 주는 전략을 취했다는 점이 특기할만하다. 예를 들어 난징 함락 당시 대대적인 학살이 있었다는 〈진상 상자〉의 설명을 반박하기 위해 사쿠라이는 최근에 중국에서 발견된 자료를 활용했다는 역사학자 기타무라 미노루(北村稔)의 『「남경사건」의 탐구: 그 실상을 찾아서(「南京事件」の探究: その実像をもとめて)』(東京: 文藝春秋, 2001)와 같은 연구를 거론한다. 그리고 "전 세계에 '사실'로 알려져 있는 남경에서 일본인에 의해 30만 명 혹은 20만 명이 학살되었다는 설은 이제 이러한 새로운 자료에 의해 부정되었다. 그러한 새로운 정보를 제대로 공부하면 난징 대학살은 존재하지 않았다는 결론에 다다를 수밖에 없다."고 주장한다.[59] 기존에 '사실'로 알려진 정보를 조작으로 규정하고

발굴된 자료에 근거한 '사실'을 진실로 제시하는 이 같은 전략은 이 책의 곳곳에서 발견된다.[60]

　　이후 상당수의 사회 평론가·학자들이 이들 프로그램에 대한 재조명과 비난에 가담했다. 2000년대 초중반에 저널리스트 미즈마 마사노리(水間政憲), 커뮤니케이션 연구자 사토미 슈(里見脩), 논픽션 작가 호사카 마사야스(保阪正康)가, 최근에는 아리마 데쓰오(有馬哲夫)와 같은 미디어학자가 이 프로그램들에 대한 비판의 목소리를 높였다. 〈진상 상자〉의 복각판 출간에도 관여한 것으로 알려져 있는 미즈마는 이전부터 '태평양 전쟁사관'을 비판해온 역사수정주의 논객으로 분류할 수 있으므로 그가 〈진상은 이렇다〉와 〈진상 상자〉의 비판에 가담한 것은 놀랄 만한 일이 아니다. 그러나 흔히 역사수정주의 논객으로 알려져 있지 않은 사토미나 아리마 같은 전시기 일본과 미국의 미디어 프로파간다 연구자들이나, 전후 민주주의 세례를 받은 1세대로 전시 일본 정부·군부 지도자들이나 일본인들의 야스쿠니 참배에 비판적인 태도를 보였던 호사카와 같은 평론가의 가세는 주목할 만하다. 이들은 『세이론(正論)』·『하쓰겐샤(発言者)』를 위시한 보수 논단 잡지를 중심으로 이 프로그램들에 대한 비판을 전개하는데, 그들의 비판을 살펴보면 개인적인 입장 차이는 분명히 존재하지만 사쿠라이와 기본적인 논리나, 수사, 목적을 상당

---

59) 桜井よしこ, 『GHQ作成の情報操作書 「真相箱」の呪縛を解く』, 399-402쪽, 인용문은 401-402쪽.
60) 일례로 루즈벨트가 쇼와 천황에게 친서를 보내 전쟁을 미연에 방지하려 했다는 설을 반박하는 해설 참조. 桜井よしこ, 『GHQ作成の情報操作書「真相箱」の呪縛を解く』, 128-134쪽.

부분 공유하는 것을 알 수 있다. 이들의 공통적인 전제는 이 프로그램들이 사실 날조를 통해 일본인들을 기만하고 거짓 정보를 세뇌시켰으며 이는 일본 정체성의 왜곡 혹은 말살 행위에 해당한다는 인식이다. 암묵적으로든 명시적으로든 새로운 일본을 위해 미군에 의한 세뇌의 굴레로부터 해방된 주체를 형성할 필요성을 주장하며 독자들의 각성을 촉구한다. 새로운 역사관을 설득하기 위해 이들이 사용하는 전략은 그 나름의 근거를 들어 미군정이 제시한 '사실'과는 다른 '사실'을 제시하면서 그 '사실'이 태평양 전쟁의 '진실'이고 '진상'임을 설파하는 것이다.[61]

〈진상은 이렇다〉·〈진상 상자〉에 대한 탈전후적 재조명과 대중 기만론이 일본 독자들에게 어느 정도의 설득력을 가졌는지를 종합적으로 판단하기란 쉽지 않은 일이다. 단 사쿠라이의 해설이 추가된 복각판이 2009년도 기준으로 4쇄까지 인쇄되었고 현재도 판매 중이라는 점, 일본사 중일/태평양 전쟁 카테고리 서적 중 일본 아마존 판매순위 228위를 기록하고 있는 점, 아마존 웹상에 기재된 33건의 독자 리뷰에서 별점 5점 만점 중 4.6점을 받은 점 등을 보면 적어도 일부 독자층에서 일정 정도의 대중적 인기를 얻은 것은 분명해 보인다. 별점 5점을 준 독자들의 반응을

---

61) 里見脩, 「『歷史と記憶』の研究(その2): ラジオ番組『真相はこうだ』」; 保阪正康, 『日本解体: 「真相箱」に見るアメリカ(GHQ)の洗脳工作』, 産経新聞社, 2003; 水間政憲, 「GHQによる情報操作・NHK『真相箱』の真相: 作られた『バタアン死の行進』」; 櫻井よしこ, 「敗戦直後、日本人再教育に使われた『眞相箱』の実態」, 『週刊ダイヤモンド』90(27), 2002. 7. 13; 水間政憲, 「戦後われわれはこうして洗脳された NHKラジオ『真相箱』の真相」, 『正論』356, 2002; 水間政憲, 「反日歴史認識の『教典』: 『朝日新聞』は日本人洗脳放送『眞相箱』に加担していた」, 『Voice』444, 2014; 有馬哲夫, 「書き換えられた「歴史: 『太平洋戦争』史観はいかにして広まったか」, 『新潮45』34(1), 2015.

살펴보면 "일본인의 자학사관의 원인이 적혀있다"거나 "아베 총리가 말하는 전후 체제로부터의 탈피에 호응한 책"으로 "일본인은 전원 읽어야할 책"이라는 식의 평이 주류를 이룬다. 이처럼 역사수정주의 수사가 지배적인 독자 리뷰는 이 책에 호응한 독자층의 성향을 드러낸다. "종전 후 일본에 무슨 일이 있었는지"에 대한 '진상'을 알려주는 책, 혹은 "일미 전쟁의 진실을 다룬 책"과 같은 평은 사쿠라이가 활용한 역사적 사실과 진실에 대한 통념이 독자들에 의해 역사수정주의적 지식이나 담론을 진실로 표상하고 옹호하는 입장을 뒷받침하는 근거로 사용되고 있음을 방증한다.[62]

## 5. 역사 다시 쓰기와 진실의 정치

지금까지 미군정이 소위 '태평양 전쟁사관'을 전파하는 데 일익을 담당한 것으로 알려져 있으며 포스트전후 시기 역사수정주의 논객을 포함한 사회 평론가·학자들에 의해 논박의 대상이 된 라디오 프로그램 〈진상은 이렇다〉와 〈진상 상자〉가 역사·사실·진실을 다루는 방식과 포스트전후 시기 이 프로그램들에 가해진 비판 담론에서 역사적 진실을 이야기하는 방식을 살펴봤다. 이 사례들은 패전 직후와 포스트전후 시

---

[62] 일본 아마존 웹사이트 http://www.amazon.co.jp/dp/4094028862/(최종 검색일: 2016. 4. 6). 독자 리뷰는 34건 올라 있으나 동일한 리뷰를 두 번 올린 회원이 있으므로 33건으로 계산했다.

기 일본의 '태평양 전쟁'사 다시 쓰기 과정에서 일반 대중들을 설득하기 위해 역사적 진실에 대한 유사한 설명 방식이 반복·재생되어왔음을 보여준다. 객관적 사실의 종합을 통해 절대적 진실에 다다를 수 있다는 통념이 기존의 지배적인 역사 서사가 진실을 은폐하고 대중을 기만해왔다는 수사의 전제로 활용되는 한편, 새로운 역사적 담론과 지식을 진실로 받아들일 수 있도록 하는 기제로 적극적으로 동원되는 것이다.

미군정이 적극적으로 활용했던 사실로서의 역사에 대한 믿음에 기반을 둔 대중 기만 논리와 새로운 주체 소환의 수사가, 전후적 지식과 감성에 균열을 가져온 탈전후 경향의 대두와 함께 역사수정주의 논객들이나 미군정 개혁에 비판적인 사회 평론가·학자들에 의해 재활용된 것은 주목할 만한 현상이다. 그것도 같은 논리와 수사에 의해 구축된 '태평양 전쟁사관'을 전복(顚覆)하기 위해서 말이다. 이는 흔히 대립적으로 이해되는 미군정과 탈전후 역사수정주의자들의 태평양 전쟁사 다시 쓰기에 공통된 진실의 정치가 작동하고 있음을 시사한다. 사실로서의 역사에 대한 통념은 경험주의적·실증주의적 역사 인식론과 방법론에 대한 진지한 학문적 반성이 이루어진 후인 현재에도 대중적으로는 여전히 진실을 환기하는 강력한 주문으로 활용되고 기능한다.

위에서 살펴본 것처럼 〈진상은 이렇다〉나 〈진상 상자〉에서 제시한 '사실'들은, CIE가 전쟁 당시 연합국 자료에 기반을 둔 기술이라고 강조한 것과는 달리, 전후 미국 측 자료에 편중된 경향이 있었고 그것도 주로 2차 자료에 의존하며 일간지나 주간지 등, 저널리즘 보도 자료를 인용하는 경우도 적지 않았다. 이로 인해 탈전후 일본 역사수정주의 논객이나 사회 평론가·학자들이 이들 프로그램이 제시한 '사실'의 신빙성을 문제 삼을 수 있는 여지는 많았다. 그리고 사쿠라이를 필두로 한 탈전후 사회 평론가·학자들이 근거를 두고 있는 자료들 역시 대체로 비슷한 문제점을 안고 있다. 대중서나 논란의 여지가 있는 서적들을 주로 인용하는 등, 그들이 제시한 '사실'의 신빙성을 학술적으로 문제 삼자면 얼마든지 삼을 수 있을 것이다. 두 번의 태평양 전쟁사 다시 쓰기 과정에서 제시되었던 정보들을 비판적으로 검증하고 특정한 사건이 일어났다는 기록에 근거하여 구축되는 역사적 사실의 특성에 유념하면서 보다 신뢰할 수 있는 사실들을 발굴/구축하는 작업은 역사가들의 과제이다.

그러나 일본인들이 미군정과 역사수정주의자들 모두에게 순진하게 기만당했다는 식의 단순한 접근과 거리를 둔다면, 위에서 언급한 문제들에도 불구하고 최소한 상당수의 사람들이 위와 같은 담론이나 지식을 진실로 받아들이기로 선택했다는 사실을 무시할 수는 없을 것이다. 따라서 위에서 논의한 두 가지 유형의 태평양 전쟁사를 비판적으로 재고하기 위해서는 사실에 대한 진술의 진실성 여부와 상관없이 특정한 역사에 관한 담론이나 지식을 진실로 기능할 수 있게 하는 메커니즘과 다양한 주체의 의도와 권력관계가 존재한다는 점에 유의해야 할 것이다. 〈진상은 이렇다〉와 〈진상 상자〉가 역사적 진실을 이야기하는 방식, 그리고 탈전후 일본에서 이들 프로그램에 가해진 논박의 양상은 사실로서의 역사에 대한 통념이 이러한 진실의 정치를 비가시화하는 알리바이로 작용해 왔음을 시사한다.

현대일본생활세계총서 12

탈 전후 일본의 사상과 감성

제2부

# 한일의 경계에서
# 바라본 '탈전후'

현대일본생활세계총서 12

탈 전후 일본의 사상과 감성

# 전후 일본에서 '친한'의 의미
## 주요 신문의 보도에 대한 질적담론분석

황성빈

## 1. 친한, 반한, 혐한

　전후 일본사회에서 한국에 대한 인식은 어떻게 변화해 왔을까. 이 글에서는 주요 신문에 나타난 '친한' 담론에 대해 살펴보기로 한다. '반한'이 고조된 현실에서, 이 글은 거꾸로 '친한'이 어떤 의미로 사용되었을지에 관심을 갖는다. 일본에서 '친한'이라는 말은 문자 그대로가 의미하는 바와는 상당히 다르게 나타나는 경우가 있다. 즉, '친한'은 '한국과 친하다', '한국과의 관계를 중시한다', '한국과 가깝다'는 정도의 뜻으로 사용되는 말이지만 신문이라는 공공의 담론 공간에서 구체적인 정치, 사회적 문맥에 따라 나타나는 의미의 차이를 검토해 볼 필요가 있는 것이다.

　2003년 '겨울연가'의 유행 이후에 한류 붐이 크게 일어나고 한국과 일본의 정치적 관계도 안정되었던 2010년 무렵까지 일본인의 한국에 대한 친근감은 호전되는 양상이었다. 그러나 역사 인식을 둘러싼 긴장감은 사라지지 않았고, 특히 고이즈미 당시 수상의 거듭된 야스쿠니신사참배로 오히려 역사인식 갈등은 악화 국면에 있었다. 한편 2000년대 이후 일본인의 중국에 대한 친근감은 급격히 악화되었고, 이 배경에는 역사인식을 둘러싼 일본 국내의 패쇄적 민족주의와 배외주의의 강화가 있었다. 흥미로운 것은 이런 가운데서도 한국에 대한 친근감은 크게 악화되지 않았으며, 오히려 높아지는 시기도 있었다는 사실이다. 그리고 주지하는 바와 같이 2007년 무렵부터는 한국 드라마에 이어 K-POP의 유행이 본격화됨으로써 한류 2.0이라는 말까지 생겨나기도 했다. 역사인식을 둘러싼 갈등이 잘 관리되고 있었다고 볼 수도 있다. 그러다가 2011년 당시 이명박 대통령의 독도 상륙, 그리고 천황에 대한 발언 등이 이어지면서 일본인의 한국에 대한 인식이 급격히 악화하고 이것이 결국은 한류 인기에 찬물을 끼얹게 되었다는 설명이 있다. 틀린 지적도 아니지만 반드시 타당한 설명도 아니다. 무엇이 원인이고 무엇이 결과인지가 분명하지 않기 때문이다.

최근 수년간 일본사회에서 '반한' 또는 '혐한'은 사회적 분위기를 나타내는 중요한 키워드가 되어왔다. 〈주간분슌(週刊文春)〉, 〈신쵸(新潮)〉 등 주간지나 〈석간 후지(夕刊フジ)〉와 같은 타블로이드 신문에서 '반한' 기사를 읽고 있으면 일본사회가 온통 반한분위기로 뒤덮인 것 같은 느낌이 들 때도 있다. 이러한 '반한' 분위기를 전하는 한국 언론의 보도를 보고 있으면 일본 열도 전체가 반한 또는 혐한의 분위기에 휩싸여 있는 것처럼 생각될 것이다. 전철의 차량 천정에 걸려있는 광고(抜き刷

り広告)의 선전 문구를 읽고 있으면 상식과 저널리즘의 윤리가 완전히 무기력해진 '고삐 풀린 선정주의'의 전형을 보는 듯하다. 한류 타운으로 성시를 누렸던 신오쿠보(新大久保)에 사람이 줄고 한국으로 관광을 떠나는 일본인이 급감했다. 외무성이 매년 실시하는 주변국에 대한 인식 조사에서도 한국에 대한 친근감이 저하되고 있는 결과를 확인할 수 있다.

그럼에도 불구하고 이러한 변화를 일본사회의 한국 인식이 '친한'에서 '반한'으로 전환한 것으로 진단하는 것은 적절하지 않다. 한 외국을 어떻게 인식하는지의 문제는 훨씬 복잡한 현상을 동반하는 것이고, 또 오랜 역사적 관계를 갖는 근린 국가간의 관계에서 상대국에 대한 인식은 더욱 복잡한 것이어서 단순한 호불호의 단선적인 움직임으로 파악할 수는 없기 때문이다.

가령 '친한'과 '반한' 또는 '혐한'이 상호배제적인 개념이라기보다는 친한 속에 반한/혐한이 있고, 반한/혐한의 의식과 감정 속에도 '친한'이 잠재해있다고 가정해보면 어떨까?

이러한 복잡한 타자인식과 관련된 현상으로 한국에서는 극우정치인이자 반한적 인식의 선봉에 선 것으로 알려진 아베(安倍) 수상의 사례를 들 수 있다. 아베 본인은 고이즈미(小泉純一郎) 전 수상이 그랬듯이 한국을 좋아한다며 스스로를 친한파로 자인한다. 그들에게 한국을 좋아한다는 것은 야스쿠니신사(靖国神社)에 참배하고, 고노(河野)담화를 부정하는 것과 모순되는 일이 아니다. 최근 일련의 '반한 캠페인'으로 부쩍 판매부수를 늘리고 있는 주간분슌(週刊文春)도 1980년대 한국 '미녀 스타'의 비키니 사진으로(적어도 한국에서는) 물의를 일으킨 바 있다. 한국에 대한 '관심도' 면에서는 이러한 주간지조차도 '친한(親韓)' 또는 '호한(好韓)'으로 분류될 수 있을 것이다.

## 2. 분석방법 및 일본 여론미디어의 지형

이 글에서는 일본사회의 사회적 담론공간에서 '친한'이 어떻게 설명되고 논의되어 왔는지를 파악하기 위해 주요 신문의 담론에 주목했다. 보도기사 뿐 아니라 의견과 주장이 전개되는 사설 및 칼럼 그리고 독자 투고란도 포함해서 분석을 실시했다. 한국에 관한 인식이 어떻게 변화되어 왔는지에 관한 시계열적인 추이보다는 '친한' 담론에 담겼던 의미를 탐구하고자 했다. 기사 데이터베이스 이용이 가능한 주요 신문을 대상으로 각각 '친한'을 키워드로 기사를 추출해서 기사의 양적 추이와 함께 기사의 텍스트 내적 문맥과 그 기사를 둘러싼 사회적, 정치적 문맥을 고려하면서 질적담론분석을 실시하는 것이다. 분석 대상 신문은 아사히, 요미우리, 마이니치, 산케이신문이다.

먼저 추출된 전체 기사에 대한 개방 코딩(open coding)을 실시하고 정치적, 사회적 배경을 고려하면서 '친한'이 언급되는 대상, 현상, 개념 등을 추출해 '친한' 담론의 주요 범주(카테고리)를 추출하는 작업을 수행했다(Corbin and Strauss, 2015). 그 다음에 주요 범주들에 관련된 일관된 배경과 의미가 무엇인지를 탐구하는 분석 작업을 수행했으며 아울러 어떠한 단절이 있는지를 검토했다. 아래의 각 절들은 친한 담론의 주요 범주를 추출한 분석의 결과이기도 하다. 1) 친한파, 2) 모순으로서의 친한, 3) 친한 담론 영역의 확대, 4) 반일로서의 친한이었고 근래의 한류 문화의 유행과 관련해서 '친한'이 언급되는 경우를 따로 모아 검토했다.

분석 대상으로 주요 신문을 선택한 이유는 다음과 같다.

첫째, 주요 신문의 높은 보급률과 사회적 영향력을 들 수 있다. 물론 미디어환경의 변화로 신문매체의 영향력이 상대적으로 저하되었다는 지적이 있지만 일본의 경우 여전히 신문의 보급률은 여전히 높은 수준 (1세대당: 부수 0.8, 2015년 현재)[1]이며, 주요 일간신문은 수백만 부를 넘는 발행부수를 지키고 있다. 또 주요 신문그룹의 경우 텔레비전 및 라디오 방송사를 직간접적으로 계열화하고 있으며, 그 구조의 정점에 위치하고 있어서 그 영향력은 크고 중요하다. 더욱이 주요 관공청에 설치되어있는 기자클럽은 일본신문협회가맹사에 소속된 기자만이 멤버가 될 수 있는 배타적인 구조여서 주요 뉴스의 정보원과의 접촉을 독점하는 취재망으로 기능하고 있다. 때문에 기자클럽 시스템이 여전히 일본사회에서 뉴스생산의 중심적인 시스템으로 기능하고 있다(Freeman, 2001). 또 주요 신문은 주요 신문 이외의 각종 미디어의 편집부에 놓여있어서 다른 미디어의 뉴스 활동에서도 준거 또는 비교의 기준이 되고 있으며 관공청 뿐 아니라 은행이나 각종 사회의 주요 기관에도 배치되어있다. 일본 사회에서 주요 신문은 이처럼 어디서나 참조 가능한 사회적 커뮤니케이션의 주요 레퍼토리로 기능하고 있는 것이다. 가령 신문의 발행

---

1) 일본신문협회 자료. http://www.pressnet.or.jp/data/circulation/circulation01.php (최종 검색일: 2016. 10. 30).

부수가 더 감소되고 인터넷상에서 뉴스를 읽는 사람들이 늘어난다고 해도 현재와 같은 상황에서는 인터넷상의 뉴스 자체도 기자클럽 시스템에서 생산된 뉴스를 토대로 가공된다. 물론 인터넷에서의 뉴스 생산에 대해서는 별도의 고찰이 필요하겠지만 뉴스의 취재와 생산 시스템으로서의 기자클럽, 조직 저널리즘 또는 회사 저널리즘의 영향력이 저하될 것으로 보기는 어렵다. 따라서 일본사회에서 주요 신문의 뉴스가 여론형성공간에서 담론활동의 기초가 되고 있다고 추정할 타당성은 높다.

둘째, 주요 언론의 다양한 입장성(positionality)이다. 이 글에서는 전후 일본사회에서 '친한'의 담론이 어떻게 전개되어왔고 그 의미는 어떤 것이었는지를 살펴보고자 한다. 서로 대항하는 다양한 입장을 파악하기 위해서는 신문 뿐 아니라 잡지, 문학작품, 영화 등의 매체도 포함시켜야 하겠지만 이 연구에서는 아래와 같은 일본의 뉴스미디어와 여론의 입장성이라는 그림을 통해 분석대상선정의 타당성을 주장하고자 한다. 일본의 뉴스미디어에 대해서는 신문협회를 중심으로 한 기자클럽 시스템에 주목하며 그 획일성이 주로 지적되어 왔지만 내부적인 다양성에 주목할 경우 다른 양상도 발견할 수 있다. 전후 일본사회의 사상적, 이데올로기적 다양성에 대해서는 여러 논의가 가능하겠지만 친미보수정권인 자민당의 장기집권 상태에서 그 다양성의 폭은 제한되었다. 그럼에도 불구하고 여론의 차원에서는 반미적 정서의 사회운동, 반전여론이 고조된 시기가 있었고 사회당과 공산당은 '안티'의 기운과 정서를 대변했다. 이런 가운데 주요 미디어는 보수, 우파 정치헤게모니에 근본적인 반대를 제기하지 않으면서도 논쟁적인 안건과 정책논점을 형성하면서

상대적으로 비판적인 입장을 의식하면서 언론활동을 전개했다. 아래 그림에서 아사히신문과 마이니치신문은 상대적으로 요미우리신문과 산케이신문보다는 왼쪽에 위치한다고 볼 수 있다. 물론 이른바 55년 체제하에서 최대 야당으로 사회당이 존재했을 때에도 아사히신문과 마이니치신문이 사회당을 지지했던 것은 아니기 때문에, 두 신문을 좌파신문으로 규정할 수는 없다. 현재 일본사회에서 '리버럴'이라는 용어가 많이 사용되는 것도 이 때문일 것이다. 여기서 '리버럴(リベラル)' 이란 자유주의(liberalism)의 정치사상을 가리키는 말이지만 최근 일본사회의 문맥에서는 '보수우파' 또는 '우익'으로 스스로를 규정하는 세력에 대항하는 입장성을 가리킨다고 볼 수 있다. 특정한 이데올로기나 이념이 중심에 있는 것은 아니기 때문에 '논의 또는 논쟁의 장에서의 위치' 또는 '입장성'이라는 용어로 현실의 문맥을 적절하게 설명할 수 있을 것으로 본다.

일본의 안보정책, 역사인식문제, 헌법개정문제, 원자력발전문제 등 현재 일본정치의 주요쟁점 이슈를 둘러싸고 반드시 근본적인 찬반의 대립의 양상을 띠는 것은 아니다. 그렇지만 각 신문들은 서로 다른 프레임을 설정하는 등의 방법으로 차별적인 입장을 나타내고 있다. 이러한 각 신문의 차별성에 대해서는 이른바 3대 3의 구도로 지적되기도 한다. 아사히, 마이니치, 도쿄신문을 리버럴 3대신문, 요미우리, 산케이, 닛케이신문을 보수 3대신문으로 분류하는 구도이다. 경제신문인 닛케이신문에 대해서는 달리 볼 수도 있겠지만 요미우리와 산케이신문의 경우는 명확하게 보수적 입장성을 밝히고 있다. 아사히, 마이니치, 도쿄신문이 이러한 보수 우파적 입장에 대해 비판적인 논의를 전개한다. 그러나 거듭 밝히듯이 이러한 신문들 사이의 입장의 차이가 어떤 의미에서든 근본적인 것이라고 보기는 어렵다.

셋째, 아래 그림에서 수직의 방향성이 의미하는 바이다. 이 그림에서는 '다테마에'(建前)와 '혼네'(本音)의 지향성으로 명명했다. '다테마에'와 '혼네'는 각기 '기본이 되는 방침'과 '본심에서 나온 말'로 사전적으로 정의되지만 어용론 차원에서는 훨씬 복잡하고 다양한 문맥의존적인 용어이다. 이 용어를 사용하는 것은 일본사회에서 광범위하고도 암묵적인 공통의 이해가 있어서 일본 사회의 여론현상을 검토할 때 유용한 개념이라고 보기 때문이다. 일본어의 이 두 개념을 문맥상 무리가 없다고 판단되는 경우에 각기 '명분'과 '속내 또는 심정(心情)'으로 번역해 사용하기로 한다.

특히 최근과 같이 내셔널리즘과 공동체를 향한 내향적 성향의 여론이 고조되는 상황[2]에서는 그림 아래쪽 방향의 여론 공간, 즉 '속내 지향' 또는 '심정적 공간'에 대한 주의가 필요하다. 이 연구의 분석대상인 주요 신문은 사회적 공공성을 존재의의로 삼는 점에서 '명분 지향'이 강한 것으로 볼 수 있겠지만 여기서도 상대적인 위치성은 파악될 수 있다. 예를 들어, 아사히신문 및 요미우리신문과 비교할 때 산케이신문은 이른바 '정론'(正論)을 지향하며 민족주의적 입장의 '주장'을 전개한다는 점에서 상대적으로 속내 지향성이 강하다. 또 같은 신문에서도 지면에 따라서 지향성의 차이가 발견된다. 정치 경제면보다는 사회 문화면의 기사에서

---

2) 北田, 2005.

상대적으로 '속내 지향성'이 강하게 나타나고 칼럼, 사설, 독자투고 등에서 상대적으로 그림의 아래에 위치하는 지향성이 관찰되는 경우가 많다. 다만, 이러한 '지향성'의 위치를 고정적으로 파악해서는 안 된다. 유동적이고 가변적이기 때문에 이슈나 사안 또는 전체 여론의 분위기에 따라 어떠한 담론이 전개되고 그 담론들이 전체의 분포 속에서 어떤 위치에 있는지를 파악하는 것이 중요하다.[3] 국가적 재난의 경우나 이른바 국민정서라고 부를 수 있는 사회적 여론이 크게 심정적인 차원에서 형성되는 경우, 이 그림에서는 배경 전체가 한 방향으로 치우치게 되는 양상으로 설명할 수 있기 때문이다.

〈그림 1〉 일본의 언론과 여론의 입장성

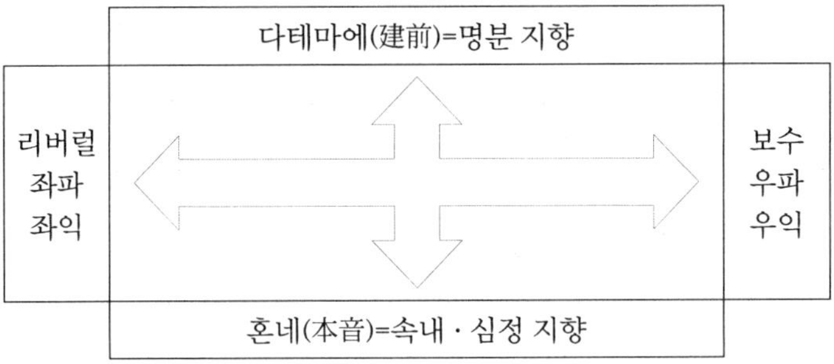

다테마에(建前)=명분 지향

리버럴
좌파
좌익

보수
우파
우익

혼네(本音)=속내 · 심정 지향

---

3) 황성빈, 2016, 376-381쪽 참조.

## 2.1. '친한'이 언급된 기사의 양적 추이

이어서 주요 신문의 데이터베이스를 이용해 '친한'이 언급된 기사의 양적인 추이를 살펴보겠다.[4] '친한'을 포함하는 기사의 출현빈도는 산케이신문과 아사히신문에서 높게 나타났고 요미우리신문과 마이니치신문에서는 비교적 낮게 나타났다. 이는 바로 '친한' 또는 한국에 대한 관심도의 차이로 설명될 수도 있을 것이다. 즉 산케이신문과 아사히신문은 한국에 대한 관심이 높았고 다른 두 신문은 비교적 낮은 것으로 나타났다. 흥미로운 점은 아사히신문과 산케이신문을 비교할 때 전자가 비교적 빠른 시기에 '친한'을 언급했던 것에 비해, 후자는 1990년대 후반 이후부터 최근에 이르기까지 '친한'이 언급되는 경우가 증가했다는 점이다. 아사히신문에서는 분석 대상기간에 모두 33건의 기사에서 '친한'이 언급되고 있는데, 1984년부터 '친한'이 언급되는 기사가 나타났지만, 90년대 후반부터 '친한'이라는 용어를 좀처럼 사용하지 않게 된다. 1995년에 4건, 2005년에 3건의 기사에서 '친한'이 언급된 것은 후술하는 바와 같이 전후 50주년, 60주년 기획 기사 등에서 과거의 '친한'이 회고되는 문맥

---

4) 각 신문사가 운영하는 신문기사데이터베이스를 이용했다. 각 신문의 검색조건은 다음과 같다.
- 아사히신문: 1985년부터 2016년 5월 3일까지. 검색 조건은 제목과 본문, 조간 석간, 도쿄발행 본지를 대상.
- 산케이신문: 1992년부터 2016년 5월 3일까지. 도쿄조간, 오사카석간을 대상.
- 요미우리신문: 1986년부터 2016년 5월 3일까지. 전국판(지역판을 제외한 모든 페이지).
- 마이니치신문: 도쿄판 조간과 석간의 모든 지면을 대상. 수록기간은 1872년 3월 29일부터 2016년 5월 3일까지.

에서 등장한다. 한편 아사히신문과 같은 리버럴의 지향성을 나타내는 마이니치신문에서 '친한'이 언급된 기사는 전체 20건으로 적었지만 해당 기사의 출현 분포와 '친한'이 언급되는 문맥적 양상은 아사히신문과 비슷했다.

요미우리신문에서는 총 25건의 기사에서 '친한'이 언급되었는데 2005년과 2006년, 2010년, 2015년에 비교적 자주 언급된 것이 눈에 띈다. 산케이신문의 경우는 데이터베이스에 수록된 기사가 1992년부터인데 모두 65건의 기사에서 '친한'이 언급되어 '한국'에 대한 높은 관심을 반영한다고 볼 수 있겠다. 아사히신문과 달리 1990년대 이후에도 '친한'이 지속적으로 언급되고 있고, 2000년 이후에 더 자주 언급되고 있는 것이 특징적이다(표 1).

이어서 각 신문의 기사에서 '친한'이 어떤 문맥에서 사용되고, 어떠한 의미로 전달되고 있는지를 자세히 살펴보겠다. 서로 다른 다양한 입장의 주요 신문에서 '친한'이 누구를 지칭하는지, 그리고 그 의미는 어떤 것이었는지에 대해 문맥적 파악을 시도한다.

〈그림 2〉 일본 주요 신문의 '친한' 언급의 추이(기사 수)

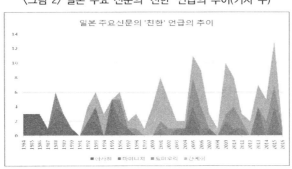

〈표 1〉 주요 신문의 '친한'이 언급된 기사 수의 추이

|  | 아사히 | 마이니치 | 요미우리 | 산케이 |
|---|---|---|---|---|
| 1984 | 3 | 0 |  |  |
| 1985 | 3 | 0 |  |  |
| 1986 | 3 | 0 | 0 |  |
| 1987 | 1 | 0 | 0 |  |
| 1988 | 2 | 2 | 2 |  |
| 1989 | 2 | 1 | 0 |  |
| 1990 | 1 | 0 | 0 |  |
| 1991 | 0 | 0 | 0 |  |
| 1992 | 2 | 0 | 0 | 2 |
| 1993 | 2 | 2 | 0 | 2 |
| 1994 | 0 | 0 | 0 | 3 |
| 1995 | 4 | 1 | 0 |  |
| 1996 | 0 | 2 | 3 | 1 |
| 1997 | 1 | 0 | 0 | 1 |
| 1998 | 0 | 0 | 1 | 2 |
| 1999 | 0 | 0 | 0 | 1 |
| 2000 | 0 | 0 | 0 | 4 |
| 2001 | 0 | 1 | 1 | 6 |
| 2002 | 0 | 0 | 1 | 4 |
| 2003 | 0 | 1 | 0 | 1 |
| 2004 | 1 | 0 | 0 | 1 |
| 2005 | 3 | 1 | 4 | 3 |
| 2006 | 0 | 1 | 3 | 5 |
| 2007 | 1 | 0 | 0 | 2 |
| 2008 | 0 | 0 | 0 | 1 |
| 2009 | 0 | 2 | 1 | 7 |
| 2010 | 1 | 0 | 3 | 4 |
| 2011 | 0 | 1 | 1 | 1 |
| 2012 | 0 | 0 | 0 | 2 |
| 2013 | 2 | 2 | 0 | 3 |
| 2014 | 0 | 0 | 2 | 3 |
| 2015 | 1 | 3 | 3 | 6 |
|  | 33 | 20 | 25 | 65 |

## 3. '친한파'

'친한'은 자민당 내의 '친한파'를 가리키는 말이었다. '친한파'가 구체적으로 '친한'을 간판에 내건 파벌은 아니었지만, 이 용어는 오랫동안 자민당 내 보수 파벌의 일부 그룹을 가리켰다. '친한파'는 1965년 한일국교정상화에 적극적이었고, 이후 한일관계에서 중요한 역할을 하는 '한일의원연맹'의 의원들을 통틀어 가리킬 때 사용되었지만, 사회적으로 넓게 인지된 것은 아니었다. 적어도 신문기사에서는 어떤 의원을 '친한파'로 명명하는 경우는 많지 않았지만 거물급 정치인이 포함되어 있다는 점에서 '친한파'가 전후일본정치에서 차지한 비중을 짐작해볼 수 있다.

그럼에도 불구하고 '친한'이 의미하는 바가 정확히 무엇이었는지를 파악하기는 쉽지 않다. 먼저 이 용어에 대한 사전적인 정의를 찾기가 어렵다. 주요 백과사전, 일본어사전을 망라해 제공하는 JapanKnowledge(http://japanknowledge.com)를 검색해도 '친한'은 단 한 건의 색인도 검출되지 않았다(2016년 말 현재). 그런데 오히려 구글(http://google.com)의 검색결과를 보면 '친한'은 인터넷상에서는 중요한 키워드가 되고 있는 것을 알 수 있고, 또 인터넷상의 백과사전인 위키피디아의 일본어판(http://ja.wikipedia.org)에는 색인어로 등록되어 있는 것을 알 수 있다. 위키피디아의 설명에 따르면 친한은 '대한민국에 호의적인 입장'을 가리키며, 대의어(對義語)로는 '혐한(嫌韓)', '반한(反韓)'이 있고, "대한민국과 자국과의 사이에 많은 공통의 이익과 가치관을 찾고 자국의 국익 추구보다 일한(日韓) 관계의 강화에 중점을 두는 입장"이다. 이러한 설명에 대해서는 위키피디아의 같은 페이지에서 "검증 가능한 참고문헌과 출전이 제시되지 않았고, 정확성에 의문이 제기되어 있으며 독자적인 연구가 포함되어 있을 우려가 있다. 이 주제는 일본의 입장에서 기술되고 있어서 세계적 관점의 설명이 이루어지지 않았을 가능성이 있다"는 지적이 덧붙여져 있는 점도 아울러 확인할 필요가 있다. 본문의 설명은, 1. 냉전시대 우파의 친한, 2. 한국 민주화 이후 좌파의 친한, 3. 한국 민주화 이후 우파의 한국비판의 세 절로 구성되어있다. 냉전시대 우파의 친한에 대해서는 '친미보수파'로 설명한다. 이들은 "한국도 일본과 마찬가지로 미국측의 자본주의(西側) 진영 국가라는 점에서 북조선보다 한국을 조선반도의 유일한 국가로서 지지하는 친한의 입장을 취해왔"다. "기시 노부스케, 후쿠다 다케오 등이 큰 존재감을 갖고 정계 뿐 아니라 일본의 정계 및 한국 군사정권과 긴밀한 관계를 갖고 있었고 일한기본조약 체결 이후에는 독립 축하금과 기업에 의한 기술 이전과 거액의 정부간 경제협력(ODA, 엔차관)도 이루어졌다. 현재 한국의 주요 산업이 해운, 조선, 자동차, 전자, 기계, 제철 등 금융을 제외한 분야에서 일본과 흡사한 것은 그 때문이다. 또 당시 일본의 우파진영은 한국 정권과의 협조를 우선했다"고 설명한다. 그러나 한국 민주화 이후에는 일본의 좌파진영이 한국에 호의적으로 변했다며 앞선 '친미보수파'의 친한보다 훨씬 상세한 사례들을 제시한다. 그 대부분은 이른바 '역사인식'과 관련된 것이어서 이 위키피디아의 설명이 우파 또는 우익의 입장에서 집필된 것을 알 수 있게 해준다. 그리고 이어지는 '한국 민주화 이후 우파의 한국 비판'에서는 "일본의 보수파 의원은 냉전시대에는 기본적으로 친한이었지만 한국의 민주화와 냉전의 종결 이후 일본을 경멸하며 쾌재를 부르는 한국의 국민적 운동 등, 반일, 비일(卑日)의 한국의 실태가 알려지자 한국에 거리를 두거나 비판하는 움직임이 두드러지게 되었다"는 설명이 덧붙여졌다. 이처럼 '친한'의 의미는 우파적 편향이 강하게 드러나는 형태이기는 하지만 정치적, 이데올로기적 입장에 따라 다르게 인식될 수 있다는 것을 알 수 있다.

이어서 주요 신문에서는 '친한'이 어떻게 소개되고, 논의되고 의미가 부여되어 왔는지에 주목해보자. 흥미로운 것은 이른바 냉전시대의 '친한' 또는 '친한파'에 대해, 보수우파의 입장인 요미우리신문보다 리버럴의 입장인 아사히신문에서 더 주목하고 있다는 점이다. 다른 신문에서 아직 '친한'이 뉴스의 용어로 출현하기 이전인 1984년에 아사히신문은 이미 자민당 내 정치세력으로서 '친한파'를 인지하고 있다. 1984년 10월 31일자 조간에서는 자민당의 간사장으로 취임한 가네마루 신(金丸信)을 이렇게 묘사하고 있다.

원래 건설, 우정족이지만, 한편에서는 친한국, 대만파로 방위문제에서 매파(강경파)의 면모를 보인다. … 분위기와 흐름을 읽고 타협점을 도출해 나간다(아사히신문, 1984. 10. 31. 조간).

1985년 1월 17일자 조간에 실린 '불투명한 대한(対韓) 자세 (원조도 상국닛폰: 9)'라는 제목의 기사에서는 한 국회의원을 '친한파이자 자민당 후쿠다(福田)파' 소속으로 소개하면서 아래와 같은 발언을 인용 보도하고 있다.

"우리나라에서는 메이지(明治) 이래 친한, 정한양론이 겨루어왔고 지금도 이어지고 있다. 그런 가운데 나카소네(中曽根) 수상은 잘 해냈다" 친한파로 자민당의 후쿠다(福田)파인 다나카 다쓰오(田中竜夫) 의원은 대한(対韓) 40억 달러 원조에 대해 이렇게 말한다. 한편 전두환 정권 성립 후에 40회 가깝게 방한한 일본장기신용은행의 다케우치 히로시(竹内宏) 상무는 "서로 싫어하고 있는 이웃나라와의 교제비다. 즉 경제협력이라고 말할 수 있을지…"라고 말한다.

주목할 점은 '친한파이자 자민당 후쿠다파 소속'으로 명명된 다나카 의원의 발언이다. '한국'에 대한 인식은 '친(親)'과 '반(反)'이 아니라, '친(親)'이냐 '정(征)'이냐의 선택이라는 것으로, 우월의식이 엿보인다. 그러나 이 발언을 전하는 아사히신문의 기사에서는 이러한 인식에 대한 문제인식은 없는 듯하다.

같은 인식은 아사히신문에서 되풀이해서 '친한파'로 지목되는 기시 노부스케(岸信介)에 대한 기사에서도 짙게 드리워진다. 1985년 7월 31일자 조간 기사는 한국에 관한 특집(韓国の素顔) 기획의 일부였는데, 양상이 바뀌어가는 대일인맥에 주목한 기사였다.

친한파의 장로(長老), 기시 노부스케(岸信介) 전(前) 수상은 5월 상순에 방한해, 일한협력위원회 회장으로서 한국측과의 23회 합동회의에 임한다. 귀는 잘 들리지 않지만 힘찬 목소리로 인사했다. 회의에서는 항상 등을 곧게 펴고 있었다. 이미 88세.
초대회장으로서 16년. 한국과의 인연은 수상 당시부터 30년에 가깝다. 김대중 씨 납치사건의 수습과 수많은 경제협력을 둘러싸고, 활발히 움직여온 한국로비의 대표격… 나는 야마구치(山口)현 출생. 홋카이도(北

海道)보다 부산에서 일어난 일이 더 가깝다. "일한친선은 논리가 아닙니다(理屈じゃないよ)."

… 지금 정권은 군인과 한글세대의 테크노크라트로 지탱되고 있어 '부모와 자식', '형제'로 비유되는 경우도 많았던 일한의 밀접한 인맥도 훨씬 쿨한 교류로 바뀌어가고 있다. … 한국의 세대교체에 부응하는 일한 인맥 형성은 '아직 모색 단계'(전 외무성 관료). '과거와 같은 유력한 한국 로비는 양성되지 않았다'는 의견이 외무성에서는 지배적이다(아사히신문, 1985. 7. 31. 조간).

이 해설기사에서는 박정희, 김종필의 시대가 끝나고 전두환 정권으로 바뀐 이후, 일본 정계가 한국의 새 정권과 관계를 모색하는 양상이 엿보인다. 기시 노부스케에 대한 묘사에서는 어딘가 감정적인 유대가 느껴지기도 하고 정치인과 기자의 거리도 가까운 것을 알 수 있다. 또 현실 정치세력으로서의 친한파가 한국과 일본의 관계에서 중요한 역할을 수행해왔다는 인식으로, 그 역할에 대한 비판적 입장은 나타나지 않는다. 특히 과거의 '일한(日韓)' 관계가 '부모 자식', '형제'의 관계로 비유되는 경우가 많았다는 진술에서는 - 인맥을 지칭하는 것으로 보이기는 하지만 - 두 나라의 관계가 대등한 것이 아니라는 인식이 암묵적으로 전제되어있는 것을 알 수 있다.

다음은 기시(岸)의 사망을 전하는 부고 기사이다. '나가타쵸에 조용한 충격 "기시 전 수상 사망"의 파문'이라는 제목 하에 감상적이고 회고적인 뉘앙스가 강하게 느껴진다.

오랫동안 보수정계에 은연한 영향력을 남겨온 기시 노부스케 전 수상의 죽음은 7일 나가타쵸(永田町)에 조용한 충격을 던졌다. 자민당의 아베 총무회장5)의 장인(義父)으로서 아베정권의 실현을 바라온 한 명이고, 아베 씨로서는 마음의 지주라고 할 수 있는 후견인을… 또 기시 씨는 헌법개정운동과 친한국, 친대만파의 중심으로서 당내 우파세력의 지도격인 존재였다. 기시 씨의 사망은 당내 우파세력의 세대교체를 인상지우게 될 것 같다(아사히신문, 1987. 8. 8. 조간).

가네마루, 기시 두 정치인 모두에게 부여되는 명칭이 '친한, 친대만파' 라는 점에도 주목할 필요가 있다. 즉 친한파는 동시에 친대만파이기도 했던 것이고, 냉전체제하에서 미국을 중심으로 한 의식과 정책이 곧 '친한파'로 명명되었던 것이다.

한편, 요미우리신문에서는 같은 기간 동안 '친한'을 포함하는 기사가 아사히신문에 비해 훨씬 적었다. 1988년 10월 22일자 조간의 한국 니트 제품의 덤핑 문제에 대한 제소가 사전 조정으로 지체되었다는 기사에서, "자민당 내에는 전통적으로 강한 발언력을 갖는 '친한국파' 의원이 많아서 정치 결착으로 덤핑문제(의 해결)가 흐지부지될 우려가 있었다"는 섬유산업연맹 간부의 의견을 소개하고 있다. 여기서 알 수 있는 것은 자민당 친한파의 '친한'이 어디까지나 냉전체제하의 타협의 산물일 뿐이고 경제계의 입장에서 보면 한국의 시장에 진출하는 데 도움이 되기도 하지만 국내 산업과 경합하는 경우에는 정치의 '친한'이 오히려 방해가

---

5) 아베 신타로(安倍晋太郎, 1924~1991), 정치인. 중의원 의원. 관방장관, 통산상, 외무상, 자민당간사장 등 정계 요직을 역임. 아베 신조 현 수상은 아베 신타로의 차남.

되기도 한다는 현실적 고려도 있다는 점이다.

자민당 친한파에 관한 보도에서는 보수적 입장의 요미우리신문보다 아사히신문에서 오히려 공감적 뉘앙스를 느끼게 하는 기사가 많은 것을 확인할 수 있다. 한편, 요미우리신문에서는 자민당의 보수파벌로서의 '친한파'에 대해 사안별로 입장이 선택되는 보도 경향을 띤다. 또 아사히신문과 비교할 때 보수적 입장인 요미우리신문이 '친한파'에 대해 더 거리를 두는 입장이었음을 추론할 수 있다.

## 4. '모순'으로서의 '친한'

한편 1980년대 후반부터는 친한파의 모순을 지적하는 논의가 아사히신문에 등장한다. 여기서 중요한 역할을 하는 언론인으로 故와카미야 요시부미(若宮啓文, 1948~2016)가 있다(若宮, 1995, 2015). 1986년 9월 9일자 조간 기사는 후지오(藤尾正行) 문부상의 발언[6]과 그 파장을 다루었다. 이 기사에서는 '일한합병은 한국에도 책임이 있다'는 등의 발언으로 문제의 인물이 된 후지오 문부상이 "정부여당수뇌회의에서도 파면을

---

6) 藤尾正行, 제3차 나카소네(中曽根康弘) 내각에서 문부과학상으로 취임했다가, 7월 22일부터 9월 9일까지로 단명. 취임 직후에 역사교과서 문제와 관련해 '전쟁에서 사람을 죽여도 살인죄에 해당되지는 않는다', '한국병합은 합의에 입각해 형성된 것으로 일본 뿐 아니라 한국 측에도 책임이 있다'는 발언이 월간지 『문예춘추(文芸春秋)』(1986년 10월호)에 게재되어 문제가 되었다. 나카소네 수상은 사임을 요구했으나 발언을 철회하지 않고 자발적 사임이 아닌 파면을 요구. 나카소네 수상은 이에 따라 파면을 발표했다.

각오로 주장을 전개해, 일본의 식민지지배와 태평양전쟁의 정당화를 노리는 자민당 내 민족파의 본질을 선명히 드러냈다"고 전하고 "종래에는 '친한파'와 겹쳐보였던 당내 '우파'의 모순을 노출하는 결과가 되었다"며 '친한파의 모순'을 지적한다. 산케이와 요미우리신문에서는 지적되지 않던 문제의식이었다. 이 기사에서는 후지오에 대해 이렇게 설명한다.

> 구(旧) 고노 이치로(河野一郎)파인 후지오 씨는 열렬한 '친대만파'이지만 한국과의 교류는 깊지 않았고 일한의원연맹에도 소속되어 있지 않았다. 같은 우파 가운데서도 '대일배상청구권 포기'로 대표되는 대만의 故장개석(蔣介石) 총통의 '이덕보원(以德報怨)의 정신을 평가하는 친대만파 가운데는 걸핏하면 대일요구를 전면에 내세우기 일쑤인 한국에 불쾌감을 갖고 있는 움직임도 있는데 후지오 씨도 그런 한 사람이었던 것 같다 (아사히신문, 1986. 9. 9. 조간).

이 기사에서는 "전두환 - 나카소네의 밀월관계가 형성되며 '신시대' 를 주창하게 된 일한 관계를 동요시키는" 발언이 "왜 친한파벌에 속하는 후지오 씨로부터 나왔는지…" 또 "왜 많은 우파들이 친한파로 통할 수 있었던 것일까?"라는 질문을 던지면서, 흥미롭게도 동아일보의 주일특파원을 지낸 권오기의 분석을 인용한다.[7]

---

7) 권오기와 와카미야는 권오기가 도쿄특파원을 지낼 때부터 교류하기 시작해 '2005년 한일 우정의 해'를 앞두고 2004년 11월에 당시 아사히신문의 논설주간이었던 와카미야와 함께 양국간 100년 역사를 조망하는 대담집(權五琦, 『若宮啓文』, 2004)을 출판하기도 했다.

한국 유수의 지일파인 동아일보 권오기 주필은 '일본의 우파 가운데 많은 사람들은 순수민족파가 아니라, 친미라는 특성을 갖고 있기 때문'이라고 지적한다. 그 대표 격이 일미(日米)협회의 전, 현 회장인 기시(岸), 후쿠다(福田) 두 정치인인데 일한국교정상화가 미국의 강한 압력 하에 실현된 것처럼 '일한우호'는 원래 미국을 중개자로 성립한 것이다. 친미우파는 '반공'의 방파제로서의 한국을 존중하고 과거에 대한 속내(本音)는 잠시 미루어두고 한국의 감정(機嫌)을 상하지 않도록 해 왔던 것은 아닐까? 친한파에게는 그런 편의주의(ご都合主義)가 엿보인다. 그런 점에서 도쿄재판과 원폭투하 등 미국에도 비판의 화살을 던지는 후지오 씨는 '친미'에 얽매이지 않는 만큼, 우파 전체의 저류에 숨어있는 한국멸시적 속내(本音)를 가볍게 던질 수 있었던 것으로 보인다(아사히신문, 1986. 9. 8. 조간).

권오기의 글을 인용한 것은 기자의 의견으로서 직접 표출하기에 부담스러운 입장을 외부의 의견으로서 전달하려는 객관저널리즘의 화법으로 보인다. 아무튼 와카미야는 한국의 언론인 권오기의 견해를 인용하면서 조심스럽게 지론을 전개하는 레토릭으로 친한파의 모순을 지적한다. 그러나 동시에 우파에 내재하는 '반미적 정서'를 언급하며 그들의 민족주의적 정서에 '한국멸시적 속내'가 내재한 것이라는 해석도 아울러 제시하고 있다. 한국에 대해서도 "이러한 일본 우파의 본질을 알면서도 '반공'의 동지 또는 경제원조를 이끌어내는 역할자로서 이를 이용해온 측면은 부정할 수 없다"고 지적하며 기사를 끝맺는다.[8]

이러한 전후 일본의 보수우파의 '친한'적 자세의 본질과 편의주의

---

8) 이 기사는 와카미야 기자의 기명기사였다. 원제목은 「藤尾文相発言, 矛盾さらした親韓派 "民族主義"が対立招く」, 『朝日新聞』, 1986. 9. 9. 朝刊.

에 의문을 제기하는 것은 산케이나 요미우리의 보도에서는 나타나지 않는 것으로, 아사히 또는 기자 와카미야의 리버럴한 입장을 확인할 수 있다. 그러나 한편에서는 한국의 언론인의 견해를 인용하며 중립적인 자세를 견지하는 동시에 보수파의 감정을 상하지 않도록 배려하고 있어, '친한파'와 마찬가지의 편의주의를 확인할 수 있기도 하다. '친미적 보수의 친한'과 마찬가지로, 아사히신문 또한 그러한 전후 보수의 행보에 근본적인 의문을 정면에서 던지는 것은 부담스러운 일이었다. '친한파'가 한국의 감정을 상하지 않도록 노력하는 동시에 일본 내 보수의 감정에도 배려해야 했고, 따라서 일련의 친한파의 '망언'도 필요했던 그러한 일련의 관계성에서 아사히신문으로서도 자유롭지는 않았던 것이다.

'친한' 담론은 1987년 한국 민주화 이후 소강 국면을 맞는다. 다시 '모순으로서의 친한'에 대한 논의가 제기되는 것은 패전후 50년을 맞은 1995년 국회에서 '부전(不戰)결의⁹⁾'를 둘러싼 논쟁이 전개되고 있을 때였다. 1995년 3월 19일자 아사히신문 조간은 한국의 조선일보 보도를 인용하고 있다.

---

9) 1995년 6월 9일 일본 국회 중의원 본회의에서 채택된 '역사를 교훈으로 평화를 향한 결의를 새롭게 하는 결의(歷史を教訓に平和への決議を新たにする決議)'. 중의원 의원 502명 가운데 251명이 출석해 230명의 찬성(기립 채결)으로 가결되었다. 당시 무라야마 수상이 이끌던 연립내각에는 자민당, 자유연합, 일본사회당, 신당사키가케 등이 참여하고 있었는데, 일본사회당이 중심이 되어 제출한 이 결의안에는 여당인 자민당에서 크게 반발해 결의안 내용의 수정을 요구했고, 결국 여당의원을 포함해 다수의 의원이 결석한 가운데 채결이 이루어지는 이례의 사태가 되었다.

(한국의) 조선일보는 '일본은 소극적'이라는 제하에 부전결의에 반대하는 의원 가운데 지금까지 '친한파', '지한파'로 알려져 왔던 거물 정치인이 많이 포함되어있는 것을 지적하고 독일의 전후와 비교하면서 '이러한 일본의 안보리상임이사국진출을 누가 지원하겠는가'라며 비판했다(아사히신문, 1995. 3. 19. 조간).

국교정상화 조약 30년 기념 시리즈 기사에서도 일본을 방문한 김윤환(당시 정무 제1장관)의 "우리나라에서는 (한일) 의원연맹을 해산하라는 의견이 많다"는 발언을 인용하며 "한국 내에서는 '부전'과 '사죄' 등을 포함시키는 데 반대하는 자민당의 '종전50주년 국회의원연맹'(오쿠노 세이료(奧野誠亮) 회장)의 활동 등이 널리 알려져 반발이 거세지고 있"고, "그 중에서도 '친한파', '지한파'로 알려졌던 일한의원연맹의 멤버 가운데 많은 의원들이 '50주년 의원연맹'에 참여한데 대해 격렬한 비판이 집중되었다"고 전했다(아사히신문, 1995. 6. 24. 조간). 여기서도 다시 주목할 점은 와카미야의 지적이 그랬듯이 '친한파의 모순'은 한국에서 제기되는 비판을 통해 우회적으로 지적된다는 점이다.

'친한의 모순'을 지적하는 기사는 마이니치신문에서도 발견된다. 1995년 4월 24일자 석간(도쿄판)의 지면에 실린 기사로, "한국의 유력지 '조선일보'"의 3월 18일자 사설의 전문을 번역해서 실었다. '일본은 역행하는가'라는 제목으로, 앞선 아사히신문의 기사와 마찬가지로 국회의 부전결의 채택에 반대하는 움직임이 '지한파', '친한파'로 알려져 왔던 정치인들에 의해 전개되고 있는 데 대해 "'지한'의 정체에 다시금 환멸을 느끼고 일본 전체가 뭔가 집단최면에 걸린 것은 아닌가 하는 의문을 갖지 않을 수 없다"는 비판을 소개하고 있다. 기사를 쓴 다나카 료타(田中良太)기자는 이러한 조선일보의 주장에 대해 "감정적인 '반일'로 볼 수 없다"고 강조하며 전적인 공감을 나타내고 있다. 그는 "부전결의를 둘러싼 찬반의 논쟁 등은 일본 국내에서밖에 통용되지 않을 것"이며, "아시아 각국 사람들에게 새로운 반일감정을 자극하는 '효과' 밖에 없을 것"이라며 비판한다. 이 기사에서도 확인할 수 있는 것은 리버럴 진영이 한국측의 반발과 비판을 소개하면서 지한파, 친한파의 '모순'을 우회적으로 지적하는 패턴이다.

한편 '친한'의 모순은 우파 진영에서도 제기되기 시작한다. 리버럴 진영이 '친한파'에 내재하는 모순을 한국측의 비판을 통해 우회적으로 지적하는 것과는 달리, 그 내용은 한국의 '반일'이 친한파를 등 돌리게 한다는 일종의 반발 담론이었다. 1992년 11월 10일자 산케이신문 도쿄조간에서는 노태우 대통령의 방일 관련 뉴스에서 '친한파'가 언급된다. 한국의 민주화 이후의 일본에 대한 자세변화에 대한 주의환기의 문맥에서 '친한파'가 등장하는 것을 확인할 수 있다.

> 일본측의 분위기는 여름 무렵부터 관계자를 통해 대통령 관저에 자주 전달되어서 노 대통령으로서는 일본측에서 정, 관계 외에 경제계와 지식인 등 지한파, 친한파로부터도 한국을 경원하는 분위기가 나오기 시작하고 있다는 것을 심각하게 받아들여 한국외교의 장래를 생각해 대일관계 수복에 착수할 수밖에 없었다는 것이 일한쌍방 외교소식통의 공통된 견해다(산케이신문, 1992. 11. 10. 도쿄조간).

이러한 '친한파'로부터의 '경고'를 전하는 담론은 1990년대 후반부터 2000년 이후에 이르기까지 산케이신문에서 지속적으로 등장했고 요미우리신문에서도 간헐적으로 등장했다. 한 예를 소개하며 이 절을 맺는다. 요미우리 뿐 아니라 산케이의 고정 논객이었고 아베 신조 현 수상의 정책자문으로 알려지기도 했던 오카자키 히사히코(岡崎久彦, 1930~2014) 전 일본 타이주재대사의 의견 칼럼이다.

실은 90년대 전반의 일한의 감정적 대립은 지금 같은 수준이 아니었다. 당시에 비하면 지금의 일한 관계는 양호하다고 볼 수도 있다. 당시는 지나친 반일언동 때문에 냉전시대 친북조선의 좌익에 대항해서 한국을 비호해온 일본 내의 친한파는 괴멸해버렸을 정도였다(요미우리신문, 2006. 9. 3. 조간).

## 5. '친한' 담론의 확대

1987년 한국 민주화 이후에 '친한파'가 정치권에서는 더 이상 특권적인 입장을 주장할 수 없게 되는 가운데 '친한' 담론은 이제 정치의 영역에서 사회 문화적 영역으로 확대된다. 한국에 대한 친근감도 1988년 서울올림픽을 계기로 호전되는 양상이 나타난다. 90년대 초반 역사인식을 둘러싼 갈등이 표면화되기도 했지만 두 나라 사이의 교류는 사회 문화 전반적인 영역으로 확대되며 더 많은 사람들이 한국을 경험하고 그 체험을 신문이라는 공론의 장에서 나타내게 되었다. 이러한 '친한' 담론의 변화는 앞서 그림에서 제시한 '혼네(本音)' 즉 속내 지향의 영역'으로의 확대로 볼 수도 있을 것이다. 그런데 확대된 '친한' 담론의 공간에서 활발한 논의를 펼친 것은 리버럴 진영이라기보다는 보수우파 진영이었다. 또 그 특징적 입장은 취재기사, 또는 스트레이트기사에서보다는 사회, 문화면의 칼럼이나 독자 투고에서 표출되었다.

먼저 산케이신문에서 나타나는 자칭 '친한파'의 '친한' 담론 사례를 소개해 보겠다. 이는 이후 '혐한'으로 자각(自覚)하는 입장의 배경이 되기도 하는 담론이며, 그 레토릭 또한 이른바 '혐한' 담론과 유사함을 발견할 수 있다. 이 독자 투고의 본문에서는 '친한'이 직접 언급되지는 않지만 제목이 '반일의 굴레를 넘는 친한의 바람(反日しがらみを越える親韓の風)'이었다.

> 10년 전 나는 대형기업 생산부장으로서 한국기업과의 합병공장에서 조업을 개시하고 2년간 서울 교외에 주재하며 기술지도에 임했다. 한국은 일제 36년간의 원한이 마을 거리마다 넘치고 있었지만 공장 내에는 기술을 가르쳐준 것에 대한 존경의 마음과 한국 유교사회의 장유유서가 지배하고 있어서 내 명령 하에 규율 바른 조업이 계속되었다.
> 내가 공장에서 특히 주의한 것은 '괜찮아요' 정신의 제거였다. '괜찮아요'는 사소한 결점에는 눈을 감는다는 것으로 일상생활에서는 윤활유가 되지만 이것을 용인하면 '불량제품 발생의 근원'이 되기 때문에 나는 한국어로 열심히 설득해 기술의 세계에서는 필요 없는 이 사회 통념을 내쫓았다.
> 공장의 성적은 호조였다. 일본인인 나에게 혼나면서 반발하는 사람도 없었고 서로의 마음에 상애(相愛)의 정(情)이 생겼다. 그 후 2년에 한번

은 한국을 방문하지만 모두 따뜻하게 맞아준다.

근년 한국의 경제성장은 눈부시다. 그러나 성장의 대부분은 일본에서의 기술이전, 기술지도에 힘입은 바가 크다. '배우면서 미워한다'는 반일 기운이 사회에 충만한 것은 도대체 어떤 현상일까.

내 경험에서 생각하면 한국사회가 풍요로워진 것에 자기만족하고 싶겠지만, 더 풍요로운 일본이 가깝게 있는 것에 대한 질투심과 한국인 특유의 '자존감'이 섞여 있는 것 같다.

친애하는 한국인들이여. 질투심을 버리고 겸허하게 독창성을 높이기 바란다. '괜찮아요' 정신을 악용하지 말고 세계로 비상하기 바란다(산케이신문, 1994. 10. 06. 도쿄조간).

이 독자 투고에서는 1990년대 당시의 한국에 대한 보수, 우파적 지향성의 속내(本音)가 어떤 것이었는지를 잘 알 수 있다. 한국을 향한 메시지의 형식을 취하고 있지만, 그 대상은 일본 사회의 내부를 향한 것이기 때문에 민낯을 드러내는 부끄러움도 느껴지지 않는다. 그런 점에서 '독백'으로 명명할 수도 있는 것이다.

그런 한편 산케이적 '친한' 담론에서는 '문화적 친한론'으로 명명할 수 있는 양상도 나타난다. 1998년 12월 20일자 도쿄조간 생활문화면에 실린 칼럼이 그 예다. 내용은 1932년생인 다나카 고이치(田中耕一)라는 사람이 정년 후 서울의 서강대에 어학유학을 하고 펴낸 책(田中, 1998)을 소개하는 것이었다. 필자인 논픽션작가 가토 히토시(加藤均)는 "유학 체험으로 다나카 씨가 친한가가 되어가는 것을 알 수 있다. 다양한 사람들과 만나며 친밀한 관계를 만들어왔다"고 소개하면서도, 책의 저자가 '친한가가 되어가는 과정' 보다는 오히려 저자가 직면하는 '일본 때리기'에 더 관심을 나타내며 아래와 같은 진술을 직접 소개하고 있다.

> 때마다 분출되는 일본 때리기에 직면할 때마다 많은 일본인이 혐한가
> 로 바뀌어버린다. 짧은 기간이었지만 한국에 살아보면서 한국인에게
> 더 친근감을 느끼게 된 나로서는 이 낙차의 크기가 어디에서 기인하는
> 것인지 당혹스럽다(산케이신문, 1998. 12. 20. 조간).

위의 두 사례에서 '친한' 담론이 얼핏 정치에서 사회, 문화적인 영역
으로 확대된 것으로 보이지만, 동시에 여전히 두 나라 간의 국가적 관계
에 강한 집착이 드러나고 있는 것을 알 수 있다. 전자 칼럼의 경우에 한
기업의 생산관리를 담당하는 개인의 경험을 '한국을 도와주고 지도하는
일본'이라는 국가의 경험으로서 스스로 정의를 내리고 있고 후자의 경우
에도 한 개인의 정년퇴직 후의 문화기행이 평자에게는 한국에서 경험한
'반일'의 체험담으로 읽히고 있기 때문이다.

이후에도 산케이신문은 역사인식에 강하게 집착하는 담론을 전개
한다. 이러한 담론은 주로 오피니언란 등에서 제기된다. 때로는 '친한파'
를 자임하며 정색하고 반문하는 스타일을 취하기도 한다는 점도 특징적
이다. 2001년 5월의 역사교과서 문제와 관련한 기사에서는 '친한파'를 자
칭하는 식자의 견해를 소개하고 있다.

> 할 얘기는 하는 친한파를 자칭하는 작가 도요다 아리쓰네(豊田有恒) 씨
> 의 담화 '한국정부가 지적하고 있는 것은 사실관계가 아니라 대부분 역
> 사 해석의 문제이다. 일본인에게는 일본인의 역사가 있고 교과서의 역
> 점을 두는 곳이 다른 것은 당연한 것이기 때문에 역사인식을 밀어붙이

는 것은 그만 두어야 할 것이다. 한국인은 일본의 프레젠스(존재)를 지나치게 의식하고 있다. 어깨 힘을 빼는 것이 좋지 않을까?(산케이신문, 2001. 5. 8. 오사카석간).

2001년 6월 28일자 도쿄조간의 칼럼란 '정론(正論)'에 실린 오사카대학 명예교수 가지 노부유키(加地伸行)의 주장에서도 산케이적 '친한'의 의미를 읽을 수 있다. 이 칼럼에서는 고이즈미 수상의 야스쿠니신사참배에 대해 지지를 표명하며 이에 반대하는 중국과 한국을 지명해 반론을 펴면서, "중국과 한국의 수뇌가 스스로 앞장서서 야스쿠니를 참배한다면 일본인들은 열광적으로 환영할 것"이며 "아마도 대다수가 친중, 친한이 될 것"이라고 주장한다. 즉 일본, 일본인의 '친한'은 오직 그들이 생각하는 '반일'이 철회될 때만 가능해지는 입장이라는 것을 확인할 수 있다. 더욱이 여기서 '반일'의 철회가 의미하는 것은 '야스쿠니신사참배'와 같은 역사인식과 깊은 관련이 있는 것이다.

2000년 이후 산케이신문에서는 한국과 중국의 관계가 지속적인 관심의 대상이 된다. 이런 가운데, 2001년 12월 3일자 도쿄 조간에 실린 구로다 가쓰히로 서울 특파원의 칼럼은 한국과 중국의 관계 발전에 주목하며, "한국전쟁의 전쟁책임에 대해 '사죄와 반성'을 표명한 적이 한 번도 없는 중국에 대해 한국 정부가, 또 일본에 대해 그토록 '사죄와 반성'을 요구하기 좋아했던 한국 언론과 지식인이 침묵하고 있는 것"을 의아해한다. 또 중국에서 한국 붐이 일어난다는 소식에도 불편한 기색이 역력하다. 중국으로 가는 한국인 유학생의 수가 일본 유학생 수를 넘었다는 소식도 소개하며 중국의 인터넷 사이트가 '친한, 반일' 일색이라는 한국 언론의 보도에도 주의를 기울인다. 그리고 한국에서 일어나는 일련의 중국 붐의 한편에는 일본 견제의 심리가 있다고 분석하며, '한국의 요구를 받아들이지 않으면 중국으로 기댈 것'이라는 외교 당국자의 말을 인용하며[10] 한국은 역사적으로도 언제나 일본과 중국을 저울질하며 국익을 도모해왔다는 자설을 전개한다. 그럼에도 불구하고 중국의 신임 한국대사가 평양주재 중국대사관공사참사관에서 전임된 것을 두고 한국측에서 '한국경시'라는 비판이 일고 있다며 한국측의 중국에 대한 생각이 '짝사랑'이 아닌가 중얼거리며 칼럼을 마친다.

한편 요미우리신문은 산케이신문에 비하면 다테마에, 즉 명분을 지향하는 온건한 입장이지만 기본적 인식은 리버럴 지향의 두 신문보다는 산케이신문에 더 가깝다. 2001년 7월 31일자 도쿄조간에 실린 가와사키시의 대학생의 투고에서는 요미우리적인 '친한'의 입장과 레토릭이 잘 드러난다. 아울러 후술하는 아사히신문의 2000년대 이후 '친한' 담론과의 유사성도 발견된다.

'역사교과서문제'를 둘러싸고 많은 일한교류 이벤트가 잇따라 중지되거나 무기한 연기되는 일이 있다고 한다. 내 대학교 수업에서도 화제가 되었다. 대부분이 한국측이 중지를 요청했다고 하는데 나는 이런 한국

---

10) 이러한 익명의 소식통을 인용하는 스타일은 서구의 정통 언론에서는 좀처럼 찾아보기 어려운 일본의 언론, 그리고 한국의 언론에 특징적인 현상인데 특히 일본의 한국관련 보도에서는 자주 나타난다. 도대체 누구한테 들었다는 얘기인지 알 수 없는 기사들이다. 마찬가지로 한국의 일본보도에서도 같은 현상이 나타나는지는 비교연구의 좋은 주제가 될 것이다.

측의 대응에 의문을 느낀다. … 교과서의 기술에 대해 논의하고, 의견을 서로 표명하는 것은 중요하다고 생각한다… 역사교과서 문제는 우호관계를 지켜나가면서도 확실히 논의를 거듭해서 해결해나가야 하지 않을까? 내년은 일한공동개최 월드컵이 있다. 자칭 '친한파'인 나로서는 앞으로도 한국과의 교류를 심화시키는 활동이 폭넓게 이루어지기를 바라고 있다(요미우리신문, 2001. 7. 31. 조간).

다음의 사례는 아사히신문의 2004년 1월 25일자 조간에 실린 독자투고인데 앞선 요미우리신문의 독자투고와 일종의 유사성이 발견된다. 기사제목은 '"유지유언"이 상호이해의 길 나와 한국: 상'('「有知有言」이 相互理解の道 私とコリア: 上(声))이고 필자는 유학중인 대학원생이다.

한국 체재 3년째. 서울의 대학원에서 국제관계학을 배우고 있다. 많은 일본인유학생은 일한(日韓)의 역사에 관한 논쟁이 되면 입을 다무는 경향이 있다. 결코 일본인이 무지한 것은 아니다. '유지부언(有知不言)', 즉 핵심을 피하고 시간이 흐르며 의식이 풍화(風化)되기를 바라며 평화를 지켜온 면이 있다고 생각한다.
며칠 전 수업에서 한국인 학생은 야스쿠니신사참배, 역사교과서문제 등 연달아 지적. 솔직히 '또' 라는 기분이 들었다. 흥분해서 얼굴이 달아오르는 그들을 앞에 두고 많은 일본인, 재일(在日)학생들은 침묵할 수밖에 없다. 나는 그 자리에서 축구 월드컵 때 '일한우호'가 외쳐지는 가운데 실제로는 냉대를 경험한 일 등을 들며 문제제기를 했지만, 그들의 대부분은 마지막에 친한, 우호적 발언을 하지 않으면 납득하지 않는 사람이 많다.
"나는 평화주의자니까." 수업 후에 침묵하고 있던 일본인 학생이 중얼거렸다. 평화주의자니까 침묵을 지켜야하는 것일까? 그래서는 안 될 것이다. 의사소통이야말로 의식의 공유를 낳는다. 오에 겐자부로(大江健三郎)는 유지유언(有知有言)이야말로 새로운 사람으로 가는 길이라고 주장했다(아사히신문, 2004. 1. 25. 조간).

여기서도 발견되는 것은 다테마에적 입장의 '친한'의 자세를 밝히면서도, 한국측의 완고함에 대한 비판을 통해 보수의 속내적 인식과 대치하지 않고 오히려 공명(共鳴)하는 자세를 밝힌다는 점이다. 이는 같은 시기부터 나타나기 시작하는 '혐한' 담론과 유사하다. 2000년 무렵부터 '혐한'을 중요한 키워드로 부상시킨 〈만화 혐한론〉의 담론적 특징은 찢어진 눈과 광대뼈로 상징되는 한국인 또는 조선인의 스테레오타이프적인 표상과, 이와 대비되듯이 큰 쌍꺼풀의 눈에 부드러운 인상의 일본인의 표상을 내세워, 사사건건 근거 없는 주장을 펼치며 얼굴을 붉히며 큰 소리를 내는 한국인과 자이니치(在日)학생들에 대항해 역사적 '사실' - 인터넷상에서 얻을 수 있는 각종 '진실'들 - 에 입각해 조목조목 반박하며 냉정하게 논의를 이끌어가는 일본인을 대비시키는 구도였다. 정도의 차이는 있으나 앞서 소개한 독자 투고가 묘사하는 상황은 기본적으로 유사하다.

## 6. 반일로서의 '친한'

근년 들어 현저해지는 '친한' 담론은 '반일'로서의 '친한'으로 범주화할 수 있을 것이다. 이미 산케이의 칼럼 등에서 표명되기도 했지만, '친한' 담론은 2000년대 들어 두드러지기 시작한다. 여기서도 '친한=반일'의 담론을 리드해나가는 것은 산케이와 요미우리였다. 두드러진 특징은 '위안부 문제' 등 역사인식과 관련된 기사에서 '친한'이 언급되는 경우가 많다는 점이고, 또 하나의 특징은 한국측 언론에 의한 '친한'의 명명이 다시 인용되는 사례가 많다는 것이다.

## 6.1. 역사인식, 위안부 문제와 '친한'

먼저 위안부 문제로 대표되는 역사인식을 둘러싼 주변국과의 갈등을 '역사전쟁'으로 규정하고 '친한'과 '반일'을 결부시키는 논조를 전개하는 산케이신문의 사례를 살펴보겠다. 산케이신문 2007년 3월 14일자는 미국 하원에서 위안부 결의안이 채택된 것에 대해 한국이 민족적 쾌감으로 들끓고 있고 결의안을 주도한 마이크 혼다 의원이 한국에서 영웅 취급을 받고 있다고 지적하며 여기서 혼다 의원을 '친한'으로 지칭한다.

이번에 한국이 일본 비난에 기세가 오른 것은 미 의회가 자기편이 되었다고 보기 때문이다. 결의안에 열심인 마이크 혼다 의원은 친한파로서 영웅 대접을 받으며 언론의 인터뷰 등으로 대대적으로 소개되고 있다. 미 의회 결의안의 배경에는 민주당 지지가 많은 재미한국인사회 등의 운동과 여론조작이 있다고 말해지지만, 이번 위안부 문제를 둘러싼 한국의 언론의 논조와 식자의 발언에는 '일본인 납치문제를 둘러싼 일본에서의 북조선 때리기에 대한 보복 심리가 미묘하게 자리 잡고 있는 것을 알 수 있다' (서울의 외교 소식통)는 견해가 있다(산케이신문, 2007. 3. 14. 조간).

이 기사는 산케이신문의 서울 특파원 구로다 가쓰히로(黒田勝弘)의 기명칼럼이다. 30년 이상 서울특파원을 지내고 있는 그는 "한국에서 모든 위안부들은 일본제국주의의 일방적 피해자로서 이미 '민족적 영웅'과 같은 존재가 되어 있"어서, "'고노담화 재검토의 필요성'을 주장하는 일본측의 입장은 일절 받아들이지 않는 상태"라고 말한다. 또한 한국에서 위안부 문제는 "'일본의 비도덕성'을 비난할 수 있는 중요한 '카드'일 뿐이며 따라서 이 문제는 절대적으로 일본의 국가적 강제에 의한 것이어야 한다는 것이 한국측의 입장"이라고 주장한다. 이러한 칼럼의 내용이 한국의 언론 보도로 전해지면서 그는 한국에서 극우기자로 비난을 받기도 하지만 일본에서는 오랜 한국 전문가로 널리 알려져 있다. 그리고 한국의 역사인식에 대한 비판과 한국측이 역사인식문제를 대일본 외교 카드로 이용하고 있다는 그의 확신에 찬 지론은 산케이신문의 공간을 넘어 좌우 또는 리버럴, 보수의 공간으로 점점 영향력을 확대해 나갔다. 또 하나 언론 또는 저널리즘 문화의 차원에서 생각해보아야 할 문제는 이른바 '소식통'이라고 표기하는 익명의 정보원을 인용하는 스타일이다. 일본의 한국 보도에서 흔히 등장하는 이러한 기사 스타일은 한국과 일본의 관계에서 특이한 것인지의 문제이다.

이러한 위안부 문제와 관련한 '반일'로서의 친한 담론은 이후에도 미국의 캘리포니아 등지에서 위안부상이 설치되는 움직임에 대한 산케이신문의 보도에서 계속 등장한다.

(한국 국회 외교통일위원회 소속 의원들의 미국 서부 로스앤젤레스 총

영사관 방문을 보도하며)

감사(監査)에 참가한 의원들은 현지의 재미한국인과 한국계 미국인 커뮤니티와 연계하면서 '미국 시민 레벨의 풀뿌리 운동'을 촉진하면서 친한파의 양성을 노리고 있다(산케이신문, 2013. 11. 10. 조간).

미국 캘리포니아주 풀러튼(Fullerton)시 박물관에 한국계 단체가 위안부비(慰安婦碑)의 설치를 제안하고 있는 문제로 당초는 20일에 열릴 것으로 보였던 설치 가부의 판단이 11월 4일 중간선거 후로 연기되었다. 친한국계 후보를 당선시켜서 반석의 체제로 비 설치를 추진하려는 한국측의 의향을 반영한 것으로 보인다(산케이신문, 2014. 10. 17. 도쿄조간).

요미우리신문에서도 산케이와 마찬가지로 역사인식과 관련된 문제에서 '반일'로서의 친한 담론이 발견된다. 아래 사례는 2014년 12월 9일자 한국의 연합뉴스를 인용하는 보도이다. 기사 제목은 '미하원 외교위원장이 '독도' 다케시마(竹島)명칭 한국측을 지지' 였다.

미하원 외교위원장인 에드 로이스(Ed Royce) 위원장(공화당)은 6일, 연합뉴스 등과의 인터뷰에서 시마네현의 다케시마(竹島)에 대해 '바른 명칭은 독도(다케시마의 한국명)'라고 말했다. 명칭에 대해 '역사적 관점에서 보아야 한다'며 한국측의 주장을 지지하는 생각을 밝혔다. 이른바 종군위안부에 대해서도 '위안부는 강제적으로 동원되어 성노예로서 살았다'고 말해 '역사를 부정하는 일본은 변명의 여지가 없다'고 주장했다. 로이드 씨는 한국계 단체가 위안부를 상징하는 소녀상을 설치한 캘리포니아주 글렌데일시에서 가까운 선거구에서 선출된 친한국파 의원으로 알려졌다. 올 1월에는 위안부상에 헌화도 했다(요미우리신문, 2014. 12. 9. 조간).

이처럼 한국과 일본 사이의 역사인식을 둘러싼 갈등이 있는 문제를 보도할 때, 요미우리신문과 산케이신문이 '친한' 또는 '친한파'라는 용어를 사용하는 사례가 발견된다. 그 배경에는 '친일'과 '반일'의 프레임이 자리 잡고 있다. 즉 특정 사건이나 이슈에 관해 '친일'인지 '반일'인지의 양자택일적인 입장을 전제하는 것인데, 특히 산케이신문이 자주 사용하는 '역사전쟁'이라는 인식이야말로 이러한 '친', '반'의 프레임을 여실히 드러내고 있다고 볼 수 있겠다.

## 6.2. '친한'의 명명은 곧 '반일'의 낙인: 정치인에 대한 호메고로시(誉め殺し)?

한편, 2009년 민주당 정권이 들어선 후, 정치인에 대한 '친한'의 명명이 다시 부상하게 된다. 여기서도 보수, 우파 진영의 요미우리와 산케이가 주도적인 역할을 수행한다. 먼저 산케이신문의 보도를 살펴보자. 산케이신문은 2009년 9월 18일 조간에서 새로 출범한 하토야마(鳩山) 내각에 대한 각국의 반응을 싣는다. 여기서 서울의 반응을 '낙관과 비관의 혼재'로 표현하며 다음과 같이 전했다.

> 조선일보는 '친한' 내각이라는 제목을 내걸고, 하토야마 내각의 18명 가운데 10명이 일한의원연맹소속이라고 강조했다. 또 재일한국인 등에 대한 지방참정권부여에 적극적이라고도 지적, '자민당정권의 친한파는 보수색이 강했는데 민주당 정권의 친한파는 중도좌파도 포함되어있다는 것이 특징'이라고 전했다(산케이신문 2009. 9. 18. 조간).

또 9월 19일자 구로다 가츠히로 특파원의 기명 칼럼에서는 이렇게 덧붙이고 있다.

일본의 역대 수상 가운데 한국에서 가장 지명도가 높은 것은 나카소네 야스히로(中曽根康弘)였다. 1983년 일본의 수상으로서는 처음으로 한국을 공식 방문해, 서울 중심가에 처음으로 히노마루(日の丸)가 내걸렸다. 또 그가 한국어를 공부했고 전두환 대통령과의 환영만찬회에서 한국어로 노래를 불렀다는 "친한 이미지"가 호감을 준 모양이다. —하토야마 유키오 수상은 취임 전부터 이례적인 인기였다. 야스쿠니신사에 참배하지 않고 아시아 중시, 우애외교 등에 호감을 밝히는 언론은 '친한정권'이라며 두 손 들어 환영하고 있다. 특히 부부가 한국요리점에 드나들고 한류스타를 만난 것 등이 대서특필되었다.
역사적으로는 자민당정권의 친한정책으로 한국이 여기까지 발전했다고는 하지만 지금은 그런 것은 염두에도 없다. 하토야마 수상도 '호메고로시(ほめ殺し)'를 경계해야 할 것이다(산케이신문, 2009. 9. 19. 조간).

여기서 '호메고로시'란 칭찬해서 죽인다는 말로, 상대방을 곤경에 처하게 하기 위해 일부러 칭찬한다는 뜻이다. 이제 일본에서 '친한'의 지칭, 특히 한국 측에서 '친한 인사'로 지명되는 것이, '호메고로시' 즉 오히려 '곤경'에 처하게 될 수 있다는 것을 암시하는 이 칼럼 자체가 바로 '호메고로시'를 실천하고 있는 것으로 읽을 수도 있어서 섬뜩하다.

이후에 산케이에서는 일관되게 한국측에서 지명되는 '친한'의 명명을 인용 보도하는 패턴이 계속된다.

2009년 12월 15일자 도쿄조간에서는 당시 여당인 민주당의 간사장을 맡고 있던 오자와 이치로(小沢一郎)가 천황의 방한에 대한 긍정적 의견 표명을 했다고 하는 한국 언론의 보도를 인용하며, 오자와 씨의 이 '친한발언'이 "한국이 바라는 립서비스를 아낌없이 한" 것이라고 전했다.

또 2009년 12월 25일자 오사카석간의 기사에서는 오자와 간사장이 방한시에 표명했던 외국인참정권성립에 대한 의욕과 천황방한에 대한 언급에 대해 "친한파의 면모를 발휘했다"고 보도했다. 2009년 12월 27일자 도쿄조간에서는 고등학교 역사교과서의 기술 내용에 대한 기사에서 "한국의 언론이 친한적이라고 보고 있는 하토야마 정권에 대한 기대가 크다"며, "하토야마유키오 수상이 '역사를 직시하는 용기'를 한국에 대해 언급한 발언은 한국에서는 "영토문제를 포함하는 한국의 주장을 받아들여줄 것이라고 여겨지고 있다"고 전했다. 2010년 2월 11일자 기사에서도 마찬가지로 '친한'이라는 지적은 곧 '반일'을 의미하는 연상의 문법이 되풀이되었다.

> 일한병합(日韓倂合)은 65년 전(1945년)에 끝났지만 한국에서는 연초부터 과거 회고가 유행해, 100년을 계기로 또 일본에게 사죄하도록 하려는 움직임이 한창이다. …
> 이명박 대통령은 기본적으로는 실리외교로 과거에서 '떠나는' 것을 지향하고 있다. 그러나 언론의 여론을 비롯해 대내 정치적으로는 '이번 기회'에 일본으로부터 어떤 역사적 언급을 끌어내고자 한다. 특히 상대가 "아시아 우애외교"를 제창하고 친한자세를 보이고 있는 하토야마 정권인 만큼 1998년의 김대중, 오부치 게이조 시대의 '일한공동선언'을 웃도는 사죄, 반성, 우호협력의 새로운 공동문서를 기대하고 있다(산케이신문, 2010. 2. 11. 조간).

이 기사는 오카다(岡田克也) 외상(당시)의 첫 방한을 앞두고, 1910년의 '병합' 100주년을 기념하는 '신 공동선언'이 과제가 되고 있다며 일련의 움직임을 한국측의 일본에 대한 사죄의 요구로 규정한다. 이에 응하는 것은 '친한' 즉 '반일'로서 명명하면서 견제하는 입장이 역력하다.

한편 정치가 외에 친한파로 지적된 사람으로는 아사히신문의 전 주필이자 앞서 논의한 '친한파의 모순'에 대해 문제제기를 했던 언론인 와카미야가 있다. 여기서는 '친한'에 '속죄'라는 말이 덧붙여져서 '친한=속죄파'로 명명된다.

> 최근 친한=속죄파로서 한국에서 인기인 와카미야 요시부미(若宮啓文) 아사히신문 논설주간이 동아일보(8.19)에 "100년 기념" 에세이를 게재했다. 간 나오토(菅直人) 수상의 한국에 대한 사죄와 반성의 '담화'에 관해 일본측의 여론을 소개한 것이다… (산케이신문, 2010. 9. 4. 조간).

2009년 민주당 정권 출범 후에는 요미우리신문에서도 '친한=반일'의 연상의 문법이 선명해진다. 그리고 그 '친한'을 한국의 언론의 명명에서 가져오는 것도 산케이신문과 마찬가지였다.

2009년 9월 18일자 기사는 '하토야마 정권은 '친한' 조선일보가 보도'라는 제목을 달았다. 서울 특파원 모리 치하루(森千春)의 기사는 "민주당 정권의 발족으로 일한 관계가 전진할 것이라는 기대가 한국에서 고조되고 있다"며 산케이신문과 마찬가지로 조선일보를 인용하며 '친한내각'이라는 제목을 달았다. 하토야마 수상은 공약으로 내걸었던 오키나와(沖縄) 후텐마(普天間) 미군 비행장 이설 문제로 혼란을 초래하며 2010년

6월 2일 사임을 표명하게 되는데, 이때도 "작년 9월 내각 발족시에 조선일보가 '친한내각'이라는 제목으로 하토야마 씨와 각료의 과반수가 일한의원연맹의 멤버라고 소개한 것을 들어, 한국에서 큰 기대가 있었다"는 구절을 새삼스럽게 소개했다. 또 2010년 9월 18일자 도쿄 조간에서는 9월 17일에 발족한 간(菅直人) 내각에 외무상으로 취임한 마에하라(前原誠司)에 대해 중국에서 '대중 강경파'로 경계감이 있다고 전하면서도 한국 특파원 다케코시 마사히코(竹腰雅彦)의 기사에서 "한국에서 마에하라 씨는 일한 관계를 중시하는 '친한파'로 주목받고 있어 기본적으로 환영하는 의견이 강하다. 한국 정부관계자는 '일한 관계에 전향적인 오카다 씨의 유임도 바람직했지만, 현재의 양국의 양호한 분위기를 생각하면 큰 변화는 없을 것. 걱정하지 않는다'고 말했다."고 전했다.

요미우리신문에서 친한파로 지목된 최근의 정치인은 전 도쿄 도지사 마스조에 요이치(舛添要一)였다. 역사인식 문제를 둘러싸고 악화 일로를 걷고 있던 시기이기도 해서, 도쿄 도지사의 서울 방문은 언론의 주목을 받고 있었다.

일한 관계가 삐걱거리고 있는 상황의 방한이었지만, 한국 국내의 미디어의 반응은 호의적으로 마스조에 지사를 '일본의 대표적인 친한파'로 소개하는 현지 텔레비전도 있었다(요미우리신문, 2014. 7. 26. 조간).

마스조에는 재임 중에 도쿄도의 공유지를 도쿄 한국학교의 제2캠퍼스 부지로 임대하겠다는 결정을 내리기도 했는데 이에 대해서 보수, 우파세력으로부터 비판이 잇따랐다. 그런 와중에 2016년 3월에는 빈번한 사치스러운 해외출장과 정치자금의 부적절한 유용 등에 대한 내부 고발문서가 주간지 〈주간분슌(週刊文春)〉에 게재되고, 마스조에는 잇따른 언론의 집중취재와 비난여론을 견디지 못하고 임기 도중에 도쿄도 지사직을 사임하게 된다. '친한'의 명명이 결국 '호메고로시'로 이어졌다는 직접적인 관련은 없지만, 그런 모양새가 된 것도 우연만은 아닐 수도 있겠다. 이어서 치러진 도지사선거에서 이 도유지(都有地)를 도쿄의 한국학교에 대여하는 문제는 후보자에 대한 정책 관련 질문에 반드시 포함되어있었고 특히 산케이신문은 이 문제를 집요하게 추궁했다.

## 7. '친한'을 둘러싼 다양한 입장성의 착종적 공존

마지막으로 살펴보는 '친한' 담론은 한류의 유행과 관련된 것이다. 한류의 유행을 '친한'과 연관 짓는 담론은 주요 신문에서 모두 발견되는데 특히 주목할 내용은 산케이와 아사히에서 발견된다.

아래 산케이신문의 기사는 구로다 서울특파원의 '위도 경도' 라는 고정 칼럼란에 실린 '일본 지지는 국익으로 이어진다?' 라는 제목의 칼럼으로 일본의 유엔안보이사회 상임위원회 진출에 관한 내용이었다.

100년 전 러일전쟁 당시 한국은 민간에서는 '일진회' 등 일본을 지원하는 쪽으로 움직였지만 정부(조정)는 일본 편에 붙지 않고 러시아와 비밀리에 통하는 등 일본의 발목을 잡았다. 일본에서 보자면 이 '한국 불신'이 결국 일한병합으로 이어졌다고 볼 수 있다. 물론 제국주의 전성기의 100년 전과 시대상황은 다르다. 그러나 다시 국제적으로 발신력을 높이고자 하는 이웃 일본의 움직임에 대해 한국이 어떤 대응을 할 것인가 하는 의미에서 상황은 비슷하다.

한국으로서는 일본 지지로 일본에 은혜를 팔아서(?), 일본으로부터의 대가 등 국가이익을 추구할 것인지. 아니면 일본 반대 또는 일본을 지지하지 않음으로써 일본을 위협하며 한국의 존재감을 부각하고, 일본을 긴장시켜서 일본으로부터 뭔가를 이끌어내려고 할 것인가. 후자는 언제나 한국이 구사하는 방법론이지만, 전자의 경우라면 새로운 대일외교라는 점에서 일본에서의 이른바 '욘사마, 친한 붐'도 정착할 지도 모르겠다(산케이신문, 2004. 10. 16. 조간).

이 칼럼기사에서 나타나는 역사인식은 그야말로 거침이 없는 확신이다. 언론인의 칼럼으로서는 이례적일 정도의 역사담론으로 보일 뿐아니라 "국익론에서는 일본 지지도 가능하지만 국민감정의 설득이 남아있다"라는 대통령 관저 소식통이라는 익명의 정보원을 인용하는 방식은 정통 객관저널리즘의 스타일과는 상당한 거리가 있다. 더욱 주목되는 점은 당시 일본에서 겨울연가의 히트로 부상하기 시작한 '욘사마 붐'을 정치적 관계로 연결시키는 발상이다. 한국 드라마의 붐조차도 그냥 문화적 현상으로 내버려둘 수는 없는 것이다.

이후에도 산케이신문에는 '한류'와 '한일관계'를 연결시키는 담론이 꾸준히 등장하는데, 2006년 9월 2일자 서울발 기사는 '친한파'의 계보를 잇는 아베 수상의 취임에 대해 주목한다. 제목은 '아베 정권 구상 한국, 기대와 경계가 반반' 이었다.

한국의 언론은 아버지 아베 신타로, 조부 기시 노부스케라는 가계에 주목해 대한국, 대조선반도정책을 논의하고 있는데 여기서도 '기대반, 경계반'이다. 아버지, 할아버지 모두 조선반도의 안보상의 중요성 등 한국 중시의 자세를 취해온 이른바 "친한파 정치가"였던 사실과 아베 씨의 부인이 "한류팬"으로 한국어에도 친근감이 있다는 얘기 등도 있어서 한국에 대한 배려를 기대할 수 있지 않을까 하는 것이다.

이에 대해 구(旧) 친한파는 기본적으로는 과거에 반성이 없는 우파이고 그 혈통을 잇는 아베 씨는 한국배려보다는 일본의 입장을 강하게 내보이려는 민족주의적 경향이 강하다며 경계하는 의견도 강하다…(산케이신문, 2006. 9. 2. 조간).

이어서 2006년 9월 30일자 칼럼에서는 이번에는 아베 부인의 인기가 한국에서 높아지는 현상에 주목한다. "이런 일은 일본의 역대 수상 부인으로서는 처음 있는 일"이며 "그 이유는 아키에 부인이 열렬한 "한류팬"으로 한국어도 공부하고 있다고 전해지고 있기 때문"이라고 전한다. 아베 부인에 대한 한국 언론의 관심이 그에게는 무척이나 흥미로웠던 듯한데, 일본과 한국의 외교가에서 아키에 기대론이 확산되고 있다는 등 아베 부인을 일본의 힐러리로까지 칭찬하는 한국언론의 호들갑이 조금 멋쩍기도 한 듯 칼럼의 마지막은 이렇게 적고 있다.

아키에 부인이 한류를 좋아하는 것으로 과거에 얽매인 한국의 대일외교가 정상화에 눈을 뜨게 된다면 바람직한 일이지만, 실은 한국에서는 일본 여성은 옛날부터 평판이 좋았고 영화나 텔레비전 드라마에서도 남성은 언제나 악역이지만 여성은 호의적으로 그려진다. 아베 수상의 방한 때는 꼭 부인 동반으로 오기를(산케이신문, 2006. 9. 30. 조간).

한편 한류의 유행을 한일관계의 문맥에서 동원하고 싶은 욕망은 우파신문인 산케이에 국한되지 않았다. 아사히신문에서도 마찬가지의 노스탤직 모드의 담론이 발견된다. 과거의 '친한'은 이제 '모순'이 아니라, 그리움의 대상으로 다시 동원된다. 노란 셔츠를 입고…. 기사 제목은 '일본인맥기 '한류'의 원류: 3 일본인 '리카(梨花)' 한국으로, 노란 셔츠가 인연'(「ニッポン人脈記「韓流」の源流：3 日本人「梨花」韓国へ、黄色いシャツが結ぶ縁」)이었다.

> 올해는 '일한우정년' 국교정상화 40년을 기념해, 다양한 교류행사가 열리고 있다.
> 일한조약이 체결된 65년 당시는 식민지지배에 대한 책임을 애매하게 하는 '굴욕외교'라는 불만이 한국민들 사이에 남아있었다. 그것이 예상치 못했던 형태의 문화교류로 이어진다.
> 1961년에 크게 히트한 '노란 샤쓰의 사나이'라는 한국을 대표하는 가요곡이 있다. 노란 샤쓰를 입은 말없는 남자에 대한 연심(恋心)을 밝게 노래한다. 가수의 이름은 서울에 있는 여자대학의 이름에서 따와 한국에서 이화, 일본에서는 리카로 읽었다. … 일한을 왕래하며 '노란 샤쓰'는 대표곡이 되었다.
> 이화는 데뷔에 앞서 레코드회사로부터 이런 말을 들었다. '일한친선가수로 가자. 후나다 나카(船田中) 선생의 의뢰다. 일한조약을 심의한 중의원 의장으로서 의사를 강행하고, 인책 사임한 친한파의 중심. 박정희 대통령과도 친했다.
> '후나다 선생은 조약으로 고생하며, 친선가수를 생각해낸 것 같다. 나는 정치는 잘 몰랐지만'(아사히신문, 2005. 5. 25. 석간).

한류의 유행을 보수 우파적 '친한'과 연결 짓는 담론은 리버럴 신문으로 알려진 아사히신문에서도 나타난다는 점을 확인할 수 있는 대목이기도 하다. 아울러 앞서 살펴본 80년대 초반 아사히신문의 '친한파' 보도에서도 나타났던 정치인과 신문의 밀착된 거리 감각을 새삼 확인할 수도 있다.

## 8. 한류의 유행과 친한 담론

이 글에서는 일본의 주요 신문에서 '친한'이 어떻게 논의되어 왔는지에 주목했다. 전후 일본사회의 사상과 담론을 고려하는데 '친한' 또는 '한국을 어떻게 인식하는지'의 문제는 중요한 주제이다. 과연 전후 일본사회가 한국을 대하는 사상과 감정은 어떤 것이었고, 어떠한 담론이 전개되어왔으며 어떤 분포를 이루며 어떠한 입장과 생각들이 겨루어왔는지를 파악하기 위해 이 글에서는 일본의 여론공간에서 중요한 위치를 차지하는 주요 신문의 담론에 주목했다. 그리고 주요 신문의 위치성, 또는 입장성(Positionality)을 '좌우' 또는 '리버럴과 보수'의 축에서 파악하고 아울러 일본문화론의 주요 개념 중 하나인 '다테마에(建前)'와 '혼네(本音)'를 또 하나의 분석축으로 설정했다. 여기서 '다테마에'와 '혼네'는 문맥적 의미를 고려하며 '명분'과 '속내 또는 심정'으로 번역해서 이해하는 것을 제안했다. 이러한 두 축의 개념을 가진 그림을 구상한 것은 여론 현상을 이해하는 데 필수적인 '감정'이나 '심정'의 영역을 고려하기 위해

서였다.

　분석결과를 크게 정리하면, 전후 일본사회의 담론 공간에서 '친한' 은 '정치외교의 영역'에서 '사회문화의 영역'으로 확대되었다고 할 수 있 을 것이다. 또 '현실정치'의 영역에서 '역사인식'으로 상징되는 상상과 관 념의 영역으로 이행한 측면도 인정될 수 있을 것이다. 이러한 이행은 이 글에서 제시한 '다테마에와 혼네', 즉 '명분과 속내'의 축에서의 위치이동 으로서 이해할 수도 있을 것이다.

　일본의 주요 신문의 '친한'이 언급된 기사에서 나타나는 담론을 주 요 범주로 분류해 본 결과는, 1) 친한파, 2) 모순으로서의 친한, 3) 독백으 로서의 친한, 4) 반일로서의 친한 그리고 한류와 친한을 관련지우는 담 론으로 나눌 수 있었다. 이러한 주요 범주는 어느 정도 시간에 따른 변천 과정으로 이해할 수도 있고, 친미보수의 친한에서 좌파, 또는 리버럴의 친한으로 이행하는 과정이 그 배경에 자리 잡고 있다고 볼 수도 있을 것 이다.

　각각의 범주들은 상호 배타적이거나 서로 다른 입장을 대표한다기 보다는 오히려 착종적으로 공존하는 복잡하고 애매한 것이기도 했다. 현실 정치에서 '보수' 우파의 친한이 현저했을 때는 오히려 '리버럴'의 입 장이 나타나는 신문에서 '친한파'를 '공감적'으로, 다시 말해 '속내지향의 접근방법'으로 소개하고 있는 것을 알 수 있었다. 그리고 이 무렵 보수적 입장성의 요미우리신문에서는 오히려 그러한 '보수우파의 친한의 자세 에 대해 거리를 두는 담론이 나타났다. 그러다가 1980년대 후반 한국의 민주화로 보수우파적 '친한'의 입지는 제한되고 이 무렵 아사히신문은

'친한파 또는 친한의 모순'을 지적한다. 그 지적의 방법은 언제나 한국의 언론인의 견해나 신문의 주장 등을 인용하는 우회적인 형태로 구사되었다. 필자는 이를 '보수 우파적인 정서'에 배치되지 않으려는 담론의 전략으로 해석한다.

1990년대 들어서는 정치의 영역에서 사회문화적 영역으로 '친한' 담론이 확장된다. 그러면서 새롭게 등장한 것은 '독백'으로서의 친한 담론이었다. 이러한 담론은 주로 신문의 독자 투고에서 발견된다. 흥미로운 점은 이러한 담론이 보수우파적인 입장성이 강하게 나타나는 산케이신문 뿐 아니라 요미우리신문과 아사히신문에서도 발견된다는 점이다. 특징적인 점은 '친한파'를 자임하면서 또는 '친한'의 자세를 표명하면서도 한국에 대한 비판의 담론을 내부적 집단, 즉 일본사회를 향해 얘기한다는 것이다. 이러한 '독백'으로서의 담론은 같은 시기에 서서히 자리 잡기 시작하는 '혐한' 담론구조와 기본적으로 흡사하다.

2000년 이후에는 '반일'로서의 '친한' 담론이 현저해진다. 중요한 특징은 한국측의 '친한'의 명명을 인용 보도 - '받아쓰기' 보도라고 바꿔 쓸 수도 있겠다 - 한다는 것이었다. 이러한 담론은 분명 리버럴의 입장보다는 보수, 우파적 입장의 진영에서 적극적으로 전개하는 것을 알 수 있었다. 노골적인 '반한'의 자세는 다테마에 입장의 신문에서는 전개하기 어려운 점이 있지만, 이를 우회하는 담론 전략으로서 한국의 '친한' 명명을 널리 알리면서 앞서 인용한 한 특파원이 지적했던 것처럼 '호메고로시(誉め殺し)'의 일환으로서 '친한'을 지목하는 담론이 횡행하게 된 것이다.

흥미로운 점은 2000년대 이후는 2003년의 '겨울연가'를 시작으로 한국의 드라마와 음악 등 이른바 '한류'가 크게 인기를 얻으며 양국관계도 양적, 질적으로 발전의 양상을 보인 시기이기도 했다는 것이다. 한류 붐과 관련된 많은 담론이 반드시 '친한'을 언급하는 담론은 아니었기 때문에 이 연구에서는 포함되지 않았지만, 그러한 '한류 담론'이 크게 확장된 상황에서 보수 우파의 언론이 전개한 '친한=반일'이라는 연상의 문법은 어느 정도의 영향력이 있었을까?

이 궁금증에 답하기 위해 이 연구에서는 '친한과 한류'가 동시에 언급된 사례를 따로 추출해 분석해보았다. 분석 사례를 통해 알 수 있었던 것은 우파적 입장성의 산케이신문에서는 '한류 붐'을 통해 역사인식과 관련된 한국의 '반일'이 사라지기를 바라는 것이었고, 아사히신문에서는 2000년대의 한류 붐을 통해 과거의 '친한파'가 노스탤직 모드로 회고되는 담론이 등장했다. 얼핏 달라 보이지만 산케이와 아사히의 '한류 담론'에는 유사성이 존재한다는 것을 알 수 있다.

이와 관련해 일본의 리버럴을 대표한다고 볼 수 있는 아사히신문의 '친한' 담론, 바꿔 말하자면 일본 '리버럴'의 친한의 자세에 대해 생각해보기로 한다. 1980년대 아사히신문은 다른 어느 신문보다도 빠르게 일본의 '친미 보수적 친한'의 문제성을 인식하고 이를 지적해왔다. 한국의 민주화 이후, 그리고 냉전 후 일본의 정계 재편의 가능성이 인식되는 상황에서, 이러한 아사히신문의 입장은 일본 사회의 이른바 '리버럴'이 취한 입장으로 이해될 수도 있을 것이다. 한국의 민주화 이후의 '친한'은 리버럴의 사상으로 전환된 측면이 있지만, 그럼에도 불구하고 아사히는 과거의 '친한'을 뿌리치고 패러다임 변화를 실현시키지는 못한 것으로 보인다. 과거의 친한이 친미반공을 매개로 침략과 식민지지배, 전쟁책임에 대한 초점을 회피하면서 내부적으로는 식민지시대에서부터 흘러 내려온 조선개발론, 근대화공헌론을 나르시시즘적으로 해석하는 담론이었다면, 90년대 후반 이후의 리버럴의 '친한', 아사히의 '친한'에서는 친미반공의 매개는 다소 약화되었지만 다른 부분, 즉 내부를 향한 담론이 온전히 계승된 부분이 많다. 침략과 식민지지배에 대한 반성이 필요하다는 점을 인정하고 주장하는 것은 분명 보수 우파의 담론과 다르기는 하지만 역사인식의 반성을 촉구하는 한국 대 일본의 구도 속에서 한국과의 관계개선을 위해 반성의 레토릭이 필요하다는 프레임이 지배적이었다. 1982년의 역사교과서 논쟁 당시에 일본정부가 제시한 이른바 '주변국 조항'의 논리는 리버럴의 논리 그 자체이기도 했다. 즉, 리버럴은 견고한 일본 내셔널리즘의 벽을 정면에서 돌파하기보다는 한국이라는 외압을 이용해 우회적으로 보수와 대치하는 담론을 선택해온 것이다. 그러면서 동시에 조선개발론과 근대화공헌론으로 대표되는 식민주의 역사관을 암묵적으로 계승하고 있는 전후 냉전구조 하의 '친한파', 즉 '친미보수세력에 의한 친한'을 '일한관계의 개선'을 위해 노력한 '친한파'로서 인식함으로써, 또 이를 노스탤지어적 나르시시즘의 시선으로 바라봄으로써 결국 보수 우파의 '친한' 담론과 오히려 접근해버리는 것이다. 아사히의 2000년대 이후의 '친한' 담론을 살펴보면 한국을 바라보는 시선 또한 여전히 계층적인 국가 서열의식을 벗어나지 못하고 일본이 걸어왔던 과정을 뒤늦게 경험하고 있다는 인식에서 한국 민주화를 지원했던 좌파의 공헌조차도 일본으로서의 노스탤지어적 나르시시즘으로 회귀되고 있는 것을 알 수 있다. 여기서 리버럴 또는 좌파의 다테마에는 일본의 국가적 노스탤지어로 회귀되어 감정의 차원, 즉 혼네의 차원에서 우파와 합일하게 되는 것이다. 이 과정에서 결정적 공헌을 하게 되는 것이 한류의 유행, 아니 한류의 유행에 관한 담론이었다.

다양한 양상을 보이며 변천해온 것으로 보이는 '친한' 담론이 각기 다른 범주의 담론들과 형태를 달리하며 동시적으로 공존하는 양상을 파악할 수 있다. 아울러 한 신문 또는 그 신문이 대표하는 여론의 공간에서도 각기 다른 담론이 동시적으로 또는 시간차를 두고 공존해온 양상이 발견된다. 또한 전후의 일본사회에서 한국에 대한 시선이나 입장은 좌우 또는 리버럴과 보수로 양분되는 분포나, 전전회귀세력과 진보적 양심세력의 입장에 따라 양분되는 분포로 파악될 수 있는 것이 아니며, 전후 사회의 시간에 따라 '친한에서 반한 또는 혐한으로' 아니면 '반한에서 점차 친한으로' 수평 이동해온 것도 아니라는 것이다.

1980년대 아사히신문의 '친한파' 담론은 친미 보수의 친한에 가까운 것이었고, 2000년대 이후 아사히신문의 '한류 담론'은 오히려 보수 우파적인 속내에 더 가까운 것이었다. 즉 한류의 유행을 통해 역사인식을 둘러싼 갈등이 극복되어 한국의 반일이 철회되는 형태로 양국 관계가 개선되기를 바라는 그런 담론이었다. 그런 과정에서 과거의 보수우파의 친한조차도 노스탤직 모드로 회고된 것이었다. 그리고 이러한 아사히신문의 '친한'의 자세는 이미 1980년대 '친한파'를 보도하는 자세에서도 이미 나타난 것이었다.

전후 일본사회에서 물론 정치세력이나 이념적 분포에 다양성은 존재했지만, 그 다양성은 적어도 한국이라는 대상을 향해서는 단순한 수평적 분포가 아니라 훨씬 복잡하고 애매하며 때로는 깊은 모순을 품은 채로 착종적으로 공존하는 양상을 띠어왔다. 앞서 살핀 바처럼 전후는 물론 전쟁 전으로 거슬러 올라 메이지 근대화 시기에도 '친한'이 의미하는 바는 이중적이었다. 리버럴 세력으로 불릴 수 있는 지식인 정치인 언론에서도 마찬가지였다. 그리고 '반한'은 거의 대부분이 한국측의 명명에 따른 것이며 일본측에서 지칭하는 사례는 거의 없었다. 90년대 들어 새로운 지칭으로 등장하는 '혐한'은 많은 부분에서 기존의 친한 세력과 그들의 담론의 연장선에 있었지 반한에서 파생된 것은 아니었다.

그 착종적 공존을 가능하게 하는 메커니즘을 바로 이 글에서 주목하는 '다테마에=명분'과 '혼네=속내'의 이중 발화의 구조와 문화에 대한 주목을 통해 설명하고자 했다. 이 글에서 충분히 전개하지 못한 논의는 여전히 과제로 남겠지만, 적어도 일견 다양한 세력에 의해 전개되어온 것으로 보이는 '친한 담론'이 좌우, 또는 리버럴과 보수의 서로 다른 입장성의 세력이 착종적으로 공존하는 양상을 확인할 수 있었다. 또한 그것이 바로 1990년대 후반 이후 현재화된 '혐한론'의 등장의 배경이었다는 점을 인식할 수 있었으며 여전히 되풀이 되고 있는 정치임을 확인한 것을 이 연구의 의의로 찾을 수 있을 것이다.

현대일본생활세계총서 **12**

# 탈 전후 일본의 사상과 감성

# 일본군 '위안부' 문제
## 보수의 결집과 탈냉전 세계정치의 사이에서

신기영

## 1. '위안부' 문제와 보수결집의 새로운 국면의 등장

일본군 '위안부' 문제는 탈냉전기 세계정치의 시작을 알리는 1990년
대의 초두에 일본과 아시아에 큰 충격을 던지면서 등장하였다. 일본사
회에서 '위안부' 문제가 크게 주목받았던 1990년대는 전후의 일본정치체
제를 규정하고 있던 소위 55년체제가 붕괴되면서 급속도로 정계개편이
진행되던 시기였다. 1990년대에 실험되었던 정치 개편을 일본 정치의
보수확장으로 결론짓는 논의도 있지만,[1] 결과적으로 보수세력의 확장
으로 이어졌을지언정 이 시기는 전후 일본 체제가 근본적으로 변화하는
변동의 시기였다. 55년체제에서 흔들림이 없었던 자민당 절대우위체제

---

\* 이 글은 일본비평 15호 (2016, 8월)에 실린 논문을 수정 게재한 것이다.
1) 예를 들어, 박철희, 「일본정치보수화의 삼중구조」, 『일본비평』 10호, 2013, 70-97쪽.

가 무너지고 최초로 연립정권이 탄생하였으며, 이러한 변화를 통해 불안정하지만 다양한 정치적 공간이 새로 열린 시기였다. 그러한 변화의 시기에 등장한 '위안부' 문제는 아이러니컬하게도 야스쿠니 및 역사교과서 문제와 함께 대아시아 관계를 축으로 하여 일본의 우익보수층을 결집시키는 이념적인 중추역할을 하였다.[2]

일본에서 '위안부' 문제에 대한 시각이 우익보수적 담론에 의해 본격적으로 대체되기 시작한 것은 2000년대 초반이다. 2000년대 중반 이후부터는 우익정치가들이 고노담화 및 중고교 교과서 기술과 같은 90년대의 진보적 성과를 부정하면서 아시아 국가들과의 긴장이 고조되었고, 특히 이명박 정부시절 독도 방문 및 2011년 한국의 헌법재판소의 위헌 판결을 전후해서 한일관계가 극도로 긴장되었다.[3] 2015년 12월 28일의 '위안부' 문제에 대한 한일간 합의는 이러한 긴장의 정점에서 타결된 것이지만, 이 합의로 해결된 것은 두 정부간의 일시적인 긴장관계였을 뿐이었다. 과거 25년간 '위안부' 문제가 미친 한일관계의 변화 및, 특히 '위안부' 문제와 일본정치의 보수화와의 관계는 한국에서 간단히 폄하하는

---

2) 물론 한일간의 갈등 요소인 야스쿠니, 영토, '위안부' 문제에 대해서 자민당 내의 보수 지도자들이 모두 똑같은 입장을 보인 것은 아니다. 이정환, 「2000년대 자민당 온건보수의 향방: 新YKK 정치연대의 아시아 중시 외교노선의 성격과 몰락」, 국민대학교 일본학연구소편, 『일본 파워엘리트의 대한정책』, 선인, 2016; 박철희, 「일본 보수정치 세력의 동아시아를 둘러싼 갈등」, 『일본연구논총』 33호, 2011, 159-188쪽.
3) 2011년 한국의 헌법재판소는, "정부가 이 문제를 외교적으로 해결하려는 노력을 게을리 한 것은 국민의 권리보호에 대한 의무를 이행하지 않은 부작위에 해당한다"고 위헌 판결을 내렸고, 이를 계기로 한일 양국은 외교채널을 통한 협의를 본격화하였다.

"극우망언"의 수준보다 훨씬 더 구조적인 것이라고 생각된다. 즉, 몇몇 극우적인 인사들의 예외적인 발언으로 이해할 문제는 아니라는 것이다. '위안부' 문제는 이 책의 주제이기도 한 90년대 이후의 보수의 사상과 감성, 아이덴티티에 대한 근본적인 질문을 던진 사건이고 보수층이 이에 본격적으로 응답하면서 그 정치적 세력을 확장하는 데 성공했기 때문이다. 이에 대한 체계적인 분석은 아직 제대로 이루어진 적이 없다.

그러나 다른 한편으로 '위안부' 문제는 1990년대 탈냉전의 세계사라는 문맥에서 등장하여 주목받아 온 것임에 유의할 필요가 있다. 즉, '위안부' 문제가 단순히 한일 간의 역사 해석의 차이에서 발생한 문제가 아니라, 한일관계의 틀로는 포섭되지 않는 보편성을 바탕으로 글로벌 여성 인권운동과의 상호관계에서 구성된 문제라는 사실이다. 이 때의 중요한 행위자가 정부가 아닌 시민단체와 피해자 여성들이었다는 점 또한 중요하다. 글로벌로 확장된 시민사회의 네트워크에 의해 냉전시대에는 정치화되지 못했던 새로운 이슈들이 세계정치의 전면으로 부각될 수 있었다. 초국가적 시민운동에 의해 비전통적인 국제정치 이슈에 대한 관심이 증가하면서 '위안부' 문제는 탈냉전기의 국제정치하에서 새롭게 부상한 글로벌 여성인권 문제의 표상이 되었다. '위안부' 문제는 20세기에 발생한 전쟁과 인권침해가, 명백한 젠더질서에 바탕한 것이었음을 증명했고, 이로부터 얻은 교훈을 미래세대에게 교육하고 기억하게 함으로써 재발 방지를 위해 노력해야 할 인류공동의 과제를 부과했다.

그러므로, '위안부' 문제에 대한 일본정부의 대응은 단순히 한일간의 양자관계 또는 국내정치적인 의미만을 가질 수는 없다. 이는 초기부

터 이 문제에 대해 시민단체의 문제제기에 대해 유엔인권기구가 비상한 관심을 가지고 조사를 시작하였다는 점에서도 드러난다. 유엔의 보고서들이 국제사회의 큰 관심을 불러일으키자, 유엔을 중심으로 한 국제무대에서 새로운 역할을 모색하던 일본정부로서는 '위안부' 문제의 해결을 시도하지 않을 수 없었다. 이러한 배경하에서 때마침 자민당의 독주가 위협받게 된 국내정치적 상황이 맞물려 일본 정부는 『여성을 위한 아시아평화 국민기금』(女性のためのアジア平和国民基金, 이하 아시아여성기금)[4]의 설치를 결정하였다[5]. 그러나, 아시아여성기금은 최대피해국

---

4) 이 명칭이 정식 일본 명칭이며 일본에서는 한동안 "国民基金"(국민기금)이라는 약칭이 많이 사용되었으나, 영문으로는 "The Asian Women's Fund"가 사용되어왔으며, 한국에서도 "아시아여성기금"으로 알려져 있다. 의도한 것인지는 불분명하나 두 용어는 발신하는 의미가 다르다. 국민기금은 일본국민이 모금의 주체가 될 것을 강조하며 아시아여성기금은 사업의 수혜자인 아시아 피해자를 강조하는 표현이라서 대내외적으로 다른 내용을 강조하는 효과가 있다. 아시아여성기금 측은 2007년 3월 인도네시아에서의 사업 종료를 끝으로 전 사업이 종료된 후 인터넷 공간에 디지털 기념관을 설립해 다양한 자료와 기금의 활동을 홍보하고 있다. 처음에는 일본어와 영문판이 있었으나 뒤에 한국어판이 추가되었다(http://www.awf.or.jp 최종 검색일: 2016. 4. 2).
5) 일본 정부는 1990년대 초 이 문제를 한국의 시민단체가 처음 제기하자 위안소는 민간업자가 모집 운영한 것으로 군은 직접 관여하지 않았다는 의견을 피력했다. 그러다가, 피해자들이 직접 증언을 하고 군이 직접적으로 관여했음을 증명하는 사료가 발굴되자 결국 두 차례에 걸쳐 자체 조사를 실시하고 군의 '관여'를 인정하는 고노담화를 발표하게 되었다. 아시아여성기금은 그에 대한 후속조치로 1995년에 보상금 지불 및 의료사업을 실시할 목적으로 설립되었다. 하지만 일본 정부의 법적 책임의 부인과 민간모금에 의한 보상이라는 구상이 피해자들의 반발을 사면서 대다수의 피해자들이 이를 받아들이지 않았고, 결국 아시아여성기금은 문제의 해결책이 되지 못한 채 2007년 3월 공식적으로 사업을 종료했다. 공식적인 사업 종료 이후에도 기금 수령을 한 각국의 피해자들에 대해서 방문 및 돌봄을 제공하는 "후속사업"(follow

인 한국, 대만에 의해 거부되었고 북한과 중국을 비롯한 일부 국가들의 피해자들이 아예 대상에서 배제되는 등 결과적으로 문제해결에 실패하였다. 하지만 이후 일본 정부는 대내외적으로 아시아여성기금을 통해 피해자 보상과 명예 회복을 위해 최선을 다했다는 공식적인 입장을 견지해왔고, 그 이외의 다자관계 내의 문제해결이나 국제중재, 또는 일본 내 특별법 제정을 통한 개인배상에 부정적이었다.[6]

주목할 점은, 이 기간을 거치면서 일본에서는 1990년대 말부터 역사수정주의의 담론이 일본정치의 우경화를 견인하고 일본사회의 주류 담론으로 힘을 얻기 시작했다는 점이다. 이 역사수정주의의 집중적인 공격대상은 다름 아닌 '위안부' 문제다. 역사수정주의를 주장하는 세력은 '위안부' 피해자들의 주장의 진실성을 반박하고, 그 성과의 하나로 특히 중학교 교과서에서 이 문제의 기술을 삭제하는 데 성공했다.[7] 이들은 세부적인 사실관계의 정확도에 집착함으로써 문제의 함의를 희석시키

---

사업)을 현재까지 계속하고 있다.

6) 피해자들은 국제중재재판소(Permanent Court of Arbitration, PCA)에 일본 정부를 대상으로 위안부 문제를 제소하고자 했으나, 일본 정부는 이에 응하지 않았다. 또한 2000년 전후부터 일본 국내에서는 시민단체를 중심으로 국회에서 특별법을 제정하여 국가보상을 추진하는 운동을 펼쳤으나 대부분 논의조차 되지 못한 채 폐기되었다. 제출된 법안에 대해서는 아시아여성기금 홈페이지 참조(http://www.awf.or.jp).

7) 2000년대 말에는 검증을 통과한 중학교 교과서 모두에서 위안부 문제에 대한 기술이 삭제되었다. 2016년 현 시점에는 뒤늦게 교과서 시장에 진입한 마나비샤(学び社)의 중학교 교과서가 비록 검증통과 과정에서 대폭 수정되기는 했으나 위안부 문제를 직접적으로 기술하고 있는 유일한 교과서이며 현재 약 30여개의 중학교가 채택한 것으로 알려졌다. 産経ニュース(2016. 3. 19.). http://www.sankei.com/life/news/160319/lif1603190015-n1.html(최종 검색일: 2016. 5. 22).

고 대중적인 설득력을 확장하는 방식을 취하였다. 이러한 역사수정주의적 담론은 일부 보수우익의 주장이 아니라 점차 일본사회의 주류집단의 이해방식으로 자리매김하고 있다. 2000년대 말부터는 미국과 유엔을 중심으로 세계 여론의 전환에도 역량을 쏟고 있다.[8]

위와 같이 지난 25년간 일본내의 변화와 글로벌 수준의 인식의 변화를 함께 살펴보면 일본의 반응과 유엔을 중심으로 하는 글로벌 인식과의 사이에 점차로 간극이 벌어져 가는 상황이 발생했음을 알 수 있다. 그 간극을 메우는 것이 '위안부' 문제에 대한 일본의 보수우익의 다음 과제이다. 다시 말해, 한일간 '위안부' 합의를 선전하면서 본격적으로 유엔 인권기구를 상대로 로비를 벌이는 등 세계 여론을 반전시키기 위해 그 역량을 집중하고 있다. 이러한 점들은 '위안부' 문제를 한일의 양자적 틀로만 이해하는 데는 한계가 있으며 '위안부' 문제를 둘러싼 장기적인 동학을 이해하기 위해서는 한일관계의 수준만이 아니라 국내적 정치변화와 글로벌 수준의 탈냉전 정치를 함께 고려할 필요가 있음을 의미한다. 대아시아 관계에서 점차 더 역사수정주의의 해석이 힘을 얻고 있는 일본의 주류정치에 대한 면밀한 분석도 필요할 것이다.

그러한 다층적인 분석을 궁극적인 목표로 하면서, 이 글에서는 먼

---

8) 예를 들어, 2015년에는 미국의 역사학자들에게 우익계 역사서를 보내는가 하면, 미국의 교과서에서 위안부 문제의 기술을 문제삼는 것과 같은 것이 해당한다. 이들에 대한 비판은 다음을 참조. 山口智美, 能川元一, 테ッ사・모―리스-스즈키, 小山エミ,『海を渡る「慰安婦」問題―右派の「歷史戰」を問う』, 岩波書店, 2016. 최근에는 위안부 소녀상 설치 반대운동을 조직적으로 펼치고 있다.

저 글로벌 수준에서 '위안부' 문제가 어떻게 인식되고 발전되어 왔는지에 초점을 맞추어 살펴보고자 한다. 본문의 전반부에서 지금까지 시도해 온 '위안부' 문제에 대한 해결방식들을 살펴보고, 후반부에서는 여성차별철폐위원회의 권고의 변화를 통해 '위안부' 문제가 글로벌 인권규범과의 관계에서 인식되어온 과정을 살펴본다.

## 2. '위안부' 문제의 복합적 · 다층적 성격

'위안부' 문제는 한국과 일본 양국에서 주로 한일관계나 역사갈등의 문제로 인식되어왔다. 그러나 그러한 일반적인 담론이 표상하고 있는 것만큼 '위안부' 문제는 한일 양국에만 국한된 문제가 아니다. 물론 한국은 일본의 직접적인 식민지지배로 인해 조직적인 동원의 대상이 된 일본군 위안소 제도의 최대 피해국이다. 조선의 여성들이 주된 모집대상이었고 조선인 군 '위안부'는 수적으로도 가장 많았으며, 그 기간도 점령지에서 납치된 다른 아시아 여성들에 비해서 훨씬 길다. 자료와 연구의 부족으로 정확한 숫자는 알려지지 않았으나, 일본군 '위안부'의 주된 공급원이 조선여성이었다는 점은 분명하다. 조선이 일본의 전쟁수행을 위한 물적, 인적 수탈을 위한 공급지였다는 점은 '위안부' 문제가 민족차별과 식민지주의의 산물임을 의미한다.

그러나 일본군 '위안부'에는 조선여성뿐 아니라, 제국내의 일본 여성들과 대만 여성들도 동원되었다. 일본인 '위안부'들은 자국의 군에 의해서 조직적인 성착취를 당한 것이다. 이때 주로 동원된 여성들이 매매춘에 종사하고 있었거나, 취업사기나 속임수에 취약한 빈곤계층의 여성들이었다는 점은 이 문제가 계급의 문제이기도 하다는 점을 시사한다. 일본이나 식민지 여성들이 일본군을 따라 이동하면서 '위안부' 역할을 강요당한 것에 비해, 아시아 점령지의 여성들은 현지에서 강제로 잡혀 가거나 납치당한 경우가 대부분이다. 일본이 동북아시아를 넘어 동남아시아 전체를 망라하는 지역으로 전쟁 범위를 확대해감에 따라 일본군에 의한 피해자도 아시아 전 지역에 걸쳐 나타났다.[9] 전시하에 발생한 여성에 대한 성폭력이라는 큰 틀은 공유할 수 있지만, 아시아 여성들의 피해의 형태와 동원방식은 다양하였다. 즉 '위안부' 문제는 민족, 계급, 식민지주의, 그리고 젠더의 문제가 복합적으로 얽혀 있는 문제로 "위안부"라는 같은 명칭으로 불리고 있는 경우에도 각국의 여성들이 입은 피해는 동일한 형태를 띠지 않는다. 이는 한일간의 문제로 '위안부' 문제가 축소될 수 없다는 것을 의미한다.

굳이 한일간으로 문제의 초점을 좁혀보아도, 일본과 한국은 '위안부' 문제의 해결에 대한 입장을 둘러싸고 각 국가 내부에 합의를 가진 통일된 행위자로 보기 어렵다. 예를 들어, 일본의 경우 법적인 배상 문제가 완료되었다고 여론을 주도하는 정부, 일본의 포괄적인 전쟁 책임을 주장하는 진보적 시민단체, 그리고 '위안부' 문제를 포함하여 식민지지배

---

9) 당시 인도네시아를 지배하고 있던 네덜란드는 일본군에 의해 '위안부' 피해를 입은 유일한 비아시아 국가다. 또한 제2차 대전 종료 후 인도네시아의 바타비아임시군법회의에서 점령지의 네덜란드 여성을 위안소에 감금, 성노예화한 일본군 11명에 대해 BC급 전범으로 유죄판결을 내렸다.

와 태평양전쟁 전체를 미화하는 우익적 시민단체가 각기 다른 주장을 하고 있다. 한국은 '위안부' 문제를 일관되게 주도해온 진보적 여성단체와 이에 연대하는 시민단체들이 여론을 이끌어왔고, 그 뒤에 한일관계를 고려하여 전략을 수정하는 정부가 존재한다. 이들 다양한 행위자는 '위안부' 문제에 대해 서로 시각이 다르며, 특히 피해자 지원단체들은 자국의 정부와 국경을 초월해서 수평으로 연대해왔다. 따라서 '위안부' 문제에 관해서는 단순한 한일 대립이라는 구조가 성립하지 않는다.

한국과 일본의 시민단체는 연대활동을 통해 1990년대 초부터 유엔 인권기구에 '위안부' 문제를 제기해왔고 이 문제는 국제사회가 관심을 가지는 중대한 인권침해 사안으로 인식되었다.[10] 이러한 구조 속에서 일본 정부는 1) 국내정치적으로는 진보적 시민단체와 여론, 2) 양자간 국제관계에서는 한국 정부, 그리고 3) 글로벌 수준에서는 국제 인권규범과 부딪히는 다층적인 갈등관계에 놓이게 되었다. 2015년 12월의 한일합의는 이 중에서 두 번째 갈등 수준인 한일외교 관계를 해결하려는 시도였는데 이 합의의 내용에 대한 시민사회와 글로벌 인권기구의 평가는 현재까지도 매우 부정적이다. 2017년 현재 이 합의는 오히려 한일갈등의

---

10) 1990년대 유엔에서의 한일 시민단체의 활동에 대해서는, 한국정신대 문제 대책협의회 편찬위원회, 『한국정신대 문제 대책 협의회 20년사』, 한울아카데미, 2014; Heisoo Shin, "Seeking Justice, Honor and Dignity: Movement for the Victims of Japanese Military Sexual Slavery", *Global Civil Society 2011: Globality and the Absence of Justice,* eds. by Hakan Seckinelgin and Billy Wong, Bashingstroke; Palgrave Macmillan, 2011, pp.14-29; 정진성, 『일본군 성노예제: 일본군위안부 문제의 실상과 그 해결을 위한 운동』, 서울대학교 출판부, 2004; 戸塚悦郎, 『(普及版)日本が知らない戰爭責任ー日本軍「慰安婦」問題の真の解決へ向けて』, 現代人文社, 2008 참조.

원인이 되고 있다. 또한 정부 간 양자 합의에 의해 한국에서 2016년 7월 28일 공식적인 재단(화해·치유 재단)이 출범하였으나, 이 재단은 그동안 발전한 글로벌 여성인권규범의 기준은 말할 것도 없고 아시아여성기금보다 더 진전한 것이 없다(다만 전액을 일본정부의 예산에서 거출한 점을 굳이 진전이라고 평가할 수도 있겠다). 이는 과거 25년 동안 '위안부' 문제가 형성되어온 이러한 다층적인 구조를 충분히 고려하지 않은 채 전략적, 기능적으로 이루어진 합의에 의해 재단이 출범하였기 때문이다. 인권문제의 해결은 피해당사자의 입장이 가장 중요하며, 이와 함께 시민사회 및 글로벌 수준에서의 인정(承認)이 외교적 "해결"의 정당성을 뒷받침한다. 그것이 없는 정부간 합의는 인권문제의 해결을 가져오기 어렵다.

위와 같이, '위안부' 문제는 한일관계를 넘어서는 복합적인 성격을 가지고 있으며 시민사회, 국가, 글로벌의 세 수준이 서로 영향력을 주고받는 구조 속에 존재한다. '위안부' 문제의 해결은 최소한 일본 정부와 아시아의 피해여성(국가 대 개인피해자)이라는 당사자성이 그 출발점이 되어야 하며,11) 정부간 양자 합의는 합의의 내용이 '위안부' 문제의 복합적인 성격에 부합할 수 있는 것이어야 하고, 그에 대한 글로벌 수준과 시민사회의 승인이 필요하다.12) '위안부' 문제를 사실상 주도해온 초국가

---

11) 물론 이러한 개인배상의 청구권이 한일협정 및 각 아시아국가와의 양자적 조약에 의해서 법적으로 소멸되었다고 주장하는 것이 일본정부의 입장이다.
12) 글로벌 수준을 고려하고 있지는 않지만, 조윤수도 1990년대 '위안부' 문제를 해결하기 위한 한일 정부의 노력을 개관하고 국내적 합의 없이 정부간 외교 교섭에서 이루어진 합의는 피해자가 여론을 통해 거부권을 행사하면 외교적 성과를 거둘 수 없음을 밝히고 있다. 이번 합의도 이러한 역사의 연장

적 시민사회와 이에 응답해온 유엔 인권기구는 한일관계에 종속되지 않는 수준에서 '위안부' 문제를 보는 규범적인 기준을 형성해왔으며, 이들은 '위안부' 문제를 보편적 여성인권규범의 실천 대상으로 보고 있다.

## 3. '위안부' 문제의 접근방식

'위안부' 문제에 대한 접근방식의 차이는 다양하다. 그 이유는 책임의 문제(법적 또는 도덕적 책임), 강제성의 문제(광의의 또는 협의의 강제성), 역사에 대한 인식론적 문제(진실(사실)과 해석의 문제)와 관련된 대립적 입장이 존재하고, '위안부' 문제가 보편적인 정의에 반하는 인권문제이면서 민족과 젠더, 계급, 식민주의가 교차하는 구조에 의해 피해자 내에서도 다양한 차이를 만들어내는 복합적인 성격을 가지기 때문이다. 그러나 글로벌 수준에서 볼 때, 일본군 '위안부' 문제는 일본 정부의 수정주의적 역사해석 대 국제 인권규범과의 대립이라는 큰 구도로 이해할 수 있다. 지금까지 '위안부' 문제를 해결하려는 시도는 국가간의 양자적 틀이 아닌 일본 정부와 피해자 여성들이라는 인식 틀이 중심이 되었다. 이 장에서는 이러한 틀 내에서 '위안부' 문제의 해결을 시도한 두 경위[일본 정부에 의한 아시아여성기금과 민중법정으로 열렸던 2000년 도

---

으로 볼 수 있을 것이다. 조윤수, 「일본군 '위안부' 문제와 한일관계: 1990년대 한국과 일본의 대응을 중심으로」, 『한국정치외교사논총』 제36집 1호, 2014, 69-96쪽.

쿄 여성국제전범법정]를 되짚어보고 그러한 방식의 성과와 한계를 다시 한 번 확인해보고자 한다.[13)

### 3.1. 아시아 여성기금의 해결 방식: 도의적 책임과 국민기금에 의한 보상

1995년에 일본정부의 주도하에 설립된 아시아여성기금은 가해국 일본이 다국적 피해자 개인에게 일괄적으로 피해보상을 하기 위한 일종의 관민합동기금이었다. 그러나 일본정부가 실질적인 사업의 주체로서 적극적으로 개인 피해자를 조사, 발굴하고 구제하기보다는, 각 피해국의 사정에 따라 국가별로 사업을 실시했고 사업 실시의 방식도 달리했다. 피해국의 협조를 얻은 경우는 국가와 협의를 통해서 피해국가가 '위안부' 피해자로 인정한 여성들에 한해 보상금을 지불하고 후속사업을 실시했다. 예를 들면, 가장 성공적인 예로 거론되고 있는 필리핀의 경우, 필리핀 정부가 피해여성들의 신청을 받아 소정의 심사를 거친 뒤 피해자 인정을 하고, 정부에 의해 인정받은 피해자들에 한해 아시아여성기금이 개별 보상금을 지불했다. 반면, 국가가 '위안부' 피해자를 인증하는 제도가 없는 네덜란드의 경우는 의료비로 책정된 금액을 네덜란드 사업 실시위원회가 실시하는 지원사업에 거출하는 방식을 취했다. 역시 피해자를 파악하고 있지 않은 인도네시아의 경우는 정부가 시행하고 있는 고령자복지사업을 지원하는 것으로 대체하였다.

---

13) 각각의 해결방식은 자세한 논의가 필요하지만 이 글에서는 지면상 간략하게 소개하는 정도에서 그친다.

한국과 대만은 정부가 기금에 반대했기 때문에 정부의 협조를 얻지 못하여 기금이 독자적으로 신문 등을 통해 사업실시를 공고하고 신청자가 있는 경우에 보상금을 지불하는 형식을 취했다. 보상금은 총리의 사과편지와 함께 전달되었으며, 보상금을 전달한 이후에도 정기적인 방문이 가능한 경우에는 피해자 지원단체가 지속적으로 방문하였다. 그 이외의 아시아 국가에 대해서는 사실조사는 물론 피해자들에게 개별 보상금을 지불하지도 않았다. 사업을 실시한 경우에도 일본 정부는 예산을 거출하는데 그치고 사업실시는 이전부터 이미 피해자들을 지원하고 있던 일본의 민간단체나 개인에게 일임하는 형태였다. 그러나 보상금 전달이 종료되자 특별한 활동과 추가 사업 없이 2007년 인도네시아에서의 사업을 마지막으로 기금은 정식 종료되었다.

아시아여성기금은 매우 제한적이긴 하지만 일본 정부가 피해자 개인에게 직접적인 보상을 시도한 방식이다. 하지만 일본 정부는 국가 배상 책임을 명확히 하지 않았고, 민간기금의 형식을 취하면서 피해자들이 반발하게 되었다. 그리하여 결국 가해자가 피해자들에게 제시할 수 있는 보상 내용을 일방적으로 결정하고 피해자에게 "화해"를 (요)구하는 모양새가 되었다. 그러한 배경에는 기금 설립 당시의 일본의 정치적인 상황에 대한 인식[14]과 65년 한일조약에 대한 일방적 해석(모든 법적 배상문제는 종결되었다는 입장)이 존재한다. 즉, 법적으로 배상할 수 없다

---

14) 1994년 사회당이 연립정부의 파트너로 입각하면서 전후문제처리에 대한 진전에 큰 기대를 가지게 하였던 것은 사실이나, 사회당이 입각한 때를 놓쳐서는 안된다는 인식은 충분한 논의과정을 거치지 않고 해결안을 제시하는 압력으로도 작용한 것 같다.

는 유권해석의 틀 내에서 해결책을 모색하려 했던 의도가 그 진정성을 의심할 수밖에 없게 한 것이다. 때문에 진정으로 피해자 개인에 대한 보상과 사죄를 목적으로 한다면, 피해자들의 의견이 적극적으로 고려될 수 있는 의사결정과정이 중요하겠지만, 아시아여성기금의 설립과정에서 피해자들의 참여를 확보할 수 있는 길은 없었다. 아시아여성기금의 사업은 가해자 정부가 국내정치적으로 도출된 타협안을 피해자에게 일방적으로 제시하는 형태가 되었고, 이 과정에서 피해자의 다수가 기금을 거부하게 됨으로써 실패로 돌아갈 수 밖에 없었다. 더구나 국가간의 사정에 의해 일부국가의 피해자는 사업에서 아예 제외되어 피해자의 국적별로 보상기회가 달라졌다는 점도 기금이 실패하게 된 요인이 되었다.

아시아여성기금에 대한 찬반입장의 차이로 인해 일본의 지원단체들뿐 아니라, 한국 내의 피해자들, 그리고 기금 측이 성공적이라고 자평하고 있는 필리핀에서조차도 피해자들 간에 분열이 초래되어 피해자들은 큰 고통을 겪었다. 아시아여성기금은 2007년 사업을 종료한 후[15] 영어, 한국어, 일본어로 위안부 문제와 기금의 활동에 대해 국내외적으로 발신하는 디지털뮤지엄을 구축하여 일본 정부의 입장을 홍보하고 있다. 그동안 사이트의 내용이 여러 번 갱신되었으나 범죄 인정 부재, 위안소 내의 성노예적인 실상에 관한 언급 축소 등의 문제점들이 지적되었다.[16] 특히 한국에 대한 사업실시를 소개하고 있는 부분은, 한국피해자

---

15) 일본 내에서는 피해자들이 존재하고 문제가 해결되지 않았음에도 불구하고 여성기금이 활동을 끝낸다는 것에 대해서도 비판적인 의견이 있다. 이로써 일본 정부가 문제를 "종결"하려는 것이라고 보았기 때문이다.

16) Xin-yuan Gu, "A Critical Discourse Analysis of the Asian Women's Fund

들이 보상금이 너무 적어 사죄의 진정성이 의심된다는 것을 거부의 이유로 기술하고 있는 점이 눈에 띈다.[17]

## 3.2. 2000년 도쿄여성전범법정의 방식: 법적 책임과 가해자 처벌

아시아여성기금을 설립한 이후 일본 정부는, 법적으로는 아시아 각국과의 양자적 조약에 의해 책임이 종결되었고, 도의적으로는 아시아여성기금의 사업을 통해 일본 정부가 할 수 있는 피해자 구제를 모두 취했다는 입장을 견지했다. 그러나 한국과 대만을 비롯한 많은 피해자들은 아시아여성기금의 보상금을 받지 않고 일본 정부에 대해 국가의 공식적인 책임에 근거한 배상과 사죄를 요구했다. 일본정부가 피해자들의 이러한 요구를 무시하자 지원단체 및 인권단체들은 유엔 인권기구들과 국제노동기구(ILO)의 권고 및 결의를 이끌어내면서 일본정부에 국제적인 압력(외압)을 가해왔다.

이 과정에서 피해자 지원단체들은 국내의 다른 시민단체의 협력뿐 아니라 국경을 넘어 다른 국가의 지원단체들과 협력하는 네트워크를 결성하였다. 이들은 "아시아여성연대"[18]라는 초국가 시민네트워크를 형

---

Website", *Discourse & Society* 25(6), 2014, pp.725-740.

17) http://www.awf.or.jp/k3/korea.html(최종 검색일: 2016. 4. 2).

18) 아시아 연대회의는 1990년대 초부터 한국, 일본 및 아시아 각국의 피해자 지원단체들이 위안부 문제의 해결을 위해 함께 모여 논의하는 초국가적 연대회의다. 매년, 또는 2~3년에 한 번씩 주로 한국과 일본에서 열렸다. 2016년 5월 18~20일에는 제16회 아시아 연대회의가 서울에서 열려 정기적인 의제 이외에도 2015년의 한일정부간 '위안부' 합의에 대해 논의하였다. 이 자리에서는 다른 아시아의 피해자들이 제외되어서는 안된다는 점과 국제인권규범에 맞는 성실한 해결책을 요구하는 결의를 채택하였다.

성하여 서울과 도쿄, 때로는 아시아의 다른 도시에서 정기적으로 모여 각국의 운동내용을 공유하고 공동의 운동방향과 전략을 논의한다. '위안부' 피해가 아시아 각국에 걸쳐있었기 때문에 '위안부' 지원단체들은 일찍부터 국경을 넘은 연대를 모색하였던 것이다.

'위안부' 문제에 천착한 아시아 여성단체들과 전시(戰時) 성폭력문제를 다루던 글로벌 여성네트워크가 만나 이루어낸 성과가 2000년에 도쿄에서 개최되었던 여성전범법정이었다.

1998년 서울에서 열린 제5회 아시아연대회의에 초청된 일본의 여성 저널리스트 출신의 마쓰이 야요리(松井やより)가 '위안부' 문제를 재판하는 민중법정을 개최할 것을 제안하였고 자신을 위안부로 만든 가해자를 처벌해 달라는 한국인 '위안부' 피해자의 염원에 자극받아 1998년 아시아연대회의에 모인 피해자 지원단체들이 이 제의에 찬성하여, 2000년 12월에 도쿄에서 그 결실을 보게 된 것이다.

이렇게 해서 개최된 2000년 도쿄여성국제전범법정은 판결이 법적인 강제력을 가지지 않는 민중법정(people's court)이지만,[19] 국가가 인권침해의 가해자인 이유로 법정에 세울 수 없을 때, 그 부정의를 시민의 힘으로 판결한다는 상징적인 의미가 있다.[20] 가해자에 대한 불처벌이

---

19) 2000년 법정의 의미에 대해서는 Christine M. Chinkin, "Women's International Tribunal on Japanese Military Sexual Slavery", *American Journal of International Law* 95(2), April, 2001, pp.335-340 참조. 법정의 내용에 대해서는 기록집을 참조.
20) 민중법정은 모의법정과는 다르다. 모의법정은 가상의 사건을 다루고 재판관과 검사, 변호단이 모두 역할 플레이(role play)를 하는 것에 비해, 민중법정은 실제 사건을 다루며 실제 재판과 똑같은 과정으로 전개된다. 이미 전 세계의

중대인권침해를 단절하지 못하는 중요한 이유임을 지적하고, 실제 재판과 똑같은 재판과정과 법리를 적용하여 진행하고 판결한다. 따라서 도쿄전범법정에서 다루지 않았던 '위안부' 문제의 범죄성을 밝히고 이 문제에 대한 책임자를 재판하였다. 이는 제2차 대전이 종결된 후 도쿄전범법정에서 '위안부' 문제에 대한 충분한 정보가 있었음에도 여성에 대한 성폭력과 강간이 전혀 기소되지 않았던 결함을 수정한 것이었다.[21]

그러나 가해자 처벌은 '위안부' 문제 해결을 위한 연대활동에서 일본여성들과 의견 차이가 가장 뚜렷했던 부분이었다.[22] 일본에서는 전쟁의 궁극적인 책임자인 천황이 전쟁 책임을 진 적이 없으며 이를 거론하는 것 자체를 터부시해왔다. 이 때문에 1993년에 한국의 피해자들이 책임자 기소를 위해 도쿄를 방문했을 때에도 일본여성들은 이들을 적극적으로 지원하지 않았다. 일본여성들과 시민사회단체는 책임자 처벌보다도 배상과 사죄를 받아내는 것에 더 집중하였다. 그러나 중대한 인권침해가 멈추지 않고 오늘날까지 반복되는 이유는 그러한 범죄를 제대로 처벌하지 않기 때문이라는 인식이 점차 공유되면서 일본의 지원단체들도 불처벌과 재발의 연쇄고리를 단절할 필요성에 공감하게 되었다.

많은 국가에서 시민의 힘으로 민중재판을 열고 가해자를 심판했다. 2010년에는 2000년 여성국제전범법정을 모델로 하여 과테말라 선주민여성들이 전시하 성폭력을 재판하는 민중법정을 열어 가해자를 재판했다. http://ajwrc.org/jp/modules/bulletin/index.php?page=article&storyid=528 (최종 검색일: 2016. 6. 30).

21) Heisoo Shin, "Seeking Justice, Honor and Dignity", p.25.
22) 정진성,『일본군 성노예제: 일본군위안부 문제의 실상과 그 해결을 위한 운동』; 松井やより,「戦争と女性への暴力」,『愛と怒り 戦う勇気—女性ジャーナリストいのちの記録』, 岩波書店, 2003.

1990년대에도 여전히 발생하고 있는 전시 성폭력은 바로 그러한 불처벌의 결과라는 것을 인식하게 된 것이다. 그러한 의미에서 도쿄 여성국제전범법정에는 1990년대 초 발칸반도 및 르완다 내전을 재판한 국제전범법정에서 활약했던 국제법과 전시 성폭력 전문가 및 재판관들이 대거 참여했다.[23] 3일간 지속된 도쿄전범법정에는 아시아국가와 네덜란드 등 10개국의 관련자들이 참여하였고, 각국에서 70명의 피해자들이 도쿄로 와 직접 피해 사실을 증언함으로써 책임자들을 기소하고 재판할 수 있었다. 마지막 날에는 세계 각지에서 발생하고 있는 전시 성폭력 피해 사실을 공유하는 시간을 가져 연대의 폭을 넓혔다.

이 재판 과정을 통해 아시아 각국의 피해자들이 겪은 다양한 피해 상황이 상세히 드러났고, 이러한 증언들이 공적인 공간에서 인정되고 국제규범에 의해 기소된 책임자들에게 유죄판결이 내려지면서 피해자들의 명예회복에 크게 공헌했다.[24] 가해자 처벌만이 정의를 회복하는 수단은 아니지만 피해자의 인권회복이라는 측면에서 가해자의 범죄사실에 대한 확인과 재판은 진실을 밝히는 것에 필수적이라는 인식에 기

---

23) 여성국제전범법정에서 재판관장을 담당했던 가브리엘 맥도날드(Gabrielle McDonald)는 구유고슬라비아 국제전범법정의 재판관장이었다. 또한 수석 검사였던 패트리샤 셀러스(Patricia Viseur-Sellers)는 구유고 및 르완다전범 법정의 검사단의 법률자문이었다. 그녀는 법정의 개시에 앞서 구유고 전범 법정이 그녀가 도쿄여성국제전범법정에 참여하는 것을 공식적으로 허가했으며 그것은 곧 구유고전범법정이 도쿄여성국제전범법정을 지지한다는 것을 의미한다고 했다.

24) 판결 내용에 대해서는 International Organizing Committee for the Women's International War Crimes Tribunal for the Trial of Japan's Military Sexual Slavery, *Judgement on the Common Indictment and the Application for Restitution and Reparation*, Hague: The Hague, 2001 참조.

반을 두는 것이다. 이것은 다양한 형태의 중대 인권침해 사건들의 해결을 통해 발전되어온 규범이며, UN 인권관련기구들도 이러한 인식하에 인권침해사건의 해결방식에 대한 기준을 제시해왔다. 사실 인정, 사죄, 배상, 진상규명, 역사교육, 추도사업, 책임자 처벌과 같이 한국정신대문제대책협의회(정대협) 및 아시아의 지원단체들이 제시하고 있는 요구조건은 그와 같은 인권규범에 따라 제시된 것들이다. 하지만 2000년 여성국제전범법정은 피해자들에게 결국 민중재판으로 끝나고 말았다. 재판의 판결이 국제법의 발전에 중요한 공헌을 했음에도 불구하고 일본 정부를 움직이게 할 만한 법적인 강제력이 없기 때문이다.

## 4. 새롭게 구축되는 현대사(現代史): 전시 성폭력에 관한 글로벌 인권규범의 발전과 '위안부' 문제

'위안부' 문제의 현재적인 의미 중 하나는 생존한 피해자들의 용기 있는 증언으로 1990년대 이후 발전한 전시하 성폭력에 대한 새로운 규범을 확립하여 '위안부' 문제가 보편적 인권 문제로 새롭게 '발견'되었다는 점이다. 그 과정에는 피해자를 중심으로 한 아래로부터의 문제제기에 글로벌 사회가 응답하고 피해자의 경험을 재해석하고 보편화해가는 상호작용이 있었다. 또한 한국의 피해자들과 여성단체들의 문제제기에 일본의 시민들이 호응하고, 다시 아시아의 다른 피해자들이 나타나서 연결되는 형태로 피해자에서 아시아의 시민들로 연대가 수평확대되었다.

이 과정에서 '위안부' 문제는 '아시아' 지역 공동의 인권 문제로 자리매김 되었다.

역사가 좀 더 긴 세계 여성운동사의 시점에서 본다면, 1970년대 이후 한국과 일본을 포함한 세계 여성들이 '여성에 대한 폭력'을 가장 여성 인권문제로 제기해온 세계여성운동 성과이기도 하다. 여성에 대한 폭력은 문화와 종교, 정치체제를 떠나 세계 각지의 여성들이 공통으로 겪어온 문제로서 일찍부터 세계의 여성들이 연대한 이슈였다. 여성들은 일상생활에서 겪는 다양한 수준의 폭력적 경험을 통해 '폭력'을 훨씬 넓게 정의하였으며 젠더화되어 비가시화되어 있던 사적공간의 폭력이나 직장내 성희롱과 같은 관습화된 폭력도 가시화하였다. 이러한 역사가 '위안부' 문제가 여성에 대한 폭력이라는 보편적 여성인권으로서 세계의 주목을 받고 글로벌 여성인권 네트워크의 지지를 얻게 된 배경이었다.[25]

1991년 '위안부' 문제가 김학순의 증언으로 가시화된 이후부터 일본군 '위안부' 문제는 곧 글로벌 이슈로 부각되었다. 1992년부터 지원단체들이 유엔 인권기구에 문제를 제기했는데,[26] 이때 유엔에 한국 측과 함

---

25) 한국인 '위안부' 문제는 전시 성폭력의 문제만이 아닌 식민주의와 여성의 성을 둘러싼 식민지 내부의 가부장제와 같은 다양한 측면을 포함하고 있다는 점은 주지의 사실이다. 정진성은 이러한 다양한 측면이 국제연대의 장에서는 딜레마로 작용하기도 했다고 기록하고 있다. 즉, "민족주의"는 국제연대를 약화시키는 요인으로 작용하는 것을 경험하고 유엔의 보고서 등도 제국주의/식민주의의 논점이 점차 사상되어갔다는 것이다. 정진성, 『일본군 성노예제』, 제2부 참조.

26) 정대협은 유엔 인권소위원회에서 처음으로 이 문제를 제기했다. 당시의 인권소위원회의 '중대한 인권침해의 피해자에 대한 배상' 문제 특별보고관 테오 반 보벤(Theo van Boven)은 한국을 방문하는 등 한국과 일본의 운동에 큰 영향력을 미친 것으로 보인다. 신혜수, 「일본군위안부문제 해결을 위한 국

께 '위안부' 문제를 제기했던 일본인 변호사에 따르면 일본 관련 다른 어떠한 인권 문제들도 그만한 주목을 받은 예가 없었을 만큼 즉각적인 반응을 불러일으켰다고 회고한다.[27] 유엔 측의 적극적인 반응뿐 아니라, 글로벌 여성인권 네트워크의 반응도 매우 적극적이었다. 즉, '위안부' 문제는 예상치 못한 수준의 국제적인 관심을 받으며 빠르게 글로벌 인권 문제로 이슈화되었던 것이다.

피해 당사자들도 유엔 인권기구와 1993년 비엔나 세계인권회의에서 직접 증언하는 등 적극적으로 피해 사실을 알리면서 '위안부' 문제의 진상을 알리는 데 주력했다. 1993년의 비엔나 세계인권회의는 탈냉전 이후 주요 관심사로 떠오른 인권 문제에 기존의 인권 레짐이 제대로 대응하지 못하고 있음을 반성하기 위해 개최된 회의였는데 여성인권 발전에도 큰 분기점이 되었다. 이 회의에서 세계여성단체들은 인권 레짐의 젠더편향을 비판하면서 "여성의 권리는 인권이다"(Women's Rights are Human Rights)를 강력히 주장했다. 이러한 움직임은 같은 해 12월 유엔 총회의 '여성에 대한 폭력철폐 선언'(Declaration of the Elimi nation of

제활동의 성과와 과제」, 한국정신대문제대책협의회 편, 『일본군위안부 문제의 진상』, 역사비평사, 1997.

27) 戶塚悅郞, 「和解の条件: 真実とプロセス」, 2012. 도츠카(戶塚)와 일본 시민단체는 독자적으로 1992년 2월 일본군 '위안부' 문제를 인권위원회에, 그리고 5월에는 현대형 노예제 실무회의에서 강제연행 노동자 문제와 함께 '위안부' 문제를 제기했다. 정진성, 『일본군 성노예제』, 2004, 147쪽. 또한 1992년 12월에는 국제인권기구의 전문가들이 동경에서 한국의 피해자들의 증언을 여는 공청회를 열기도 했다. Executive Committee, International Public Hearing Concerning Post-war Compensation by Japan, ed. War Victimization and Japan: International Public Hearing Report, Tokyo: Nihon Tosho Centa, 1992.

Violence Against Women)의 채택으로 이어지게 된다. 특히 비엔나 세계 인권회의의 최종 결의사항 중 하나로 유엔 인권위원회(United Nations Human Rights Commission, UNCHR)에 여성에 대한 폭력사태를 조사하는 특별보고관 제도(Special Rapporteur on Violence against Women)가 신설된 점은 매우 중요하다.[28] 이 제도에 의해 1994년에 첫 번째로 임명된 특별 보고관이 '위안부' 문제에 특화한 보고서[29]를 유엔 인권위원회에 제출 한 라디카 쿠마라스와미(Radhika Coomaraswamy)였다. 1995년에는 베 이징에서 제4차 유엔 세계여성회의가 열려 여성폭력 문제의 근절이 주 요 과제로 논의되었으며 '위안부' 문제도 계속해서 중요한 사안으로 다 루어졌다.

특히 이 시기에는 보스니아 전쟁 및 르완다 내전 등에서 집단 강간 및 강간소와 같은 반인륜적인 범죄가 세계의 주목을 받고 있었고, 각각 1993년과 1994년에 국제형사재판이 열려 이 두 전쟁의 전쟁범죄를 재판 하게 되었다. 이 재판 과정에서 성폭력과 여성에 대한 집단 강간은 전쟁 을 위한 계획된 수단임이 명백히 밝혀졌고, 이러한 종류의 성폭력은 '인 도(人道)에 반한 범죄'임을 인식하기에 이르렀다. 이후 1998년의 '국제형 사재판소 설립을 위한 로마조약'에서는 인도에 반한 범죄(제7조)에 강 간, 성노예화, 강제매춘, 강제임신과 불임, 성폭력 등 여성에 대한 성폭 력을 매우 구체적으로 열거하여 국제법사에서 여성인권에 대한 획기적

---

28) http://www.ohchr.org/EN/AboutUs/Pages/ViennaWC.aspx(최종 검색일: 2016. 5. 21).
29) E/CN.4/1996/53/Add.1.

인 발전을 이루었다.[30] 이렇게 1990년대는 여성인권과 전시 성폭력과 관련된 국제규범이 크게 발전한 시기였다. 이러한 맥락 속에서 '위안부' 문제와 관련된 많은 보고서가 작성되었고, 유엔 인권 기구들이 일본 정부에 대한 권고를 채택하기에 이른 것이었다. 예를 들어, 1996년에 인권위원회에 제출된 쿠마라스와미 보고서, 1998년에 유엔 인권소위원회에서 채택된 맥두걸 보고서, ILO 보고서, 인권고등판무관 연례보고서 등에서 '위안부' 문제를 중요하게 다루었다. 이러한 과정을 거쳐 '위안부'는 성노예(sex slave)로, 위안소는 강간소(rape center)로 개념화되었다. 특히 맥두걸 보고서[31]는 책임자 불처벌의 문제를 다루고 책임자 처벌을 포함한 매우 포괄적인 내용을 담고 있다.

이렇게 전쟁 중 여성에 대한 성폭력 문제는 1990년대 이후 초국가 인권 네트워크가 가장 활발하게 활동한 영역이었고, '위안부' 문제를 위한 시민사회의 초국가 네트워크는 그러한 글로벌 시민사회와 인권규범의 발전이라는 배경하에 활발히 기능하며, '위안부' 문제에 대한 글로벌 수준의 인식을 형성하는 데 결정적인 역할을 하였다. 다만, 1990년대의 탈냉전기 초기에 기대했던 유엔 기구와 인권규범에 대한 국제적인 역할은 사실상 기대에 미치지 못했다. 특히 일본과 같은 소위 선진국 정부를 움직일 수 있는 강제력과 규범적 정당성의 부족이 커다란 한계로 드러

---

30) 국제형사재판소 설립을 위한 로마조약에 이러한 여성인권 관련 내용을 구체적으로 포함시키게 된 것은 세계여성들의 로비활동에 의한 것이었다. 여성주의적인 시각에서 국제형사재판소와 인권규범에 대해 분석한 연구로는, Louise Chappell, *The Politics of Gender Justice at the International Criminal Court Legacies and Legitimacy*, Oxford: Oxford Univ. Press, 2015.
31) E/CN.4/Sub.2/1998/13.

났다. 그러나 유엔 인권기구의 지속적인 권고는 2000년대 후반 캐나다, 미국 및 유럽의회 등에서 '위안부' 문제 해결을 촉구하는 새로운 종류의 결의안으로 이어졌다. 또한 유엔의 인권이사회와는 별도로 국제인권조약에 기반한 각 조약위원회는 2000년대 이후에 일본 정부 심사에서 강력한 권고를 내놓고 있다. 다음 장에서는 '위안부' 문제에 대해서 가장 먼저 권고를 내기 시작했던 조약위원회인 여성차별철폐위원회의 과거 20년간의 권고내용의 변화를 살펴보고 조약위원회에서 '위안부' 문제를 어떻게 다루어왔는지를 살펴본다.

## 5. 여성차별철폐위원회[32]의 권고에서 읽을 수 있는 것

여성차별철폐위원회는 국제조약에 의해 구성된 유엔 인권위원회 중 가장 빠른 1994년부터 일본 정부에 '위안부' 문제에 대한 해결을 권고한 위원회다. 일본은 1985년에 여성차별철폐조약에 가입함으로써 체약국이 되었고 체약국의 의무인 조약이행에 대한 정기보고서를 제출하고 이에 대한 심사를 받아왔다. 일본은 여성차별철폐조약 이외에도 인종차

---

32) 유엔 인권기구는 2006년 조직개편을 통해서 그 위상이 강화되었다. 그동안 경제사회이사회의 하부조직이었던 인권위원회(Commission on Human Rights)는 경제사회이사회로부터 독립하여 이와 동급인 인권이사회(Human Rights Council)로 승급되었고 인권이사회의 하부조직에 자문위원회와 테마별 특별보고관, 특별대표, working group 제도를 두고 있다. 5년에 한 번씩 국가별 보편적 인권심사(Universal Periodic Review)를 실시한다. 그리고 인권이사

별철폐조약, 자유권규약, 사회권규약, 고문금지조약, 아동권리조약, 장애인권리조약, 강제실종자조약을 비준하고 있다. 이들 조약위원회는 거의 모두 '위안부' 문제와 관련한 권고를 해왔다. 이 중에서도 여성차별철폐위원회는 일본의 NGO들이 가장 집중적으로 활동한 위원회이고 그에 따라 1994년 제2·3차 통합심사 이후 2016년 제7·8차 통합심사 때까지 매번 '위안부' 문제를 다루어왔다. 이에 대해 일본 정부는 '위안부' 문제는 조약이 비준되기 이전에 발생한 사건이기 때문에 조약위원회의 심사대상이 될 수 없다는 입장을 전제로 하고 이 문제에 대한 답변을 제출해왔다.

국가별 심사는 먼저 심사대상 국가가 정기 보고서를 제출하고, 위원회가 이를 검토한 뒤 제출된 보고서에 대한 질문을 심사 대상 정부에 보내면, 해당 정부는 이에 대한 답변서를 다시 제출한다. 정부 관계자가 참석하여 이루어지는 본 심사에서는 이 과정에서 제출된 보고서와 의견을 종합하여 의견을 교환하고 이를 바탕으로 위원회가 최종 의견을 내게 된다. 여성차별철폐위원회는 제2·3차 통합심사를 위해 제출된 정기 보고서에 대한 대정부 질문에 '위안부' 문제에 대한 질문을 포함했다. 이에 대해 일본 정부는 1991년에 '위안부' 문제에 관한 자체조사를 시작하

회와는 별도로 사무총장 관하에 인권고등변무관(Human Rights Office of the High Commissioner)이 있으며 그 아래 핵심적인 국제인권조약에 의해 설치된 10개의 위원회가 있다. 여성차별철폐조약은 1979년 12월에 체결된 것으로 국제인권조약들 중에 네 번째로 오래된 조약이다. 여성차별철폐위원회는 이 여성차별철폐조약에 의해 구성된 전문가들의 심의기관으로, 위원회의 주요역할은 조약 체약국들이 조약의 내용을 성실히 수행하고 있는지 감시, 심사, 권고하는 일이다.
http://www.ohchr.org/EN/HRBodies/Pages/HumanRightsBodies.aspx(최종검색일: 2016. 5. 16).

여 그 결과를 1993년에 공개하였고, 그 결과에 따라 피해자들에게 사과하였으며, 현재 피해자들에 대한 사죄의 마음(remorse)을 표현할 최선의 방법을 검토 중이라고 답변하였다.

2·3차 통합심사가 진행되던 90년대 초에는 '위안부' 문제가 제기되어 한국인 피해자를 중심으로 일본에서 배상소송이 진행되고 있었고 일본의 시민사회에서 각국의 피해자들에 대한 조사도 시작되고 있었다. 93년에는 고노담화가 발표되고, '위안부' 문제를 해결해야 한다는 사회적인 분위기도 있었다. 이러한 배경하에 위원회는, 당시 일본에서 진행 중인 '위안부' 피해자의 소송당사자 이외에도 생존한 피해자 모두에게 포괄적인 배상(overall compensation)을 실시하고 희생자들을 기억하기 위한 여성재단을 설립할 것을 권고했다. 다만 이때는 '위안부' 문제가 '여성에 대한 폭력'이라는 큰 항목 내에서 일본국 내의 다른 여성폭력 이슈들과 함께 언급되고 있었다. 일본 정부의 심사를 마치고 발표한 위원회의 요약보고서(Summary Report)에서는 '위안부'를 강제로 동원된 여성들(Forcibly Recruited Comfort Women)로 분명히 표현하고 있다.[33]

1998년 8월에 제출된 일본 정부의 제4차 정기실행보고서에서는 1995년에 설립한 아시아여성기금과 그 사업내용에 대해서 보고했다.[34] 일본정부는 아시아여성기금을 통해 '위안부' 피해자에 대해 가능한 한 모든 지원을 하고 있으며, '위안부' 문제에 대한 대책을 7가지 항목으로 나누어 구체적으로 보고했다. 이때, 일본 정부는 도덕적 책임론을 공식

---

33) CEDAW/C/SR.248(1994. 3. 10), p.14.
34) CEDAW/C/JPN/4(1998. 8. 28), pp.16-17.

적으로 주장(fulfilling moral responsibility)했고, 이후 아시아여성기금을 통해 위안부 문제를 해결했다는 입장을 고수하면서 그 이상의 법적 책임을 일관되게 부인한다.

2003년의 제4·5차 통합심사에서[35] 일본 정부는 아시아여성기금의 활동을 더 강조하고 나아가 중·고등학교 교과서에 '위안부' 문제를 기술했다는 점을 보고했다. 이에 대해 여성차별철폐위원회는 아시아여성기금은 피해자에 대한 구제책으로는 여전히 불충분하며 "지속성 있는 해결책"(A Lasting Solution for the Matter of "Wartime Comfort Women")을 제시할 것을 권고했다. 이미 1996년의 유엔 인권위원회 특별보고관 쿠마라스와미 보고서 및 1998년 유엔 인권소위원회 현대형 노예제 조사 특별보고관 맥두걸 보고서, 그리고 이들의 2차 보고서까지 제출된 상황이어서, 1990년대 말에는 '위안부' 문제가 심각한 전시 성폭력으로 성노예에 해당한다는 것이 국제적인 인식으로 자리잡은 때였다. 따라서, 유엔 인권기구들은 민간재단인 아시아여성기금이 이러한 중대한 인권침해에 대한 충분한 보상 조치라고 보지 않았다.

2009년 제6차 정기심사 때는 일본 내 우익세력이 점차 세력을 넓혀 '위안부' 문제를 부인하는 기류가 강해지고 중·고등학교 교과서에 '위안부'에 관한 기술이 축소 및 삭제되기 시작하여 교과서 문제가 주요 관심사로 떠올랐다. '위안부' 문제에 대한 우익세력의 반격이 글로벌 이슈

---

35) 2003년에는 지금까지보다 다른 많은 수의 일본 NGO들이 참석하여 로비활동을 전개했다. 반면 일본 정부는 위원회의 위원들을 개별 접촉하면서 위안부 문제를 권고에서 다루지 말 것을 종용했다. Heisoo Shin, "Seeking Justice, Honor and Dignity", p.24.

로 주목받으면서, 2007년에는 '위안부'에 대한 일본정부의 공식사과와 후세 교육을 요구한 미국의 하원결의안 121호가 통과되는 등 일본 정부에 대한 국제사회의 압력도 커지고 있었다. 이를 반영한 듯, 이때부터 여성차별철폐위원회에서는 '위안부' 문제를 '여성에 대한 폭력' 항목의 소항목으로 다루던 이전 권고와 달리, 별개의 독립된 대주제로 분리하고 권고 내용도 매우 구체화했다.36) 제6차 정기심사의 소견을 보면 '위안부' 문제는 명백한 범죄(crime)로 지칭되고 있고, 여성단체들이 계속해서 주장해온 배상을 수행하라고 권고하고 있다.

그러나 가장 최근 정기심사보고서인 2014년 9월 25일에 일본 정부가 제출한 제7·8차 정기보고서에서도 '위안부' 문제는 여전히 아시아여성기금으로 해결했다는 입장을 반복하고 있다. 2010년대의 일본 정부의 이러한 입장은 인권기구의 인식과는 매우 동떨어진 것이었다. 더구나 제2차 아베 정권 이후 정부인사들이 '위안부' 문제를 부인하는 역사수정주의적인 발언을 계속하자 여성차별철폐위원회뿐 아니라 다른 조약위원회들도 더욱 강력하고 구체적인 내용으로 권고문을 내놓기 시작했다.

---

36) 원문은 다음과 같다. 37. The Committee notes that some steps were taken by the State party to address the situation of "comfort women" but regrets the State party's failure to find a lasting solution for the situation of "comfort women" victimized during the Second World War and expresses concern at the deletion of references to this issue in school textbooks. 38. The Committee reiterates its recommendation that the State party urgently endeavour to find a lasting solution for the situation of "comfort women" which would include the compensation of victims, the prosecution of perpetrators and the education of the public about these crimes(밑줄은 필자 강조). CEDAW/C/JPN/CO/6(2009. 8. 7), p.8.

이와 같이 유엔 인권기구들은 '위안부' 문제가 중대한 인권침해라고 판단하고 이를 해결하기 위해 일본 정부에게 매우 구체적이고 강력한 권고안을 제시해왔다. 즉, 한일 합의 직전까지 유엔을 비롯한 글로벌 수준에서는 이미 '위안부' 문제의 해결에 대한 공감대가 형성되었고, 일본 정부는 아시아여성기금을 넘어서는 해결책을 내놓아야 하는 입장에 있었다는 점을 알 수 있다.

이 과정에서 일본 정부는 일관되게 '위안부' 문제가 인권조약체결 이전의 사건임을 강조하면서 가능한 글로벌 여성인권규범과 '위안부' 문제를 연결시키지 않으려고 했으며, 일본 정부의 입장을 받아들이지 않는 글로벌 여론을 전환해야 할 필요성을 느끼게 되었다. 이러한 움직임은 2015년 '위안부' 합의 이후의 상황 전개에서 더욱 분명히 드러난다.


## 6. 끝나지 않은 '위안부' 문제

2016년 2~3월에 진행된 여성차별철폐위원회의 제7·8차 통합심사는 2015년 한일 '위안부' 합의 이후 첫 번째 유엔 인권조약 위원회의 심사라는 사실에서 주목을 끌었다. 이 심사가 진행되는 과정에서 애초 일본 정부는 위원회의 '위안부' 문제에 대한 사전 질의에 대해 예년과 같은 수준의 답변을 제출했으나, 그 후 2015년 12월 28일 한일정부간 '위안부' 합의가 이루어지자 추가로 답변자료를 제출했다. 이 추가자료는 한일합의문의 영어번역과, 합의로 인해 이 문제가 최종적이고 불가역적으로 해결(Resolved Finally and Irreversibly)되었다고 주장하는 내용이었다. 그러나 위원회는 심사에서 다시 이 문제를 제기하고 '위안부' 문제에 관한 역대 가장 구체적이고 장문의 권고를 채택하였다. 일본 정부는 최종적이고 불가역적으로 해결되었다는 일본정부의 의견이 반영되지 않은 최종 권고가 채택되자 이전에 없는 수준으로 강력하게 반론했다.[37] 일본 정부가 이렇게 한층 더 강력하게 반론한 것은 과거에 없던 일로, 한일 '위안부' 합의에 의해 한국 정부와의 갈등이 해결되었다는 입장에서 앞으로는 글로벌 수준에서 확대된 '위안부' 문제에 대한 '잘못된' 인식을 수정하는 데 역량을 집중할 것임을 시사한 것으로 이해된다.

이러한 움직임에 대한 유엔 인권기구의 반응은 신랄했다. 예를 들어, 유엔 인권 고등변무관은 홈페이지[38]에 공개하는 브리핑에 '위안부' 문제를 언급하면서, 합의를 통해 '위안부' 문제를 종결하려는 일본과 한국 양 정부의 태도를 비판하고 우려를 표명했다. 또한 한국뿐 아니라 국적에 관계없이 모든 피해자들이 동등하게 보상을 받을 수 있어야 하며, 피해자 입장에 선 해결 조처가 필요하다는 점과 특히 소녀상의 철거를 언급했다는 점에 우려를 표했다. '위안부' 문제를 정부 간 합의에 의해 성

---

37) 이전에도 2014년 자유권위원회에서 일본 정부 대표부가 "위안부를 성노예로 부르는 것은 부적절하다"고 반박한 적이 있다. 제2차 아베 정권이 출범한 이후 일본 정부 대표단은 유엔에서 매우 강력하게 일본 정부의 입장을 주장하기 시작했다.

38) United Nations Human Rights Office of the High Commissioner, "Japan/S. Korea: "The long awaited apology to 'comfort women' victims is yet to come" – UN rights experts"(최종 검색일: 2016. 3. 11).
http://www.ohchr.org/EN/NewsEvents/Pages/DisplayNews.aspx?NewsID=17 209&LangID=E(최종 검색일: 2016. 3. 20).

급히 종결지을 수 있는 양자간 타협의 대상으로 다루어서는 안 된다는 의미로 이해된다.

제7·8차 여성차별철폐위원회의 일본심사에서 '위안부' 문제와 관련하여 또 한 가지 달라진 점은 우익계 시민단체들이 유엔 무대에 대거 등장했다는 점이다. 조약위원회의 심사에는 정부의 실행보고서와 별도로 시민단체들이 그림자 보고서를 제출할 수 있다. 그런데 사실상 어떠한 비정부단체도 자유롭게 의견을 제출할 수 있는데 제7·8차 여성차별철폐위원회의 일본심사에서는 지금보다는 약 두 배 이상 많은 비정부단체들이 그림자 보고서를 제출했다. 이 중 약 삼분의 일 정도의 보고서에서 '위안부' 문제를 구체적으로 언급하고, 일본 정부의 노력 부족을 지적하고 있다. 그런데 지금까지와 달라진 점은 '위안부' 문제의 해결을 촉구한 단체와 같은 수만큼의 8개 단체가 '위안부' 문제를 전면 부인하거나 역사수정주의에 기반한 그림자 보고서를 제출했다는 점이다. 이들 비정부단체의 대부분이 오직 '위안부' 문제 하나의 이슈에 대해서만 언급하고 있다는 점도 특징이다. 지금까지 일본의 시민단체들이 제출해온 보고서가 글로벌 여론 형성과 인권기구들의 권고사항에 지대한 영향력을 행사해온 점을 인식하고, 우익단체들이 유엔에서의 활동을 본격화한 것으로 보인다. 우익단체의 유엔무대 등장은 최근 몇 년 사이 점차 우려되고 있던 현상이었는데 2016년의 여성차별철폐위원회 심사에서는 그러한 현상이 매우 두드러졌다. 이러한 최근의 상황을 보면 한일 간의 합의가 '위안부' 문제의 최종적인 "해결"이 되지 못했으며 일명 화해·치유재단의 활동과 무관하게 오히려 앞으로 국제무대에서의 비정부단체 간의

대립이 정부 간 대립을 대신할 가능성마저 예상된다.[39]

이러한 의미에서 한일간 '위안부' 합의는 오히려 한국에 많은 과제를 지운 결과가 되었다. 한국 정부는 일본정부로부터 10억 엔을 송금받아 화해·치유재단의 사업을 시작하였다. 아직 피해자들의 이해를 구하지 못한 상태에서 이에 반대한 민간지원단체는 정부의 재단과는 별도로 "일본군 성노예제 문제 해결을 위한 정의기억재단"을 설립했다. 한국 정부는 합의이행을 위해 일본 정부와 협력하여 피해자들에게 합의사항을 받아들이게 해야 하는 처지가 된 것이다. 그러면서 대외적으로는 일본 정부의 강력한 대 유엔 로비와 글로벌 여론의 인식 전환에 대한 대처를 고민해야 하는 상황에 놓이게 되었다. 이는 '위안부' 문제를 글로벌 인권 규범과 분리하고 한국 정부와의 양자협상으로 문제를 종결하려는 일본 정부와, 인권 문제를 주고받기식 협상의 문제로 취급한 한국 정부 간의 상호이해관계가 불러온 결과다.

그러나 이 글에서 살펴본 것처럼 글로벌 수준에서 공감되고 있는 인권규범과 일본 정부의 '위안부' 문제에 대한 인식 차는 한일 간의 양자 관계의 틀을 넘어 '위안부' 문제의 본질에 맞는 또 다른 해결의 틀이 필요함을 시사한다. 이 글에서는 그러한 시도의 하나로 먼저 그동안 시도되었던 주요한 해결의 방식을 재고해보았다. 아시아여성기금과 2000년 도

---

39) 예를 들면, 소녀상은 미국에서도 건립운동이 추진되었으나 일본 측은 이미 건립된 캘리포니아 주의 글렌데일 시의 소녀상을 철거하기 위하여 소송을 진행하고 있다. 1심에서는 소녀상 철거 소송이 기각되었으나 소송은 계속되고 있다.
http://vip.mk.co.kr/news/view/21/20/1410394.html(최종 검색일: 2016. 7. 2).

교여성전범법정은 가해 정부의 책임을 도의적인 것으로 볼 것인지 국제법을 위반한 법적인 책임과 징벌의 대상으로 볼 것인지에 따라 매우 상이한 해결방식의 모델을 제시한 것이다. 두 방식 모두 아시아의 피해자 여성과 가해국 정부라는 틀 속에서 문제에 접근하기는 했으나 현실적인 해결책으로는 부족했다. 그 사이 25년을 넘는 세월에 걸쳐 '위안부' 문제는 유엔의 모든 인권기구가 권고를 내는 중대한 여성인권 문제로 자리매김되었다. 이들 인권기구들의 권고사항들은 보편적인 인권규범의 형성이라는 입장에서 다시 한 번 '위안부' 문제의 의미를 숙고하고 모든 생존자를 포괄하는 해결책을 도출해야 하는 무거운 과제를 던져주고 있다. 여기에 일본정부가 1990년대와 같은 열린 대아시아관을 가지고 있지 않다는 점은 이 과제를 더욱더 무겁게 한다.

현대일본생활세계총서 **12**

# 탈 전후 일본의 사상과 감성

# 재일조선인의 탈식민주의 민족담론과 공생의 과제*

조관자

## 1. 한국에 소개된 재일조선인 지식인의 민족담론

일본의 민족담론에서 '탈전후'의 욕구를 '전후체제의 탈각'으로 말한다면, 재일조선인 사회에서 그것은 무엇으로 나타났을까? 일본사회에서의 '공생'이 아니었을까? 실제로 1990년대부터 일본은 '다문화공생' 정책을 추진했고, 재일조선인 사회에서도 '다국적, 다민족 시민사회'론과 '공생'론이 대두했다.

한국에서 생소한 이름이지만, 김찬정은 '공생'을 민족적 권리를 유지하는 삶의 방법으로 이해한다. 공생이란, "정주국에서 민족적 제 권리를 평등하게 획득하고, 정주국의 문화, 사회, 경제, 정치의 발전에 기여

---

* 본고는 「1990년대 이후 한국에 소개된 재일조선인 지식인의 민족담론: 서경식의 '식민주의 저항' 담론에 관한 비판적 고찰」이란 제목으로 『일본비평』 14호(2016년 2월호)에 실린 글을 토대로 1장을 가필한 것이다.

하는 의무를 짊어지며, 그 권리를 주장할 수 있는 삶의 방법"이라는 것이다.[1] 그는 일본 사회에 존재하는 차별과 동화를 실질적으로 극복하는 '공생'의 제도적 조치로서 '재일조선인 기본법'을 제안하며, 실질적인 논의를 촉구했다.[2] 그러나 현실의 추세는 김찬정의 제안을 수용하지 못했다. 재일조선인 운동에서조차 그 가능성을 모색하기보다, 오히려 공생론을 '동화론'으로 비판하는 목소리가 높았다.

반면, 1990년대 후반부터 한국사회에 적극 소개된 재일조선인 담론은 주로 '탈식민주의'를 표방하는 것이었다. 그들은 '일본사회와의 공생'에 앞서, 한국의 반공체제를 극복한 '민족통일국가'의 수립, 즉 '분단체제의 극복'을 추구했다. 일본과 한국에서 재일조선인의 민족적 이해를 대표해온 그 담론에서는 1990년대 일본사회와 재일조선인 사회의 실질적인 변화를 '동화 = 민족의 위기'로 진단했다. 그들 운동에서 '위기'의 실질적 탈출구는 일본도 북한(조선민주주의인민공화국)도 아닌, 한국(대한민국)이었다.

역사의 변화와 사회의 구조 변동은 복잡다단한 것으로 '위기'는 '새로운 기회'와 함께 다가온다. 실제로 재일조선인 운동가 일부는 1980년대 말부터 한국사회의 민주화와 탈분단 운동에 호응하면서 한국을 새로운 재일조선인 운동의 장으로 확장시켰다. 한국의 국가 정통성을 인정

---

1) 金賛汀, 『在日という感動: 針路は「共生」』, 三五館, 1994. 책 안쪽 표지의 말에서 인용함.
2) 金賛汀, 『在日という感動: 針路は「共生」』, 105-111쪽. 김찬정은 공생의 조건으로서 재일조선인의 국적 선택의 자유, 민족문화의 존중, 공적 기관의 취직 문제 등 생존권의 보장, 지방자치체 선거권의 보장 등을 제안하고 있다.

할 수 없어서, 고향 방문조차 거부했던 사람들이 1987년 민주화 선언 이후에 한국 방문을 시도했다. 1988년 실천문학사에서 김석범의 〈화산도〉를 번역 출판한 것은 상징적 사건이다. 과거 운동권의 비합법 통로에서 비공식적으로 수용되던 재일조선인 담론이 이제 합법적인 공론장에서 진보담론을 선도할 수 있게 된 것이다.[3]

1998년부터 2008년 사이에는 조선적의 한국방문이 활발했다. 2002년 북한의 일본인 납치 사건으로 조선총련이 약화하자, 한국사회가 조선학교의 민족교육을 지원하고 재일조선인의 위기 극복에 협력할 의무를 환기시키는 캠페인도 벌어졌다. 또한 재일조선인 지식인들은 "반공군사독재 정권하에서 배양된" '반쪽발이', '빨갱이', '졸부'라는 표상을 불식시키고, 스스로를 민족해방운동의 주체로 표상했다.[4] 재일조선인 담론은 단순히 일본 내 민족차별과 민족 수난의 역사를 전달하며 한국사회에서 쉽게 극복되지 않는 반공이념과 정치적 차별에 문제를 제기한 것만은 아니다. 일본사회에서도 변혁운동의 민족적 주체로 살고자 했던 그들은, 글로벌 자본주의에 진입한 한국사회에서 그 이념적 실효성을 상실하기 시작한 '민족해방 민중민주주의'를 재확립하는 방향으로 한국사회의 변혁을 추동시키고자 노력했다. 본 연구는 그 민족담론이 한국사회

---

3) 한일협정 이후 한국사회의 '민족해방' 운동과 긴밀하게 연계되었지만, 반공체제 하에서 제한되고 억압되었던 재일조선인의 민족담론은 90년대 이후 '창비', '역사문제연구소'(역사비평), '황해문화' 등과 네트워크를 형성했다.

4) 권혁태, 「'재일조선인'과 한국사회 - 한국사회는 재일조선인을 어떻게 '표상' 해왔는가」(『역사비평』, 2007. 2, 234-235쪽)는 '반쪽발이', '빨갱이', '졸부' 표상이 각각 자문화(민족어)중심주의, 반공주의, 개발주의적 시선 속에서 증폭되었으며, 2000년대에도 여전히 작동하고 있다고 말한다.

에 미친 역사적 역할을 본격적으로 고찰하려는 것은 아니다.

본 연구는 일본사회의 변화를 '반동의 시대'로 인식하는 재일조선인 지식인들이 한국에서 발표한 민족담론에 주목한다. 특히 서경식의 저항 담론을 일본과 재일코리안 사회의 전체적 변화 속에서 비판적으로 고찰한다. 이 글은 일본의 리버럴리스트 지식인을 비판하며 탈식민주의를 표방하는 서경식의 비타협적 민족담론이 과연 일본과 한반도의 탈식민화, 그리고 아시아의 탈냉전적 평화를 실현하는 데 실질적으로 기여하고 있는지를 되묻고자 한다.[5]

## 2. 재일조선인의 '저항서사'는 탄광의 카나리아?

"옛날에 탄광의 갱부들은 갱내 일산화탄소 농도를 알기 위해서 카나리아 새장을 들고 갱으로 들어갔다고 한다. 카나리아는 사람보다 먼

---

5) 이하 본문을 『일본비평』에 발표한 후, 서경식이 와다 하루키를 비판하는 공개서한을 일본어판 한겨레 신문에 실었고, 그러한 서경식의 태도를 비판하는 재일조선인의 투고가 일본어판 한겨레신문에 다시 실렸다. 최승구는 "실제로 자신이 생활하는 장에서 '국적·민족을 넘어서 협동(協働)하는 사회로 변화시켜 나가도록" 노력해야 함을 강조했다. 崔勝久, [寄稿]徐京植論その(1)ーダブルスタンダードについて, The Hankyoreh, 2016. 4. 9.
http://japan.hani.co.kr /arti/international/23827.html.
이순애는 서경식의 일본 리버럴리스트 비판이 1990년대부터 지속되어 왔으며 논리적 근거가 박약한 편향성을 띤다고 비판하고 있다. 李順愛, [寄稿]徐京植氏と和田春樹氏の文章を読んで, The Hankyoreh, 2016. 5. 13.
http://japan. hani.co.kr/arti/international/24138.html.

저 고통을 느끼고 죽음으로써 위험을 알린다. 식민지배의 역사 때문에 일본사회에서 태어난 재일조선인은 말하자면 '탄광의 카나리아'와도 같다. 위기에 처했을 때 가장 민감하게 반응하고 경고하는 역할을 역사로부터 부여받는 것이다. 비유컨대 나의 저술은 질식해가는 카나리아의 비명과도 같은 것이다."[6]

1951년생인 서경식은 스무 살 무렵부터 1989년까지 비전향 장기수인 두 형(서승, 서준식)의 구호활동을 펼친 후, 폭력과 저항이라는 근현대의 세계사적 문제에 천착해온 미술평론가이자 저술가다. 일본의 식민지배 원죄와 일본인의 국민적 책임을 추궁하는 그의 논리는 일관되고, 견고하며, 민족해방의 과제를 일깨우는 그의 문체는 유려하면서도 감성적이다. 그의 일본어 저서는 여러 번역자들에 의해 한국어로 소개되었다. 그는 학살의 기억을 갖는 유대인은 물론, 유대인에게 쫓겨난 팔레스타인 난민과도 공감하며, 백인 제국주의에 저항한 프란츠 파농(Frantz Fanon) 과 중국 대륙을 계몽했던 루쉰(魯迅)을 탐독한 것으로 보인다. 그 모든 체험과 지식과 사유를 담아낸 그의 글은 독자를 압박하는 힘이 있다.[7]

2006년 번역 출판된 『난민과 국민 사이』에서 서경식은 자신을 '일본

---

6) 서경식 지음, 임성모 · 이규수 옮김, 『난민과 국민 사이』, 돌베개, 2006, 10쪽.
7) 한국에서 서경식에 대한 비판적 논고는 거의 없지만, 2014년에 프리모 레비의 『가라앉은 자와 구조된 자』(돌베개)가 출판된 이후, 서경식의 '저항 논리'가 내포한 윤리적 문제를 유대인 수용소의 생존자인 프리모 레비의 윤리적인 자기성찰과 비교하며 고찰한 논문이 발표되었다. 허병식의 논문 「재일조선인 자기서사의 정체성 정치와 윤리: 서경식의 '在日' 인식 비판」(인하대학교 한국학연구소, 『한국학연구』 39집, 2015. 12, 49-74쪽)은 프리모 레비에게서 발견되는 '회색지대'에 대한 문제의식이 서경식의 경우에 결핍되어 있음을 지적하고 있다.

의 서사'와 '자본주의 근대라는 승자의 서사'와 싸우는 이야기꾼으로 소
개한다.[8] 자신의 저술에 대해서는 탄광의 붕괴 위기를 알리고 죽어가는
'카나리아의 비명'으로 표상한다. 서경식 자신이 재일조선인[9]의 역사적
존재 의의를 부여하고 재일조선인을 대표하는 선구적 위치에 우뚝 선
모습이다. 그의 서사 속에서 재일조선인은 식민지배의 종주국에서 태어
났다는 이유만으로도 위기를 감지하고 저항하는 소명을 부여 받는다.
일본이라는 태생적 지형에서 저항의 필연성을 찾는 논리의 기저에는 단
순히 마이너리티의 권리를 회복하는 차원이 아닌, 전후일본을 저항의
대상으로 규정하려는 반체제적 권력의지가 내재되어 있다. '카나리아의
비명'이라는 표상에서는 '일본의 폭력'에 저항하는 혁명적 선지자, '역사의
폐허'를 예견하는 메시아사상(Messianism)의 선민의식조차 엿보인다.

종교적 초월성 또는 혁명적 이상론에서 바라보면, 역사적 시간은
늘 '종말=붕괴'로 치닫고 있다. 그래서 종교가와 혁명가들은 '내 말을 믿
고 따르라, 그러면 영생과 새 세상을 얻으리라'고 사람들을 설득한다. 압
박한다. 유토피아를 원하는 사람들은 그 '말씀'을 경청하고 의지하며 실
천하려 한다. 하지만 그 '예언=믿음'에 동화하지 않는 사람들에게 그 이

---

8) 서경식, 『난민과 국민 사이』, 7쪽.
9) 참고로 이 글에서는 재일코리안과 재일조선인을 구별하여 사용한다. 냉전적
   갈등을 겪은 재일동포 사회에서는 재일조선인 호칭을 거부하는 한국국적 및
   일본국적 소지자가 있다. 반면 조선적에서 한국국적으로 바꾸었지만, 재일
   한국인 호칭을 거부하는 사람도 있다. 따라서 이 글에서는 양자를 모두 포괄
   하여 재일동포 일반을 가리킬 때 재일코리안으로 호칭한다. 재일조선인 호
   칭은 국적과 무관하게 '재일조선인'으로서의 역사적 정체성을 중시하고, '조
   선인'이라는 이름으로 민족담론을 생산하고 민족운동에 관여하는 사람들을
   지칭한다.

야기는 험난한 세상을 살아가는 또 하나의 방법일 뿐이다. 그들의 믿음과 실천이 일체의 비판을 허용하지 않는 신성불가침의 영역인 것은 아니다.

그렇다면 어떤가? 일본사회의 우경화, 재특회(재일조선인의 특혜를 용납하지 않는 시민모임)의 배외주의 및 혐한 풍조가 우려되는 2015년 현재, 서경식의 경고가 현실에 적중하지 않았나? '카나리아의 비명'은 앞으로 더욱 날카롭게 증명될지도 모른다. 그러나 의심스럽다. 재일조선인은 늘 현실을 예시하는 자리에서 그 초월성의 증거인 '버림받은 백성'(기민)과 '고통받는 몸'(카나리아)으로 현신하여, 현실의 붕괴를 경고하는 역할만 하는 걸까? 일본을 '식민주의 기민(棄民)국가'로 규탄하고, 한국을 '반(反)민족 기민국가'로 원망하며, 재일조선인을 '반(半)난민=대지의 저주받은 수난자'로 인식하는 서경식의 '비명'은 어떠한 울림으로 작용하는 걸까? 그 비명이 탄광의 안팎에서 탄광을 뒤흔들고자 했다. '탄광의 안락'을 저주하는 집요한 목소리가 '반일'과 '혐한'의 메아리를 불러들이고 있지는 않나? '반일'과 '혐한'이 뒤엉키면서 카나리아의 비명조차 들리지 않는 '철옹성의 아우성'을 만들고 있지는 않나? 다른 재일코리안들은 서경식의 생각에 어디까지 동의할까? 서경식의 주장에 귀를 기울이고 그와 대화할 수 있는 일본인들은 얼마나 될까?

전후일본의 혁신운동에서 재일조선인 지식인과 활동가들은 중요한 위상을 가지며 사회운동과 연대의 중심에 있었다. 2001년 9·11테러 이후, 일본의 진보진영에서는 미국의 아프가니스탄전쟁과 이라크전쟁에 반대하며, 오키나와 미군기지의 철폐를 주장했다. 미국의 일본 점령에 대한 일본의 집단적 기억이 환기되고, 전후 민주주의의 허구성과 미일동맹을 비판하는 반미평화운동의 전선에 재일조선인도 함께했다. 그렇다고 2000년대 일본의 반미전선이 재일조선인과 리버럴 세력만으로 형성된 것은 아니다. 보수진영에서도 미국 중심의 세계질서를 비판하는 '반미보수'가 대두했다. 1970년대 이후 부활한 일본의 반미정서를 타고, 반미저항조직 알 카에다의 오사마 빈 라덴에 공감하는 작가들의 작품도 생산되었다.10) 빈 라덴도 2001년 9·11테러에 앞선 인터뷰에서 미국의 히로시마 원폭 투하를 거론하면서 자신의 테러를 정당화한 적이 있다.11) 이러한 전반적인 일본의 상황을 염두에 두면서, '반전·반차별·반식민주의'의 3반 운동을 제시한 종합잡지『계간 전야』(季刊 前夜)의 활동을 보자.

2004년 10월 창간되어 2007년 제12호까지 발간한『계간 전야』는 재

---

10) 小林よしのり는 미국을 침략세력으로 규정함으로써 일본의 '대동아해방전쟁'을 긍정하고, 친미세력을 비판하는 만화『전쟁론』(ゴーマニズム宣言SPECIAL 戰爭論) 시리즈 3권을 출판했다. 2015년에는 미일동맹을 강화한 '집단적 자위권' 제정에 반대하며『신전쟁론1』(ゴーマニズム宣言SPECIAL 新戦争論1)을 발표했다. 9·11테러 6년 전에 전쟁화 시리즈로 일본의 뉴욕공습(紐育空爆之図/戦争画RETURNS, 1996을 그린 아이다 마코토(会田誠)는「일본에 잠복 중인 빈 라덴이라는 이름의 남자가 보낸 비디오」(日本に潜伏中のビン・ラディンと名乗る男からのビデオ, 2005)라는 영상작품에 출연해 스스로 빈 라덴으로 분장하기도 했다.

11) 빈 라덴은 "아메리카야말로 핵병기를 보유하고, 극동의 나가사키와 히로시마에서 인민을 공격했다. 이미 일본이 항복하고 세계대전이 끝나가고 있었지만, 어린이, 여자, 노인을 포함하여 인민 전체에 대한 공격을 고집했던 것"이라고 말했다. 池内恵,『イスラーム世界の論じ方』, 中央公論新社, 2008, 제1장. http://blog.goo.ne.jp/mugi411/e/4572606b136692f62c0cb13b97961710(최종 검색일: 2015. 12. 11).

일조선인 지식인과 일본인이 연대하여 '저항문화' 운동을 전개하고자 만든 것이었다(〈그림 1〉, 〈그림 2〉). 그 대열에서는 서경식을 중심으로 이효덕, 정영환, 고화정 등의 재일조선인들과 다카하시 데쓰야(高橋哲哉)를 중심으로 오카모토 유카(岡本有佳), 나카니시 신타로(中西新太郎), 미야케 아키코(三宅晶子) 등 일본인 활동가와 지식인이 주축을 이루었다. 서경식의 문예평론에서 아프가니스탄과 팔레스타인 난민 문제가 중요 화두로 등장하듯이, 『계간 전야』에는 아랍 사회의 평화, 난민 문제를 다룬 문학과 예술 평론이 다수 게재되었다. 아랍민족주의 및 팔레스타인 평화운동 연구자인 오카 마리(岡真理), 우카이 사토시(鵜飼哲) 등도 협력했다. 『계간 전야』의 편집진과 일본의 팔레스타인 연구자들은 시오니즘과 미국의 중동정책을 식민지체제로 재해석하는 한편, 재일조선인 문제를 팔레스타인 문제와 연계시켰다.[12] 그리고 재일조선인과 한국 지식인들이 교류하는 공론장도 만들었다.[13]

발기인 40여 명과 찬동자들이 기금을 모아 출발한 『전야』는 '특정비영리 활동법인'(NPO) 방식을 취함으로써 활동자금과 독자층을 규합하고자 했다. NPO전야의 발기인들은 1998년 일본의 '국기국가 법제화'에 반대하여 "일본에서 민주주의가 죽는 날"이라는 주제로 토론 집회를 한 이후, 매년 우경화와 이라크전쟁에 반대하는 학습과 토론 모임에 참가

---

12) 『계간전야』는 「山形国際ドキュメンタリー映画祭 2005」에서 최우수상을 수상한 『ルート 181』パレスチナ−イスラエル 旅の断章(Route 181: Fragments of a Journey in Palestine-Israel)의 가이드북을 별책(2005. 10)으로 출판하면서, 일본의 식민지주의를 환기하는 논리를 꾸준히 제기했다.
13) 2000년대에 일본어로 저서를 번역 출판했던 한홍구, 김동춘 등이 소개되고, 『黄海文化』편집자인 정근식, 김명인 등도 교류했다.

하거나 관계했다. 2000년에 기획된 집회는 서경식과 다카하시 데쓰야의 공저 출판기념회인 「단절의 세기 증언의 시대: '전쟁의 기억'을 둘러싼 대화집회」였다. 2001년 「컴패션(compassion)-공감공고(共感共苦)는 가능한가?: 역사인식과 교과서문제」, 2002년 「'반전' 지금이야말로」라는 주제로 이어진 '대화집회'의 방식은 당대의 정치적 문제에 대한 실천적 대응이었다. 이러한 학습과 토론 모임은 'NPO전야'라는 이름으로 2006년까지 지속되었다.[14]

〈그림 1〉
『계간 전야』 창간호, 특집: 문화와 저항.

〈그림 2〉
『계간 전야』 11호, 특집: 현대일본의 레이시즘.

그러나 2007년 이후 NPO전야의 '문화적 저항운동'은 완전히 중단된다. 자세한 사정은 알려지지 않았지만, 2006년 10월 북한의 핵실험 이후, 대중적 지지기반이 와해되어 운영자금이 고갈된 것으로 추측된다.

---

14) '전야'의 활동은 2006년 10월까지 갱신된 홈페이지, 特定非営利活動法人前夜를 참조. http://www.ccp14.ac.uk/ccp/web-mirrors/rietan/(최종 검색일: 2015. 11. 3). 일본유학 중이던 필자도 2000년 집회에 참가하여 서경식 씨의 연설을 처음 듣게 되었다.

팔레스타인에서도 2006년 무장단체인 하마스가 팔레스타인 자치정부의 집권당이 되면서, NPO전야의 '반전 문화운동'과 어긋나는 상황이 되었다.15) 이제 동아시아 평화문제를 전망하며『계간 전야』의 입장을 밝혀야 했다. 그러나『전야』의 편집진은 제대로 대응할 수 없었을 것이다. 그들에게 저항의 대상은 줄곧 미국의 세계지배 전략과 미일동맹, 그리고 일본의 '북한 때리기'에 있었기 때문이다. 아마도 NPO전야는 북한의 핵실험에 대해 비판도 옹호도 하지 못하고, 내부의 균열도 드러내지 못한 채 해체되었을 가능성이 크다. 2008년부터 미국의 쇠퇴와 중국의 부상으로 영토분쟁이 불거지자, 팔레스타인 문제는 일본인의 관심에서 멀어져갔다. 반면, 2002년부터 시작된 '북한 때리기'는 2005년 '혐한류'의 등장, 2007년 '재특회'의 활동으로 이어졌다. 이러한 분위기에서 서경식은 일본의 보수나 우익보다 리버럴 세력을 문제시했다. 그의 칼럼을 게재하던『한겨레신문』(2011. 4. 1)에도「일본 '리버럴'에 속지 마라, 더 위험하다」라는 한승동 기자의 칼럼이 실린다.

서경식은 일본과 한국 사회에 잘 알려진 지식인들을 과감하게 비판해왔다. '여성을 위한 아시아평화국민기금'을 주도한 와다 하루키(和田春樹)는 천황제 국가주의와 타협한 국민주의자로 언급한다.16) '국가=남성'의 권력을 비판하고 '개인과 국가의 동일화'를 거부한 우에노 지즈코(上野千鶴子), 니시카와 나가오(西川長夫)와 같은 비국민주의자들은 '일

---

15) 하마스는 아랍어 Harakat al-Muqaqama al-Islamiyya(이슬람저항운동)의 약자로, 아랍어 Hamas는 힘과 용기라는 뜻을 갖는다.
16) 서경식 지음, 권혁태 옮김,『언어의 감옥에서: 어느 재일조선인의 초상』, 돌베개, 2011, 450-453쪽.

본인의 국민적 특권'을 망각하고 '일본인의 전쟁책임'을 회피한 자로 취급한다.[17] 서경식에게서 역사의 최종 심급자로 역할하려는 태도를 읽고서 소통불가능성의 문제를 제기한 하나자키 고헤이(花崎皋平)는 타자를 자기 품에 가두려는 온정주의적 보호자로 고발된다.[18] "있는 그대로의 후지산"을 바라보게 되었지만 요절한 작가 이양지에게는 "일본국가주의의 상징"인 "후지산을 있는 그대로 볼 수 없다는 것이야말로 재일조선인의 '있는 그대로'인 것"이라고 훈계한다.[19] 일본국가의 도의적 책임을 수용하여 화해의 길을 트자는 박유하에게는 식민주의의 역사적 피해자를 외면하고 화해라는 이름의 보편주의 폭력을 강요한다고 비판한다.[20]

> 내 글을 읽은 사람들로부터 가끔은 "지나치게 가혹하다"는 평을 듣기도 한다. 영락없이 나는 우에노 지즈코, 하나자키 고헤이, 이양지, 박유하, 와다 하루키, 그 밖의 사람들에 대해 주제넘게도 '가혹하게' 썼을지 모른다. 그러나 이는 나라는 인간이 타인을 비난하고 규탄하는 것을 좋아해서가 아니다. 나는 오히려 소심한 평화주의자다. 내가 '가혹한' 것이 아니라, 재일조선인이 – 모든 조선민족이 – 처해 있는 상황이 '가혹한' 것이다.[21]

---

17) 서경식, 『언어의 감옥에서』, 287-296쪽.
18) 하나자키는 아이누 문제와 베트남평화운동에 관여한 원로 철학자다. 서경식, 『언어의 감옥에서』, 303-321쪽; 徐京植, 『秤にかけてはならない: 日朝問題を考える座標軸』, 陰書房, 2003, 96쪽.
19) 서경식, 『언어의 감옥에서』, 77-101쪽.
20) 서경식, 『언어의 감옥에서』, 322-364쪽. 다만, 『제국의 위안부』 일본어판(朝日新聞出版, 2014, 249-252쪽)에서 박유하는 일본의 현행법에는 국가사죄와 보상을 위한 '법적'인 근거가 없으므로, 한일협정의 유효성을 인정한 상태에서 피해자에게 보상할 수 있는 현실적 입법 조치를 강구할 것을 일본 측에 제기한다.

서경식과의 비판적, 비평적 대화를 시도했던 일본 지식인 대다수가 입을 다물었다. 서경식 자신에 대한 비판을 '모욕'으로 치부하고 돌아서며, 식민주의 폭력이라는 원죄·원리주의의 꼬리표를 상대방에게 내던지는 그 앞에서 아무도 소통하기를 원하지 않는 듯하다. 그렇다면 그의 태도를 단호하고 절박하게 만들었던 '모든 조선민족이 처한 가혹한 상황'이란 무엇인가? 일본국가의 법적 책임을 외면당한 위안부 할머니와 징용노동자, 2002년 북한의 일본인 납치문제로 조선적의 이탈이 급증하는 상황에서 2006년 북한의 핵실험으로 조세특혜를 상실하고 세무조사까지 당한 조선총련, 지방자치체의 교부금 지급과 중앙정부의 고교무상화 정책에서 제외된 조선학교 등을 떠올릴 수 있다. 정영환은 당시의 분위기를 '반동의 시대'로 서술한다.[22] 그렇지만 필자는 그들의 난관을 외면해서는 안 된다는 이유로 서경식이 '가혹한 상황'으로 대변한 '모든 조선민족'의 범주에 스스로를 귀속시킬 수 없다고 생각한다. 무엇에 대한 '반동'이며, 왜 '역사적 필연'이 아닌 '반동의 시대'인지를 밝히지 않는 역사관에도 납득할 수 없다. 그 입론(立論)에 대한 위화감 때문에 필자는 오히려 재일조선인의 민족운동론에 관심을 갖게 되었다.

---

21) 서경식, 『언어의 감옥에서』, 14쪽.
22) 2002년 북한의 일본인 납치사건이 불거지고서 2006년 10월 북한의 1차 핵실험이 실시된 후 조선총련과 관련단체 및 대북교류에 대한 일본 정부의 제재조치가 가중되었다. 조선적 재일조선인에 대한 이미지가 악화되면서 조선적을 탈퇴하는 인구도 늘어났다. 이러한 변화를 '반동의 시대'로 규정한 정영환, 「'반동'의 시대: 2000년대 재일조선인 탄압의 역사적 위상」(『황해문화』, 2007 겨울) 참조.

## 3. 팔레스타인민족평의회와 '전체 민족의 네이션'

1990년대부터 재일조선인 지식인의 민족담론이 한국사회에 적극 유입될 때, 그 선두에 윤건차와 서경식의 글이 있었다. 그들은 일본과 한국에서 확대된 탈민족주의 조류를 비판적으로 견제하며, 일본과 한국사회에서 민족주의를 재정립하고 통일운동을 촉구하는 글을 발표했다. 윤건차는 1987년에 학술서『한국근대교육의 사상과 운동』의 한국어판을 선보인 후, 1990년부터『사회와 사상』,『역사비평』,『월간 말』을 통해 존재감을 드러냈다.23) 그 내용은 재일조선인의 역사를 소개하고, '근대의 완성'을 향한 통일민족국가의 수립 및 사회적 변혁을 위한 진보적 민족주의의 과제를 제시하는 것이었다.

2000년에 발표한 윤건차의「통일 앞둔 한국은 민족주의 새 지평의 시험대」라는 글을 보자. 윤건차에 따르면, 한국의 민족주의는 "반일=반외세이기는 해도 반미에 대해서는 말하지 않거나 혹은 민족을 주장하면서 남북통일 과제를 소홀히 하는" 문제가 있다.24) 그는 동아시아 차원에서 반미평화운동을 제기한다. "주한미군은 역사적으로 한국의 민주화운

---

23) 윤건차,「일본현대사·재일한국인·국가권력: 재일동포문제의 본질에 대한 역사적 규명」,『사회와사상』통권 제21호, 1990. 5;「재일동포 '귀화'문제와 일본의 민족·국가정책」,『사회와사상』통권 제22호, 1990. 6;「일본땅의 조선인, 그 학대와 차별의 역사」,『역사비평』14, 1991. 8.
24) 윤건차,「통일 앞둔 한국은 민족주의 새 지평의 시험대」,『월간 말』, 2000년 10월호, 148쪽. 그는 민족주의가 "사회 전체의 진보에 관련된 변혁 프로세스를 담당할 사상이고 이데올로기"이자 "민중의 관점에서 말한다면 좀 더 나은 사회를 향한 투쟁 그 자체"라고 한다(150쪽).

동과 통일운동에 적대해온 존재"이며, "'민족분쟁'의 장인 매향리 문제"
는 "오키나와 미군기지 문제와 직결"되므로, "북한과 오키나와를 포함한
동아시아 민중의 평화적 공존"을 추구해야 한다는 것이다.[25] 민족주의
담론에서도 주한미군의 철폐와 국가보안법의 철폐를 핵심 의제로 다루
어야 한다는 것이다. 그러나 윤건차의 통일민족국가론 및 진보적 민족
주의론은 2000년대 후반부터 더는 재론되지 않고 있다.

서경식은 1992년에 『나의 서양미술 순례』를 소개한 후, 1996년부터
『창작과 비평』, 『한겨레신문』 등에 미술평론과 민족담론을 꾸준히 발표
했다. 그 글에서는 전문가적 통찰보다 재일조선인 운동론을 주도하는
실천가의 면모가 강하게 나타난다.[26] 처음 발표한 글은 1996년 『역사비
평』에 실은 「'재일조선인'의 위기와 기로에 놓인 민족관」이다. 당시, '재
일조선인의 위기'란 무엇일까? 어떤 기로에 서 있으며, 어디로 가야 한다
는 말인가? 그가 도출한 해답은 1998년 『창작과 비평』에 실린 「재일조선
인이 나아갈 길; '에스닉 마이너리티'인가 '네이션'인가」에서 좀 더 완결
된 형태로 제시된다. 탈냉전 이후 변화하는 일본사회 속에서 재일조선
인 민족운동의 지표와 실천 방침을 알리는 글이다.

서경식에 따르면, 재일동포는 국적과 무관하게 '재일조선인'으로
총칭해야 하고, 국적을 넘어서 모든 해외동포까지 포함한 새로운 '네이

---

25) 윤건차, 「통일 앞둔 한국은 민족주의 새 지평의 시험대」, 151쪽.
26) 서경식은 2000년부터 동경경제대학(東京經濟大學) 교수로 재직 중이지만, 학술
  연구자가 아닌, 작가, 실천가로서 활동했다. 그는 에드워드 사이드를 참조하며,
  전문가주의(professionalism)가 아닌 행동하는 지성, 아마추어리즘의 진정성을
  옹호한다. 서경식, 『난민과 국민 사이』, 6-7쪽.

션'을 구성해야 한다.[27] "조국에서의 민주화의 추진과 민족통일의 실현, 나아가 재외동포까지 대등한 구성원으로 삼는 전민족적 '네이션'(nation) 의 형성이라는 정치적 과제들이, 재일조선인에게도 자기해방을 위한 불가결한 전제조건"이다.[28] 그의 '전체 민족=조선인'론은 식민지 경험을 역사적 기점으로 삼는다. 모든 해외 이주민이 식민지배로 인해 조국으로부터 추방당했으므로 모든 민족(=조선인)의 통일국가야말로 민족해방=자기해방의 도달점이라는 것이다. '식민지 조국으로부터의 추방'이라는 기원 신화를 주조하고 '계속되는 식민주의'에 대한 비판 원리를 내세움으로써, 분단의 극복과 탈식민지의 지향점을 '전체 민족'을 연계하는 '새로운 네이션'의 형성으로 제안한 것이다.

탈냉전으로 구공산권의 동포들이 한국을 방문하게 되면서, 정부와 시민운동의 모든 차원에서 한민족 네트워크를 형성하려는 움직임이 나타난 것은 시대의 자연스러운 추세다. 그러나 모든 이주민의 역사를 식민지 기원에 묶어두고, '전체민족국가'의 건설이 코리안 디아스포라의 정치적 주권을 회복하는 길이라는 주장은 재일조선인운동의 논리에서 유래한다. 재일조선인의 조국지향적인 당위론을 전 민족의 정치적 과제로 일반화하려는 의도를 갖는 것이다.

서경식은 "현재의 국민국가 시스템에서 주권으로부터 끊임없이 배

---

27) 서경식, 「'재일조선인'의 위기와 기로에 놓인 민족관」, 『역사비평』, 1996 여름, 63-86쪽;「재일조선인이 나아갈 길: '에스닉 마이너리티'인가 '네이션'인가」, 『창작과비평』, 1998. 12, 353-371쪽.
28) 서경식, 「재일조선인이 나아갈 길: '에스닉 마이너리티'인가 '네이션'인가」, 354쪽.

제당해온 구식민지인들이 스스로를 '주권자'로 형성하려는 것은 당연하고도 정당한 요구"라고 말한다.[29] 이러한 주장은 옳다. 다만 다른 자유주의 및 사회주의 국가로 이주한 구식민지인들은 거주국에서 국적(시민권)을 획득하고 '주권자'로 살아간다. 차별과 소외로 박탈된 권리를 거주국 사회의 문제로 제기하고 주권을 행사하는 것은 자연스러운 해법이다. 1990년대 일본에서도 '다문화공생'을 추구하는 재일코리안이 늘어났다. 그러나 서경식은 일본 내 다문화공생의 가능성을 원천적으로 부정한다. 팔레스타인의 최고의결기관인 '팔레스타인민족평의회'(Palestine National Council, 이하 PNC)와 같은 것이 세계에 흩어진 '조선인'들의 주권 기구로 탄생할 때 비로소 진정한 '다문화' 공동체가 실현된다고 주장한다.[30] '전체 조선인의 네이션'이란 구상은 전후 일본과 한반도의 정치적 구도를 미국과 일본의 '계속되는 식민주의' 체제로 보는 민족해방론에 기초하면서도, 팔레스타인의 민족운동을 참조하고 있는 것이다.

그러나 의심스럽다. 일본 내 '다문화 다민족 정치공동체'를 부정하면서, 코리안 디아스포라의 정치적 결집과 '다문화 민족공동체'를 전망하는 태도가 내셔널리즘을 극복한 새로운 정치운동일 수 있는가? 전 세계에 흩어진 민족의 새로운 정치공동체를 추구하는 논리는 유대인 디아스포라의 시오니즘과도 상통하는 것이 아닌가. "이스라엘에서 추방당했

---

29) 서경식, 「재일조선인이 나아갈 길: '에스닉 마이너리티'인가 '네이션'인가」, 369쪽.
30) 서경식, 「'재일조선인'의 위기와 기로에 놓인 민족관」, 86쪽. PNC는 팔레스타인 해방기구(PLO)의 국회 역할을 하는 기관으로 1964년에 발족했으며, 카이로에서 1년에 2회의 총회를 개최한다.

다"는 유대인 디아스포라의 기원 신화는 이스라엘을 정점에 놓고 국외 거주자를 그 밑에 포섭하려는 '히에라르키(hierarchy)의 공동체'를 상상하고 있다는 비판적 견해가 있다. 미국에서 태어난 젊은 유대인 일부는 디아스포라 신화의 종언을 선언함으로써 시오니즘의 팽창적 위계질서에 동화되기를 거부하고, 아이덴티티의 다양성을 추구한다고 한다.[31] 그렇다면 팔레스타인을 회복하려는 아랍민족운동은 어떠한가?

일찍이 1978년 겨울, 미국의 아랍 연구자 푸아드 아자미(Fouad Ajami)는 '범아랍주의의 종언'을 내다보았다.[32] 1950년대부터 아랍의 반미·반이스라엘 운동을 이끌었던 이집트가 1979년 이스라엘과 평화조약을 맺으면서 아랍 내셔널리즘은 실질적으로 붕괴한 것으로 해석된다. 대신, 같은 해에 일어난 이란혁명은 이슬람 원리주의의 대두를 의미했다. 한편, 이집트 출신의 사회주의자로 팔레스타인 해방기구(PLO)의 의장인 아라파트는 PNC를 통해 1988년에 서안지구와 가자지구에 팔레스타인 독립국을 선포한 후, 1993년 국제적으로도 자치국을 인정받고 이스라엘과 평화협정을 체결했다. 그러나 시오니즘과 이슬람 원리주의의 갈등은 지속되었고, 1987년에 설립된 하마스가 2006년 가자지구 총선에서 승리하면서 이스라엘과의 무력충돌이 본격화한다. 현재까지 아랍 민족은 팔레스타인 자치정부 문제에 공동 대응하거나 유효한 지원책을 내

---

31) "Second thoughts about the Promised Land", The Economist, Jan 11. 2007, jerusalem, london and new york(http://www.economist.com/node/8516489 2015). Caryn Aviv&David Shneer, New Jews: The End of the Jewish Diaspora, New York: New York University Press, 2005.
32) Ajami, Fouad, "The End of Pan-Arabism", Foreign Affairs 57(2), WINTER 1978. p.79.

지 않고 있다. 아랍 각국이 '즉각적이고도 완전한 해방'을 추구하는 팔레스타인의 저항운동과 '공동의 이해'를 갖지 않기 때문이라고 한다.[33]

이집트 연구자인 이노 다케지(伊能武次)에 따르면, 일본에서는 아랍의 현실과 괴리된 채, 이집트의 나세르와 이라크의 후세인을 과대평가하는 등, 아랍 내셔널리즘을 이상화하는 경향이 있었다고 한다.[34] 일본의 지식계에서 냉전적 패권과 종파갈등에 복잡하게 연루되어 있는 아랍 민족주의의 실상에 대해 재검토를 시도한 것은 걸프전쟁을 목격한 1990년대부터로 보인다.[35] 일본의 신좌익 세대는 1970년대부터 아랍사회주의 및 민족적 저항운동과의 연대를 추구했다. 1971년 PLO의 가장 급진적 단체인 팔레스타인해방 인민전선(PFLP)과 연대한 일본적군파의 아랍지부가 발족하여 1972년부터 국제테러를 벌였다.[36] 아랍의 일본적군파의 활동은 냉전 종식과 걸프전의 종결로 무력해졌다. 하지만, 이슬람의 '완전한 해방'을 촉구하는 저항운동은 급기야 세계의 젊은이들을 테러용병으로 고용하는 이슬람국가(IS)의 탄생으로 이어졌다.

---

33) 伊能武次, 「第五章 アラブ諸国とパレスチナ問題」, 『平成13年度外務省委託研究 「イスラエル内政に関する多角的研究」』, 日本国際問題研究所, 2002, 82-84쪽. http://www2.jiia.or.jp/pdf/global_issues/h13_israel/ino.pdf(최종 검색일: 2015. 12. 12).
34) 伊能武次, 「第五章 アラブ諸国とパレスチナ問題」, 85쪽.
35) 아랍민족주의와 지배권력 형태의 다양한 갈래와 갈등관계를 분석한 것으로 山内昌之, 『民族と国家: イスラム史の視角から』, 岩波書店, 1993.
36) 1967년 공산주의자동맹 전국대회에서 당시 교토대 학생 시오미 다카야(鹽見孝也)가 해외 거점을 확보하여 군사훈련을 거친 후 일본은 물론 세계 동시혁명을 겨냥한다는 「국제주의와 조직된 폭력」이라는 글을 발표한다. 일본적군파 중 19명이 1972년에 레바논에 입성하여 테러활동에 가담한 것이다. 「일본적군파2」, 『주간한국』, 2000. 11. 28.

1990년대 중반에 PNC와 같은 '전체 민족'의 '주권기구'를 창출하자고 주장했던 서경식은 2002년 무렵부터 난민과 디아스포라 담론으로 옮겨갔다. 재일조선인을 '민족해방·주권국가 회복의 주체'에서 '난민· 반(半)난민'으로 재규정한 것이다. 그의 난민 담론에서 동시대 탈북 난민의 현재적 문제는 제기된 적이 없다. 서경식의 입론은 2000년대에도 여전히 팔레스타인의 현재적 난민 문제를 재일조선인론에 적용하고 있다. 그러나 PNC의 실질적 무력화와 팔레스타인의 폭력적 사태에 대한 성찰은 없었다. 그 입론의 회로에서는 팔레스타인 문제에 대한 현실적 분석이나 전망은 없으며, 미국과 이스라엘의 무차별 폭격을 받는 팔레스타인의 수난만이 공감되고 재현될 뿐이다.

세계에 흩어진 코리안의 삶을 미래 한반도의 통일국가, '전체 민족의 네이션'에 귀속시키는 것만이 주권 회복의 길이라는 주장은 과거 재일조선인운동의 민족해방·통일론을 글로벌 사회로 확장시킨 것으로 보인다. 한반도의 통일은 여전히 모든 코리안의 소원일 것이다. 그러나 통일이 현재적 삶을 부정하거나 구제할 수 있는 최고의 정치적 가능성이라는 믿음은 정치적 이데올로기로 작동한다. 특히, 통일의 가능성이 '반미'에 있다는 주장이나, '통일의 그날'을 위해 북한 주민들이 세습체제 하에서 굶주린 삶을 견디며 국가동원에 시달리는 상황에 전 민족이 찬성할 이유는 없다. 윤건차의 통일민족국가 및 진보적 민족주의론, 서경식의 '전체로서의 민족'이 구성하는 '네이션'론에서 북한에 대한 구체적 요구 사항이 없는 사실도 이해하기 어렵다. '북한'을 보이지 않게 '전체 민족'으로 끌어들이면서, 북한 문제에 대해 언급하지 않는 태도는 한국의 민주화 및 통일운동에 관여한 재일조선인들에게서 일관되게 나타난다.[37] 이러한 태도는 재일조선인들이 남북한 국가권력과의 충돌을 회피하면서 한국의 민주화 및 통일운동에 관여하기 위한 현실적 선택일 가능성이 높다. 하지만, 북한에 대한 비판적 거리두기가 아닌, 북한 문제를 '봉인'하는 태도로 일관하면서, 전체로서의 민족과 통일의 과제를 논하는 것 자체가 재일조선인 민족담론의 이념적, 정치적 편향성을 노정시킨다.

그렇다면 '전체 민족의 네이션'론이 제기된 당대 일본과 재일코리안 사회의 모습은 어떠했는가?


## 4. 공생의 불가능성, '동화 대 이화'의 위기의식

전후일본의 외국인 통계에서 '재일한국·조선인'의 총수는 1991년에 69만여 명으로 정점을 찍은 후 감소 추세로 돌아선다.[38] 반면, 귀화자 수는 매해 5천여 명이던 것이 1992년부터 2009년까지 매해 7천여 명에서

---

37) 1975년 봄 창간호에서 「김지하」를 특집으로 꾸민 후 제50호까지 발행한 『계간 삼천리』에서도 북한에 관한 기사는 좀처럼 찾기 어렵다. 『계간 삼천리』에 대해서는 조관자, 「'민족주체'를 호출하는 "재일조선인"」, 『일본학』 32, 2011, 201-205쪽.

38) 감소 추세의 '재일한국·조선인'은 2005년에 60만 명을 하회했다. 2015년 6월부터 50만 명 이하 (49만 7,707)로 내려갔고, 특별영주자는 35만 408만 명이다. 법무성, 【在留外国人統計旧登録外国人統計) 統計表】
http://www.moj.go.jp/housei/toukei/toukei_ichiran_touroku.html(최종 검색일: 2015. 11. 30).

1만여 명 수준으로 증가했다.[39] 1991년에 일본이 "과거 일본의 식민지배로 일본국적을 소유했던 외국인에게 특별영주권"을 부여하고, 귀화조건을 완화한 것이 전환점이 되었다. 외국인 노동자가 늘어나는 글로벌화에 대응하여 일본은 '다문화공생' 정책을 취하고, 동시에 일본과의 혼종성이나 일본 귀화를 긍정하도록 유도했다.

외국인 정책의 개방적 변화는 1980년대에 이미 시작되었다. 1979년에 '국제인권규약'에 가입한 일본이 1982년에 '난민의 지위에 관한 조약'에 비준함으로써, 국민연금법, 아동수당법 등을 외국인에게도 평등하게 적용하도록 법 개정을 실시한 것이다. 또한 '조국과 우리말'을 모르는 재일 3세들도 1980년대부터 자신들의 생활 속에서 자연스럽게 일본 속의 공감과 공생을 추구하기 시작했다. 동화를 비판하고 독자적 권리와 영역을 확보하려던 1세와 2세의 민족의식에서 벗어나 새롭게 일본인과의 사회적 관계를 형성하려는 그들의 일본어 담론은 곧바로 일본사회의 지지를 얻었다.

1980년대에는 '재일의 내면' 바깥에서 '재일의 서사'를 분석하려는 시도가 나타났다. 다자이 오사무(太宰治)를 좋아해서 일본식 필명인 다케다 세이지를 쓴다는 강수차는 1983년 평론집 『'재일'이라는 근거』에서 재일의 민족의식과 '불우(不遇)의식'을 식민지 지배 및 사회주의와 민족주의라는 시대 이념과 관련하여 분석했다.[40] 강수차에 따르면 1세와

---

39) 재일본대한민국민단 '민단 재일동포의 통계'.
   http://www.mindan.org/shokai/toukei.html#03(최종 검색일: 2015. 11. 30).
40) 상용하는 이름은 姜修次다. 竹田靑嗣, 『〈在日〉という根拠: 李恢成金石範金鶴泳』, 国文社, 1983, 27-30쪽.

2세는 식민지기의 천황제 일본을 부정하기 위해 '민족=국가' 또는 '사회
주의 조국'이라는 원리를 절대적인 심판자로 받아들였다. 그 결과, 2세
들은 타자와의 사회적 관계의식을 형성할 수 있는 마땅한 논리를 상실
한 채, '재일'이라는 특유한 관계의식 속에 갇혔다. '재일'의 내면 공간에
서는 "왜 나는 일본인이 아니고 조선인인가? 왜 우리집은 불행한가?"와
같은 어린 시절의 서글픈 물음이 "어떤 일상적인 감정의 기복으로도 다
용해할 수 없는 불우성의 덩어리"로 커져버렸다. 불우했던 기억과 결핍
에 대한 질문들은 당대의 담론장에서 '재일'의 고유성에 집착하는 '내면'
과 '서사'를 만들기도 한다. 신좌익 세대 일본인에게 '인간'과 '평등사회'
가 주요한 문제의식이었다면, 재일조선인 담론장에서는 '민족'과 '조국
통일'의 신화가 절대 원리로서 내면화되었다는 것이다.[41]

재일한국인 3세 강신자는 자신의 이름을 일본어 표음인 '쿄노부코'
로 부른다. "아무리 의미에서 벗어나려 해도, 역시나 의미에 사로잡히고
마는 '재일한국인'보다도, '일본어인'으로 부르는 편이 몸도 마음도 가벼
워지는 기분"이라는 당사자의 솔직한 선택이다.[42] 그들은 해외여행 중
에 한국여권을 잃어버려도 일본대사관을 찾아가 일본어로 문제를 해결
한다. 일본어 사회의 일원이라는 자각 속에서 쿄노부코는 일본과의 민
족적 대립과 정치적 투쟁보다 '대화와 공감'을 추구한다는 내용의 에세

---

41) 다케다의 『〈在日〉という根拠: 李恢成·金石範·金鶴泳』에서 후기 참조. 다케다의
재일론에 대해서는 조관자, 「이양지가 찾은 언어의 뿌리」, 『사이間SAI』 제3호,
2007, 231-232쪽에서도 언급함.
42) 姜信子, 『ごく普通の在日韓国人』, 朝日新聞社, 1987. 인용문의 저자의 책 소개
에서 발췌.

이『극히 보통의 재일한국인』(1987)을 발표했다. 이것은 제2회 아사히논 픽션저널상을 수상했다. 귀화자인 부모 밑에서 '일본인'으로 성장했던 소설가 이양지도 1970년대에 '내 안의 일본'을 온몸으로 거부하며 '조선 인' 아이덴티티를 추구했지만, 소설『유희』에서 '있는 그대로의 일본'을 수용한다. 1989년 제100회 아쿠타가와상을 수상한 그녀의 고민은 더는 "한국과 일본의 문제"가 아닌, 작가적 "감성과 폭의 깊이"라는 문제로 자라나 있었다.[43]

재일코리안의 문학과 영화가 각광을 받는 흐름은 2000년대까지 한류의 확대와 동시적으로 진행되었다. 1998년 강상중 교수의 도쿄대학 부임도 일본 지식사회의 주류에서 '자이니치'를 영입한 상징적 사건으로 주목받았다. 세기전환기의 글로벌리즘과 다문화 공생의 지향 속에서 '자이니치'가 일본사회의 보편성을 확장시키는 지표로 환영받게 된 것이다. 다카하시 도시오는 '세계문학'으로 소비되는 무라카미 하루키에 대한 비판적 대안으로서 양석일 문학의 '아시아적 성격과 세계성'을 부각시키고, 폭력을 화두로 삼는 작가의식의 '보편성'을 평가한다.[44] 그 대표적 작품으로 김준평이라는 재일조선인 1세의 가부장적 폭력을 제국일본의 차별적 폭력과 겹쳐놓은『피와 뼈』(1988), 부모가 아이를 장기매매와 인신매매에 내놓는 태국의 뒷골목을 다룬『어둠의 아이들』(2006), 신

---

43) 조관자, 「이양지가 찾은 언어의 뿌리」 참조.
44) (高橋敏夫, 곽형덕 역, 「'세계문학'으로서의 아시아문학」,『아무도 들려주지 않았던 일본현대문학: 전쟁·호러·투쟁』, 글누림, 2014, 301-307쪽). 양석일 문학에 대해서는 김응교, 「'아시아적 신체'의 소설화: 양석일 평론집『아시아적 신체』와 장편소설『어둠의 아이들』의 경우」,『한국어와 문화』제11집, 2012, 137-165쪽.

자유주의를 비판하는 『뉴욕지하공화국』(2006)이 있다. 이 작품들은 제국과 글로벌 자본주의의 야만적 구조에 연루된 아시아의 약자와 피해자의 폭력 문제를 제기한 것으로 주목받았다. 반면, 재일조선인에 대한 폭력적 이미지를 과도하게 부각시킨 양석일 문학의 상업적 성공에 불편함과 언짢음을 제기하는 목소리도 적지 않다.45)

'자이니치' 부상과 영입이 동화정책의 일환이라는 비판은 재일조선인 민족담론에서 줄곧 제기되었다. 자이니치 문화를 소비하는 일본사회가 결국 '조선인'의 민족적 저항의식을 상실시키고 일본의 지배구조에 포섭하려고 한다는 것이다. 특히, 윤건차와 서경식은 일본과 한국을 오가면서 재일조선인의 '불우함'과 일본사회 '식민주의'의 지속성, 보편주의의 폭력성을 환기시켰다. 윤건차는 재일의 신세대 문학자와 일본의 저널리즘 및 일본인의 감성이 차별, 원념, 반성, 보상과 같은 현실의 문제를 결락한 지점에서 공감을 형성하고 있다고 비판한다.46) 이러한 비판은 공생의 현실적 가능성을 추구한다기보다, 민족적 또는 당파적 저항이 후퇴하게 된 시대 변화에 대한 위화감을 드러낸 것으로 보인다.

일본의 이민 연구자들도 일본의 다문화 공생 정책이 다수자 사회로의 문화적 통합에 머무는 허구적 현실을 비판한다.47) 한편, 글로벌리즘

---

45) 김준평의 폭력성을 괴기스럽게 묘사하여 관객의 몰입도를 높였던 영화 『피와 뼈』(2004)가 식민지 차별의 역사성을 사상시켰다는 비판은 고화정, 「이질적 타자, 재일조선인의 초상」, 『황해문화』, 2007 겨울, 111쪽.
46) 尹健次, 「「在日」を生きるとは: 「不遇の意識」から出発する普遍性」, 『思想』811, 1992. 1, 113-116쪽.
47) 일본계 브라질인 이주 노동자에 대한 다문화주의 통합정책을 "얼굴이 보이지 않는 정주화"로 비판한 논저로 梶田孝道, 丹野清人, 樋口直人, 『顔の見えない

에 반대하고 다문화 공생을 거부하는 국수주의와 배외주의 풍조도 존재한다. 자영업자와 사회 주변부의 젊은이들을 중심으로 외국인과 재일코리안에 배타적인 '재특회'도 구성되었다.[48] 2010년 이후 동아시아 차원에서 역사인식논쟁과 영토분쟁이 지속되면서 한류 문화의 유입을 배격하는 데모도 벌어졌다.[49] 국수적 배외주의자들은 공생을 '위협'으로 인식하고, 정부의 다문화공생 정책에 반대한다. 외국인의 유입이 일본의 전통적인 공동체 문화를 파괴하고 사회 범죄를 야기한다는 것이다.

2014년에는 '이민·다문화공생 정책에 반대하는 일본국민회'(별칭 야에자쿠라 모임 八重桜の会)가 결성되었다. 이들은 헤이트 스피치 규제법안 및 외국인 노동자와 난민을 수용하는 정부정책에 반대하고, 국민여론을 계몽하는 활동을 벌이고 있다. 일본사회를 동질적 집단으로 생각하는 이들은 이질적인 타자의 유입으로 일본이 낯설게 변해가고, 일본국민의 세금이 출혈되고 있다는 피해의식에 사로잡혀 있다.[50] 〈그림 3〉과 〈그림 4〉는 야에자쿠라 모임의 홈페이지 게시판(2015. 12. 19)에 소개된 신간 만화 『그렇다 난민하자!』에서 따온 것으로 '위장난민의 생

定住化』, 名古屋大学出版会, 2005.

48) 야스다 고이치, 『거리로 나온 넷우익』(2013)은 넷우익을 워킹 푸어로 파악한다(일본어판은 『ネットと愛国 在特会の「闇」を追いかけて』, 2012). 반면, 히구치 나오토, 『폭주하는 일본의 극우주의: 재특회, 왜 재일 코리안을 배척하는가』(2015)는 자영업자와 고학력자들의 존재를 밝히고, 일본의 역사인식 문제 및 동아시아의 지정학적 갈등 구조가 혐한과 혐중의 근거가 된다고 지적한다(일본어판은 『日本型排外主義: 在特會,外國人參政權,東アジア地政學』, 2014).

49) 반한류 데모에 대해서는 황성빈, 「넷우익과 반한류, 배외주의의 여론: 주요 언론의 담론 분석을 중심으로」, 『일본비평』 10, 124-163쪽.

50) http://www.sakuranokai.org/(최종 검색일: 2015. 12. 25).

활보호금 수령'을 야유하고, '재일조선인의 일본이름(통명) 사용'을 풍자하고 있다.[51]

〈그림 4〉 "뭐든 곤란해지면 통명을 바꾸어 인생 리셋(reset), 그렇다 재일조선인하자!"
〈그림 3〉 "일본은 싫지만, 편하게 생활하고 싶다 생활보호의 돈으로, 그렇다 위장난민하자!"

공생정책이 사회적 차별과 배제의 소멸을 의미하지는 않는다. 그 추구 과정에서도 권리와 재원의 재분배를 둘러싼 갈등과 조정이 끊임없이 수반된다. 그렇지만 '저항과 투쟁' 그 자체가 목적이 아니라면 공생은 희망적인 미래를 만드는 새로운 가치와 방법임에 틀림없다. 과연 공생의 추구가 1990년대의 새삼스러운 현상일까? 냉전적 경쟁구도에서 한일회담을 반대하며 전개한 좌파진영의 '일조우호운동'도 비록 한일 국가체제로의 동화를 거부하는 것이었지만, 넓게는 공생을 요구한 것이 아니었을까?

협정영주권에서 소외된 조선적 소지자들도 외국인 등록자로 거주하면서, 일본 정부의 반공주의적 통제에 굴하지 않고 '한일협정체제'를 신식민지 지배로 비판하면서 조선인에 대한 차별 철폐를 당당하게 주장

---

51) はすみとしこ, 『そうだ難民しよう! はすみとしこの世界』, 青林堂, 2015.

했다. '사회주의 혁명'에서 후퇴한 일본의 신좌익 세대는 1970년대부터 혁신지차체에 적극 참여했고, 재일조선인의 권익 확보를 제도적으로 지원했다.[52] 조선총련과 조선학교는 일본의 지자체로부터 세제혜택과 학비보조금 등을 받았다. 공해와 복지, 마이너리티 문제에 대한 관심이 고조된 담론공간에서 재일조선인 지식인의 활약상이 두드러졌고, 취직 차별과 지문날인 철폐 운동도 일정한 성과를 올렸다. 따라서 1990년대 '공생'의 흐름은 냉전시대의 차별 반대 및 연대운동의 연속 및 변화라는 측면에서 고찰할 필요가 있다.

1990년대의 공생은 단순히 글로벌 자본주의의 요구만이 아니었다. 지역사회에서 연대했던 재일조선인과 일본시민이 더 많은 외국인을 포용하며 새로운 '공생'을 모색해야 했던 것이다. 다만, 탈냉전과 글로벌리즘의 새로운 지형에서 그동안 좌파진영이 주도했던 '재일조선인'과 '저항'이라는 '완전체'의 모습이 어느덧 사라졌던 것이다. 조선이란 민족명이 빠진 '재일'(자이니치) 호칭이 굳어지고, 각종 출판물에서 한국과 조선을 병기한 '재일한국・조선인' 표기가 늘어났다. 서경식의 '재일조선인' 총칭론은 이러한 '재일'의 문화적 소비에 따른 저항운동의 쇠퇴, 그리고 조선적의 감소 추세에 비례하여 한국국적과 귀화자가 증가하는 상황에서 제기되었던 것이다.

1990년대에는 북한과 조선총련을 비판하는 책도 다수 출판되었

---

52) 1970년대에는 학자인 가지무라 히테키, 와다 하루키, 후지다 쇼조, 이와나미 서점의 저널리스트인 야스에 요스케(安江良介), 평론가 아오치 신(靑地晨) 등이 재일조선인운동만이 아니라 한국의 민주화운동과도 연대했다.

다.[53] 1994년, 북한의 핵개발을 위한 물자공급과 자금지원 창구로 조선총련이 지목되면서 일본의 제재도 시작되었다. 2003년 와다 하루키 등이 펴낸『북한관련 책을 어떻게 읽을까』는 1990년부터 출판된 북한관련 책 500여 권 대부분이 북한을 비판, 비난, 공격하고 있다고 밝힌다.[54] 논픽션 작가 김찬정은 러시아와 중국, 미국 등 다른 해외지역에 정착한 동포들을 방문한 뒤, 1994년에『재일이라는 감동』이란 제목을 집필하여 '관념적인 조국지향'을 넘어서 '나아갈 길은 공생'이라고 선언한다. 조선적의 여권을 소지하고 베이징대학에 유학했던 자신의 딸이 천안문 사건 당시에 북한대사관이 아닌 일본대사관에 신변 보호를 요청했던 경험을 전하면서, 일본어를 모어로 삼는 젊은 세대에게 공생의 핵심은 "자신이 속한 사회를 향한 귀속의식"에 있다고 말한다.[55] 조선총련의 잡지『통일평론사』의 편집부 차장을 역임했던 그는 1992년에 김일성의 빨치산 투쟁 신화를 공공연하게 비판함으로써 일본사회의 주목을 받았던 인물이다.

1994년 김일성의 사후, 북한의 지도적 위상과 총련의 대중적 기반이 꾸준히 약화되어가는 현실에서 조선총련과 조선학교의 입장에서도 '공생'의 실질적 필요성이 더욱 커지고 있었다. 실제로 탈냉전, 탈분단, 탈경계의 시대정신 속에서 공생의 가능성은 다양한 방법으로 모색되었

53) 張明秀,『裏切られた楽土』(배반당한 낙토, 講談社, 1991) 등. 조선총련 활동가에서 1988년 탈퇴한 장명수는『徐勝「英雄」にされた北朝鮮のスパイ』(『서승 '영웅'이 된 북한 스파이』, 宝島社, 1994)의 저자이기도 하다.
54) 和田春樹, 高崎宗司,『北朝鮮本をどう読むか』, 明石書店, 2003.
55) 金賛汀,『在日という感動: 針路は「共生」』, 50-51쪽;『パルチザン挽歌 金日成神話の崩壊』(빨치산 만가, 김일성 신화의 붕괴), 御茶の水書房, 1992.

다. 1998년부터 2007년까지 한국 진보정권의 유연한 대북정책에 힘입어 조선총련계와 민단계의 '원코리아 운동'이 활발해졌다. 한국사회의 조선학교 및 우토로 마을 지원, 한국 정부의 재일한국인 참정권 부여와 같은 일도 넓게는 이념과 국경의 경계를 넘어서는 공생의 노력으로 볼 수 있다.

그러나 1990년대 말부터 2000년대까지 진행된 남북한의 탈경계 민족운동은 여전히 좌우의 이념적 분단 및 한일의 역사적 갈등을 해소하지 못한 채, 정권의 리더십과 대중심리에 좌우되는 한계를 드러냈다. 남북한과 조선적을 포함한 '코리안 네트워크'나 '민족공조'를 구축하는 과정에서, 일본의 동화정책과 민족차별이 거듭 환기되었고 한일의 민족경계가 더욱 강고해졌다. 반일의 민족감정에 호소하고 일본의 정부정책에 대해 공분할 때, 재일조선인에 대한 한국인의 마음과 지갑이 쉽게 열렸다. 유독 조선학교만이 일본의 고교무상화 정책에서 배제되기까지 역사적 배경이나 정치적 이유 등에 관한 진지한 검토와 논의는 없었다.[56] 일본과 한국을 넘나들면서 서경식과 윤건차는 일본의 공생정책이 일본사회가 강요하는 '동화'의 다른 이름이라고 비판할 뿐이었다.

그렇다면 재일 3세, 4세에게 민족 정체성(에스닉 아이덴티티)의 정립과 일본사회로의 동화는 여전히 대립적인 것일까? 그들에게 이제 '동

---

56) 전후 직후부터 조선학교는 일본좌익과 재일조선인의 정치운동을 전개하는 거점이기도 했다. 오늘날의 문제가 불거지기까지의 역사적 과정과 동화비판론의 한계에 대해서는 JO Gwan-ja, "Beyond the criticism of assimilation: rethinking the politics of ethno-national education in postwar Japan", Inter-Asia Cultural Studies 16(2), 2015.

화'는 국가정책에 의한 '강요'나 정치적 '선택'이 아닌, 일상의 '호흡'이자 적자생존의 '생태 환경'이 아닐까? 거꾸로 동화 비판을 통해 조국과의 연계를 강조하는 논리가 남북한에 대한 정치적 동화를 합리화하고 귀속을 강제하는 효과는 없는가? 글로벌리즘의 조류에 밀려서 2000년대 후반부터 일본 내 마이너리티를 대표했던 재일코리안의 위상도 재일중국인들에게 내주어야 했다. 바야흐로 재일조선인의 민족사적 갈등과 투쟁의 경험을 딛고서, 다양한 국적의 마이너리티와 연대하고 공생하려는 전략적 대안이 필요한 시점이다. 그러나 공생을 일본의 동화정책으로 비판하는 재일조선인의 목소리와, 공생을 공동체의 파괴정책으로 이단시하는 일본인의 목소리가 치열하게 충돌했다.

공생을 반대하는 대립전선에서 두 세력 모두가 결국 '이화'(異化, 異和)를 두려워한다. 두 세력 모두 배타적인 민족공동체의 이데올로기에 사로잡혀서 자신들의 집단적 동일성을 구축하는 정치적 구도에 동화(同化, 同和)하기를 원한다. 이질적인 타자와의 공생을 거부하는 이들의 갈등이 격화하면서 외국인의 지방참정권 문제에 대한 논의조차 봉인되는 등, 일본의 다문화 공생정책도 더는 혁신할 방도를 찾지 못하고 있다.


## 5. '다국적 · 다민족 시민사회'론과 서경식의 비판론 재고

일본사회와의 관계에서 '공생'의 과제는 1995년, '시민사회론적 재일론'의 형태로 본격적으로 제기되었다. 한국경제 연구자 정장연과 한국현대사 연구자 문경수는 '한국인 또는 조선인'이라는 에스닉 아이덴티티를 중시하여 귀화에 신중하면서도 조국지향성을 품지 않는다. "'민족'을 대신할 재일사회의 새로운 통합이념으로서 '시민'에 착목하여, 시민사회의 일원이라는 공통의 입장에서 일본인과의 '공생'을 모색한다. 공생관계를 구축할 거점을 '지역사회'에서 모색한 것이 '시민사회론적 재일론'"이다.[57] 이들은 지역사회에서 생활하는 시민 아이덴티티를 중시하면서, 일본이 '다국적, 다민족 시민사회'로 거듭나기를 촉구하며 마이너리티 연대운동에도 적극적이다. 한편, 1974년에 민단 및 총련과 별도로 '민족차별과 투쟁하는 연락협의회'(민투련)를 결성하여 권익향상운동을 펼쳐온 독자적 운동세력도 시민적 아이덴티티를 중시한다.[58]

1970년대에 안보투쟁이 잠잠해진 일본에서는 '즉각적인 일본 혁명'을 포기한 신좌익 세대의 정념이 재일조선인, 공해, 베트남전쟁 등의 생활 영역으로 옮겨갔다. 그들은 지역사회의 생활 속에서 합법적, 평화적 방법으로 도시문명과 사회문제를 극복할 대안을 추구했다. '베헤렌'(베트남에 평화를! 시민연합)이 상징하는 70년대 시민운동은 50년대 좌익과 60년대 신좌익의 폭력적 혁명노선과의 단절을 의미했다. 60년대 말부터 도쿄와 오사카의 지자체에서 혁신세력의 수장이 선출되었다. 전후 민주주의를 대표하는 마루야마 마사오(丸山眞男)의 제자 마쓰시타 게이치(松下圭一)는 '국가통치'가 아닌 '시민자치'로의 패러다임 전환을 이끌

---

57) 鄭章淵, 「'パックス エコノミ'か'時代の到来と在日社会」, 『季刊靑丘』 第24号, 1995, 65쪽.
58) 山脇啓造, 「在日コリアンのアイデンティティ分類枠組に関する試論」, 明治大学社会科学研究所紀要, 第38卷 第2号, 2000. 3, 134-135쪽.

고, 시민참가와 공공정책의 입법화 등을 유도한 것으로 평가된다.[59] 그러나 1980년대부터 지자체의 재정적자가 누적되고, 버블경기가 꺼진 1990년대에는 지역사회의 복지행정이 난관에 봉착했다. 1999년부터 2012년까지 도쿄도지사로 보수적인 이시하라 신타로(石原愼太郞)가 4회 연임 선출되고, 오사카에서도 2008년부터 2015년 현재까지 보수적인 하시모토 도루(橋下徹)가 지자체를 이끌어 왔다.

서경식은 김찬정의 공생론과 '시민사회론적 재일론'에 모두 비판적이었다. 먼저, 김찬정의 공생론에 대한 비판의 논지를 보자. 그에 따르면, 공생론은 외국인 노동자와의 문화적 마찰에 대처하려는 일본자본주의의 요청에서 나온 것으로, 다문화 사회는 차별을 받아온 재일조선인도 희망하는 바다. 그러나 김찬정의 생각은 틀렸다고 한다. 즉 "현실을 무시하고 생활감각으로부터 떨어진 '관념적인 조국지향'"이 일본사회와의 공생을 방해하고 재일조선인사회의 미래상을 불투명하게 만들었다는 견해는 현실을 왜곡했다는 주장이다. 조선인 다수는 강제연행을 당한 채 구종주국에 거주하므로, "재일조선인 해방의 문제는 다른 이문화집단 사이의 '공생'의 문제이기 이전에 무엇보다도 먼저 제국주의, 식민지주의의 극복이라는 문제"라고 한다.[60] 일본은 "과거를 극복하기는커

---

59) 1950년대 말부터 시민의 정치참여, 대중사회를 연구했던 마쓰시타는 1970년 대에 지방자치체에서 시민의 최저생활을 보장하는 사회자본, 사회보장을 제안하여 혁신자치체를 위한 이론을 제공했다. 松下圭一, 『シビル・ミニマムの思想』(東京大学出版会, 1971), 松下圭一, 『市民自治の憲法理論』(岩波書店, 1975) 등이 있다. 「松下圭一さん死去 市民自治による政治の確立目指す」, 朝日新聞デジタル, 2015, 11쪽.
60) 서경식, 「'재일조선인'의 위기와 기로에 놓인 민족관」, 77-78쪽.

녕 정확히 인정하려고도 하지 않"고서, '달콤한 공생론'으로 현실의 모순을 덮어버리려 한다.[61] '공생'을 방해해온 일본사회에서 '공생'은 오히려 '다민족제국일본'의 환생을 의미하므로, 공생의 모색보다 '민족해방' 운동이 우선한다는 것이다.

공생론자들은 민족문제를 현재적 삶의 문제로 사고한다. 민족문제의 성격을 더 이상 일본제국주의의 문제로 보지 않고, 일본사회에서의 삶의 방식으로 재인식하는 것이다. 김찬정은 1980년대에 북한과 한국을 장기 취재하면서 각 사회와의 일체감이 희박했던 자신을 되돌아보면서 일본사회로의 정착, 귀속의식을 명확히 했다고 고백한다. 다만, 1세와 2세들 중에는 일본사회에서의 차별체험으로 '공생'의 가능성에 대한 불신과 거부반응을 나타내는 사람들이 적지 않다고 진단한다. "남북조선에 돌아갈 수 없다고 생각하면서도, 자신들의 관념적 '조국'의식은 남북조선에 끌려 다닌다. 그렇게 해서는 재일의 미래를 전망할 수 없다는 것을 그들은 인정하고 싶어하지 않는다."[62] 김찬정은 오히려 일본제국주의와의 투쟁신화로 재일과 북한동포들의 삶 전체를 '조국'에 종속시키려는 '저항민족주의'의 정치적 의도로부터 해방을 추구하는 것으로 읽힌다. 필자의 과문함 탓인지, 서경석의 숱한 민족담론에서는 김찬정과 같은 문제의식이나 그러한 문제에 대한 독해력이 아직까지 발견되지 않는다. 일본을 식민주의 국가로 비판하는 서경식의 입론은 일본의 다양한 정치

---

61) 서경식, 「재일조선인이 나아갈 길: '에스닉 마이너리티'인가 '네이션'인가」, 362-363쪽.
62) 金贊汀, 『在日という感動: 針路は「共生」』, 50쪽.

세력의 문제를 '일본 국가와 국민 전체'의 문제로 확대하고, 일본 국민의 '역사적 원죄'를 추궁하는 갇힌 논리의 성격을 갖는다.

『역사의 증인 재일조선인』에서 서경식은 일본의 기민정책을 증언했다. 패전 이후 일본국가가 "조선인의 의사를 확인하지도 않은 채 그들의 '일본 국적'을 부정"하고 "생활을 위한 최소한의 보장 조치조차 없었"다고 고발한 것이다.[63] 냉전시대 재일조선인담론에서 수없이 반복된 이러한 증언은 '재일동포 수난사'에 대한 한국인의 인식과도 일치한다. 그러나 위의 증언이 반드시 역사적 사실과 일치하는 것은 아니다.

서경식의 기민과 난민 담론에서는 재일조선인 스스로가 정치적, 경제적 권익을 추구한 사실이 전혀 언급되지 않는다. 그러나 2005년 1월 이와나미에서 발행한 『재일조선인 역사와 현재』는 재일조선인의 유력한 정치단체가 점령당국의 세금 부과를 회피하기 위해 일본국민에서 해제되기를 요청한 사실과, 빈궁한 재일조선인을 위한 생활보호정책이 실시되었던 사실을 서술하고 있다.[64] 실제로 일본의 패전 직후에 재일조선인 활동가들은 '승전국민'과 '해방인민'으로 자처하며 일본의 혁명운동에 관여했고, 한반도의 사회주의적 통일을 이루고자 한일회담 당시에도 반대운동을 펼쳤다. 그러던 것이 2000년대에는 과거 재일조선인의 정치담론에 대한 기억은 봉인한 채, '버려진 백성'이라는 기민의식, 난민의식만이 부각된다. 그러자 일본의 혐한론자들은 재일조선인의 변주된 기억

---

63) 서경식 지음, 형진의 옮김, 『역사의 증인 재일조선인』, 반비, 2012, 134쪽.
64) 水野直樹・文京洙, 『在日朝鮮人 歷史と現在』, 岩波新書, 2015, 108-198쪽, 145쪽. 서경식의 글은 인터넷에서도 쉽게 발견된다.
　　http://kkangjong.blog.me/220298444870(최종 검색일: 2015. 11. 10).

을 역공격하면서, 재일조선인의 '특권'과 '반일'을 고발한 것이다.

'공생론'에 이어서 서경식은 문경수의 '시민사회론적 재일론'을 비판하고, 그 실패를 단정적으로 예견한다. 문경수의 논문 「재일조선인에 있어서 '국민국가'」(1994)는 일본의 고도성장에 따른 재일조선인 사회의 변화로 '조선인 부락'의 해체, 재일조선인의 신중산층 의식과 사생활 중시, 조국과 민족이란 '추상적 대의'의 해체를 지적한다. 따라서 새로운 세대의 주체의식과 역사감각에 맞는 시민(주민)적 공생을 추구함으로써 국민국가의 틀을 극복하자는 논지다.[65]

문경수에 대한 서경식의 비판은 세 가지로 제시된다. 첫 번째의 논점은 기성세대의 경직된 민족관을 극복하기보다, "재일조선인과 '민족'과의 연결 일반을 부정하는 결과"가 엿보인다는 것이다.[66] 이는 '공생론'과 '시민사회론적 재일론'이 "재일조선인의 삶을 규정하는 사회적 모순관계를, 일본 국내의 소수민족집단(마이너리티-인용자)으로서의 그것에 한정하고 있다"는 세 번째의 논점과 연결된다.[67] 즉, '한일협정체제'하에서 "군사정권에 의해 박해받고 인권과 재산권을 위협받았"던 재일조선인이 중요한 자기해방의 소명을 외면한다는 것이다. 문경수를 비롯한 '시민사회론적 재일론자'들은 한국의 민주화와 조국통일에 관여하는 것을 자신들의 소명으로 생각하지 않는다. 일본사회의 '시민'으로서 '재일조선인'의 아이덴티티와 역사를 중시할 뿐이다. 서경식은 한일협정체

---

65) 文京洙, 「在日朝鮮人にとっての「国民国家」, 歴史学研究会 編, 『国民国家を問う』, 青木書店, 1994; 서경식, 「'재일조선인'의 위기와 기로에 놓인 민족관」, 78-81쪽.
66) 서경식, 「'재일조선인'의 위기와 기로에 놓인 민족관」, 78-79쪽.
67) 서경식, 「'재일조선인'의 위기와 기로에 놓인 민족관」, 80쪽.

제에 대한 그들의 '비판 없음'과 '거리두기'를 주체성과 정치성의 상실로 비판하고 있는 것이다.

영주자격과 의료보험 혜택 등이 보장되는 협정영주권은 한국국적 자에게만 부여되었다. 조선적 소지자는 한국국적으로의 이동을 암묵적 으로 강요당한 셈이다. 한일협정이 일본의 '역사청산'을 도외시하고 일 본의 신식민지적 경제침략에 종속된 '민족사의 굴욕'이라고 비판했던 조 선적 재일조선인은 그것의 무효화를 위해 싸웠다. 서경식 자신도 조국 방문을 허락받고 형들의 구호활동을 전개하기 위해 조선적에서 한국국 적으로 변경할 수밖에 없었겠지만, 형언할 수 없는 굴욕감을 느꼈을 것 이다. 따라서 그에게 '인간해방'은 '민족해방'이어야 한다. "재일조선인이 '민족'과 '조국'에 관심을 가지고 그 민주적 변혁과 민족통일의 과정에 참 가해야 한다는 것"은 "관념적인 '당위'나 '조국지향'을 위해서가 아니다. 그것은 스스로 운명의 주인이 되고 스스로에게 바람직한 미래를 만들기 위해서다."[68] 이와 같은 서경식의 어법은 '민족해방론자'에게 전형적인 사회성격 인식론과 주체의 실천론을 반복하고 있다.

두 번째 논점은, 고도성장이 정치의 우익화, 환경파괴, 가족과 교육 의 황폐, '안락으로 향하는 전체주의'(후지타 쇼조)로 진행된 것이라고 지적되는 일본의 현실에서, 거꾸로 "시민의 자립성이 착실히 붕괴되어 온 것"이 아닌가라는 반론에 있다.[69] 일본인이 시민혁명을 추구한다면,

---

68) 서경식, 「'재일조선인'의 위기와 기로에 놓인 민족관」, 80-81쪽.
69) 역시 마루야마 마사오의 제자인 후지타 쇼조(藤田省三)와 같은 래디컬한 지 식인들은 1970년대부터 탈정치화된 친미적 시민사회를 '안락 공동체'로 냉 소했다. 藤田省三, 「全体主義の時代経験」, 『藤田省三著作集6』, みすず書房, 1997,

"현행 헌법의 상징천황제 폐지, 기본적 인권보장에서 국적 조항(제11조) 파기"를 위해 싸워야 마땅한데, 그런 자립적 시민은 일본에 없다는 것이다.[70] 이러한 시민운동론 비판은, '여성을 위한 아시아평화국민기금' 문제로 대립하게 된 상황에서 와다 하루키를 천황제의 전쟁책임에 소홀한 '국민주의'로 설정하고 비판하는 태도로 이어진다.[71]

　　문경수의 논의는 아직 버블붕괴 이후의 '혁신 지차체'의 실패나 배타주의 현상을 예견하지 못했다. 하지만, 경제적 호황기나 경제대국에서도 사회적 격차 및 자본주의의 불안정성은 여전히 관철되었고, 저성장 시대에도 일본은 여전히 세계적인 경제대국의 골격을 유지한다. 문제는 오히려 '안락 공동체'에서 깨어나 국가적 위기의식을 강조하는 일본인 일부가 배타적 내셔널리즘으로 경도되는 현실에 있을 것이다. 그리고 자신들의 위기만을 강조하는 동아시아의 각 세력이 서로의 닮은꼴을 돌아보지 않고, 적대적인 비방으로 서로 충돌하는 현실에 있을 것이다.

　　1970년대 이후 전후헌법의 상징천황제 폐지 구호는 신좌익 운동에서 사라진 대신, 미시마 유키오(三島由紀夫)의 죽음에 영향 받은 '민족파 신우익'으로 옮겨갔다. 그들은 상징천황제를 비롯한 전후체제가 일본의 전통과 일본인의 자율적 의지를 반영하지 않은, 미국의 세계지배전략에 종속된 것이라고 규정하고 그 타파를 외친다. 그 후신인 '일수회'(一水会)는 1990년대 후반부터 반미주체화를 촉구하는 대중집회를 활발하게 재

---

29-41쪽.
70) 서경식, 「'재일조선인'의 위기와 기로에 놓인 민족관」, 79쪽.
71) 서경식과 권혁태가 "한국어(조선어)"로 대화한 대담 「국민주의와 리버럴 세력: 일본을 바로알기 위해」 참조. 서경식, 『언어의 감옥에서』, 436-451쪽.

개한다. 2010년 이후 '일본문화채널 사쿠라'(日本文化チャンネル桜)와 같은 '신보수' 매체의 토론 프로그램을 보면, 비록 극소수지만 헌법개정을 막는 의회민주주의를 부정하고 천황친정의 민족적 전통을 회복시키자는 주장조차 들린다. 미국과 아시아에 굴복하지 않는 '강한 일본'의 재건을 위해 '민족의 전체성'을 대표하는 천황을 중심으로 국민통합을 꾀하자는 것이다.

일본의 천황제 민족주의든, 조선(한국)의 반제(반일·반미)민족주의든, 그들이 현실을 비판하고 극복하려는 태도는 묘하게도 닮은꼴을 취한다. 의회민주주의나 '시민적 공생'에 입각하여 정치적 균열과 차이를 조율하기보다, '전체로서의 민족' 논리에 입각하여 정치적 의지를 통합하려는 것이다. 천황론자든 천황제 폐지론자든, 문제의 설정과 해법의 모색에서 당위론적 이상론과 원리주의적 태도를 취하는 경향이 있다. 서경식은 '일본 내 소수자'에 머물지 않고 '네이션'을 지향할 때, 재일조선인의 귀속 대상은 "전체로서의 '민족'"이며, "아직 실현되지 못한 자기해방의 과제로서의 '통일된 조선'"이라고 한다.[72] 하지만 모든 민족의 자각에 의한 '네이션'의 구성이 막연하다는 사실은 서경석 자신도 인정했다.[73] 그 후에도 '네이션'론에 더 이상의 진전은 없어 보인다. 일본과 한국을 정치적 거점으로 삼고 연결시키려는 재일조선인의 정치운동은 2007년 한국에서 보수정권이 집권한 이후 좌절된 것으로 보인다.[74]

---

72) 서경식, 「재일조선인이 나아갈 길: '에스닉 마이너리티'인가 '네이션'인가」, 366쪽.
73) 서경식, 「재일조선인이 나아갈 길; '에스닉 마이너리티'인가 '네이션'인가」, 369쪽.

‘네이션'론의 실질적 후퇴와 함께 재일조선인을 일본의 마이너리티로 인정하지 않던 태도가 변화한다. 1990년대 저작에서 서경식은 재일조선인이 ‘일본 내 소수민족=에스닉 마이너리티'가 아니라고 강조했다.[75] 하지만 일본의 청소년을 대상으로 한 2012년의 저작『재일조선인은 어떤 사람?―중학생의 질문상자』에서는 달라진다. “재일조선인을 정의할 때 가정 먼저 ‘일본사회의 마이너리티(minority)'라고 할 수 있”다는 것이다.[76] 소수자인 재일조선인에 대해 아는 것이 곧바로 다수자인 일본인 자신들의 역사를 아는 출발점이라는 논지에서다. 이러한 논지의 변화는 세계적인 탈냉전 이후 대두한 난민 담론을 흡수하고, 일본의 재특회 활동에 대응한 현상으로 결코 비난받을 문제가 아니다.

　문제는 무엇이 어떻게 달라졌는지조차 분간하지 않는 상태에서, 한국과 일본의 담론장에서 상대방과 똑같은 논리로 적대적 대립을 반복하고 증폭시키는 현실에 있을 것이다. 한국과 일본의 역사적 갈등 속에는 역사적 변화의 실상을 드러내지 못한 채, 자민족 중심의 논리와 좌우의

---

74) 한국의 보수정권은 조선적 재일조선인의 한국 내 정치 활동을 제한했다. 다만 일정한 지역에서 정치활동을 제한하는 태도는 각각의 정치세력들에게서 공통적으로 나타난다. 한국에서 참정권 운동을 펼친 재일한국인 활동가들도 일본 내 지방참정권 운동이 논점을 분산시키고 혐한을 초래한다며 반기지 않는 모습이다. 일본인의 다수는 재일조선인의 이중국적 혜택에 반발한다. 조선총련은 공식적으로 북한의 해외공민으로 머물고자 한다.
75) 서경식, 「재일조선인'의 위기와 기로에 놓인 민족관」(역사비평, 1996), 85-86쪽, 「재일조선인이 나아갈 길; ‘에스닉 마이너리티'인가 ‘네이션'인가」, 361-362쪽.
76) 서경식 지음, 형진의 옮김, 『역사의 증인 재일조선인』, 반비, 2012, 21쪽. 일본어판 원제『在日朝鮮人ってどんな人? ― 中學生の質問箱』, 平凡社, 2012. 이글도 한국의 인터넷 블로그 등에서 다수 발견된다.

당파적 이념으로 착종된 문제들이 정치적 전선의 어느 한 쪽에 진지를 틀고 숨어버리는 문제들이 수없이 많다. 따라서 연구자는 '다문화공생'이 아닌 '적대적 공존'의 도돌이표, 그 감춰진 '피드 백'의 논리적 구도를 드러내고 내파시킬 필요가 있다. 마치 철옹성과도 같은 집단적 기억과 정치적 길항 구도에 갇혀서 탈출구를 잃어버린 문제들은 무엇인가? 그 문제의 실상을 분석하고 해결의 실마리를 찾아내는 작업이 연구자의 책무라 할 수 있겠다.

## 6. '철옹성의 아우성'을 내파하기 위하여

역사적 사실 인식과 해석의 차이, 역사문제를 해결하려는 정치적 입장의 충돌은 재일조선인의 공생 문제를 더욱 어렵게 만든다. 강제연행설을 둘러싼 일본의 혐한론과의 갈등을 짚어보자. 혐한론자들은 "1939년부터 실행된 노동자의 모집과 알선, 1944년 징용령에 의거한 합법적 노동동원"이 있었을 뿐, 그 이전의 이주는 생계를 위한 자발적인 것이었다고 주장한다.[77] 당대의 법적 논리로 강제연행이 아니었다 해도 일본의 식민지배와 총력전 동원체제가 정당화되지 않는다. 그러나 일본에서 거주하게 된 재일조선인의 삶을 모두 일본국가의 지배구도와 강제연행설에 연루시키는 재일조선인의 경직된 논리가 거꾸로 혐한의 논리

---

77) 山野車輪, 『嫌韓流』, 晋遊舍, 2005, 86-88쪽.

를 역사적 사실로 부각시키는 기제로 활용된다. 한편, 혐한론자들의 식민지 미화론 역시 서구 제국주의를 비판하면서 출발한다. 영미제국에 저항한 '일본의 아시아해방투쟁사관'을 정당화하는 것이다. 그들은 서구적 근대화를 비판하면서도 일본의 식민지 근대화를 긍정하는 자가당착에 빠져 있다.

　역설적이게도 민족정화를 욕구하고 배타적 기억을 집단화하는 모습에서 한일의 민족주의는 서로 닮아 있다.[78] 일본사회의 소수자로서 공생을 모색하기보다 민족의 '네이션'으로 나아가라는 논리는, 의도치 않게 일본 배외주의자들의 "네 나라로 돌아가라"는 주장에 호응하며 그들의 주장에 힘을 실어준다. 서경식의 본래 의도는 재일조선인의 입장에서 본국과 일본 양쪽에서 참정권을 획득하여 정치적 주권을 행사하고 양국의 공존을 기약하자는 것에 있다.[79] 그러나 많은 일본인들은 재일조선인이 이중국적의 혜택과 '재일의 특권'을 꾀하면서도 일본을 일방적으로 비판하면서 일본인을 밀쳐내고 있다고 느낀다. 그들 중 일부는 '조선진주군'이 일본을 '침략'한다는 피해망상까지 펼친다.[80] 그러니까 '반일'은 일본을 떠나라고 외친다. 재일조선인의 조국지향적인 민족운

---

78) 일본은 '일본의 서사'를 정화하기 위해 '서양 근대의 초극'이나 '대미종속, 반미민족운동'론을 펼쳤고, 재일과 한국은 통일민족국가 건설(자주적 근대의 완성)을 위해 역시 '제국주의 일본과 미국'을 철저히 배제하는 민족해방론을 펼쳐왔다. 일본과 동아시아의 저항민족주의가 '내통'하는 기저에 대해서는 조관자, 「반미주체화와 아시아주의의 이중변주」, 『아세아연구』156호, 2014 참조.
79) 서경식, 「재일조선인이 나아갈 길; '에스닉 마이너리티'인가 '네이션'인가」, 369-370쪽.
80) '조선진주군을 용납하지 않은 시민 모임'의 동영상은 유튜브에서도 검색된다.

동론이 일본의 배외주의와 '혐한'의 입지를 강화하고, 이것이 다시 일본의 식민주의와 배외주의를 비판하는 '반일'의 논거로 상승 작용한다.

한일의 민족감정은 서로를 자극하며 어떠한 양보도 타협도 허락하지 않는 '철옹성의 아우성'으로 울린다. 서로 대립하는 주장이 서로의 입지를 강화하는 역설적인 울림 현상은 비단 상징천황제 반대와 의회제 민주주의 반대, 그리고 민족국가 건설론과 배타적 국민국가론의 착종된 호응과 대립 관계에서만 발견되는 것이 아니다. 좌파의 평화옹호론과 우파의 자주방위론도 보완적 호응관계를 이룬다. 미일동맹을 비판하고 반미자주성을 외친 일본과 재일, 한국의 좌파 지식인들은 2010년 무렵까지도 일본의 안보 공백 문제를 외면한 채, 동아시아 평화를 외쳤다. 그들은 미국의 핵우산을 벗어난 일본이, 중국의 핵무기와 북한의 도발에 대응하고 국가적 생존을 강구하기 위해 선택할 방법을 묻지 않았다. 평화헌법의 포기나 핵무장의 가능성을 무시한 채, '동아시아 평화 공동체'를 환상하는 듯했다. 오래된 관성처럼 미국의 세계지배전략에 종속된 전후 민주주의의 허구성과 일본의 전쟁책임만을 지적하고, 오키나와의 평화를 절실하게 외칠 뿐이었다. 좌파진영의 안일한 현실인식과 독선적 지조가 1990년대 이후 우익민족주의의 전후민주주의 비판론, 자주방위론, 자주헌법론을 실질적으로 보완하고 있었다. 그러나 이러한 역설적 결과를 해명하고 실질적인 대안을 모색하자는 목소리는 아직까지 들리지 않는다.

윤건차와 서경식은 일본의 좌파 혁신운동, 시민운동에서 자취를 감춘 상징천황제의 폐지 문제를 고집스럽게 추궁해왔다. 일본 천황의 전쟁책임을 제기하고, 반미민족자주를 혁명적 과제로 삼으면서 일본의 시민운동을 비판했던 재일조선인의 '지조'는 과연 누구를 위한 것인가? 결코 하나의 목소리는 아니지만, 자주헌법을 옹호하는 주장은 좌우의 이념을 초월하여 일본민족주의의 속내를 대변한다. 그렇다면 이러한 현실에 어떻게 대응하는 것이 바람직한가? '자립적 시민'의 죽음과 '일본 전후의 붕괴'를 예단하는 재일과 한국의 지식인은 과연 어떠한 미래를 준비할 수 있는가? 재일조선인의 '민족해방론'이 한국에 유입되면서, 과연 어떤 역할을 했을까?

그 비타협적 민족담론이 일본과 한반도의 탈식민화, 아시아의 탈냉전적 평화를 실현하는 데 실질적으로 기여하고 있는지 되돌아볼 때다. 적대적인 것들과 대립하면서 윤리적 선명성을 견지했던 자신들의 신념과 행동이 시대상황과 어떻게 호응했는지를 돌아볼 때다. 역사적 불행을 반복하지 말자는 식민주의 비판담론이 역설적으로 젊은 일본인들의 몰이해를 불러일으키고, 한일 간의 적대성을 고조시키고 있지 않은가. 그렇다면 그 비판과 저항의 궁극적 목적이 무엇인지를 돌아볼 때다. 시대상황의 변화 속에서 현실인식을 일신하고 복잡한 관계성을 다각도로 파악하는 것이 지식인의 바람직한 태도라 할 것이다.

# 주요 참고문헌

## I. 냉전의 바깥으로 '일본'을 끌어내기

기시 도시히코, 쓰치야 유카, 김려실(역),『문화냉전과 아시아 냉전 연구를
　　　탈중심화하기』, 소명출판, 2012.

남기정,『기지국가의 탄생 일본이 치른 한국전쟁』, 서울대학교출판문화원,
　　　2016.

도미야마 이치로, 손지연(역),『폭력의 예감』, 그린비, 2009.

무라카미 류,「출구 잃은 젊음의 파열, 그 투명한 고통」중앙일보, 1995.

무라카미 류·양억관(역),『엑소더스』, 웅진닷컴, 2001.

무라카미 류·윤덕주(역),『반도에서 나가라上』,『반도에서 나가라下』, 스튜
　　　디오 본 프리, 2006.

서동주,「'전후'의 기원과 내부화하는 '냉전' 홋타 요시에의「광장의 고독」을
　　　중심으로」,『일본사상28』, 2015.

오미정,「무라카미 류(村上龍)의 69론 – 카니발적 세계의 추구」,『일본어문학
　　　47』, 2010.

윤건차,『자이니치의 정신사』, 한겨레출판, 2016.

이문호,『무라카미 류의 반도를 나가라 연구 – 1990년 이후 일본의 북한 인식
　　　을 중심으로』, 고려대학교 석사학위논문, 2010.

조정민,「무라카미 류(村上龍)의 69 sixty nine 론 – 역사를 바라보는 원근법」,
　　　『일본문화연구31』, 2009.

지그문트 프로이트,『문명 속의 불만』, 열린책들, 2005.

칼 슈미트·김항(역),『정치신학』, 그린비, 2010.

칼 슈미트·김효전(역),『정치적인 것의 개념』, 살림, 2012.

헤어프리트 뮌클러·공진성(역),『새로운 전쟁 군사적 폭력의 탈국화』, 책세상,
　　　2012.

황호덕,「녀석들은 적이란 말이다!」,『창작과비평 133』, 2006.

加藤典洋,『戰後入門』, ちくま新書, 2015.

黑古一夫『村上龍「危機」に抗する想像力』, 勉誠出版, 2009.

高和政, 「欲情の再生産ー村上龍『半島を出よ』の想像力」, 『戦夜』, 2006.

白井聡, 「反知性主義, その世界的文脈と日本的特徴」, 『日本の反知性主義』, 晶文社, 2015.

ジョン・ダワー; 猿谷要(監修) 『容赦なき戦争』, 平凡社, 2001.

土佐弘之, 『境界と暴力』, 岩波書店, 2016.

村上龍, 『収縮する世界 閉鎖する日本』, NHK出版, 2001.

＿＿＿, 『半島を出よ』, 幻冬舎, 2005.

＿＿＿, 「ロングインタビュー 半島を出よ を語る」, 『群像』, 2005.

松浦輝寿・星野知幸・陳野俊史, 「鼎談 村上龍 半島を出よ を読み解く」, 『文学界』, 2005.

Richard Hofstadter, "Anti intellectualism in American Life", Vintage, 1962.

김만진, 「『패전후론』과 전후 일본 내셔널리즘: 내셔널리즘 이론에 의한 분석」, 서울대학교 국제정치문제연구소, 『세계정치』 14권 0호, 2011.

심정명, 「죽음 속의 삶, 재난 후의 문학」, 『세계의 문학151』, 민음사, 2014.

윤건차, 「한국의 일본지성 수용의 문제점: 『사죄와 망언 사이에서』와 『국가주의를 넘어서』를 중심으로」, 『역사비평 48』, 역사비평사, 1999.

윤여일, 「틀렸다. 하지만 어디가 얼마나?: '역사주체논쟁'에서 논쟁되지 않은 것들」, 『역사비평 82』, 역사비평사, 2008.

市川真人, 「聞こえるかもしれない声に耳を澄ます」, 『本の達人』, 2013. http://book.asahi.com/ebook/master/2013092500023.html(최종 검색일: 2015. 11. 26).

今福龍太・鵜飼哲編, 『津波の後の第一講』, 岩波書店, 2012.

いとうせいこう, 『想像ラジオ』, 河出書房新社, 2013.

_____, 「想像ラジオ」, 『文藝 第五二巻第一号』, 河出書房新社, 2013.

いとうせいこう・星野智幸, 「想像すれば絶対に聴こえる」, 『文藝 第五二巻第一号』, 河出書房新社, 2013.

_____, 「『想像ラジオ』から『存在しない小説』へ: 想像力で世界に立ち向かう」, 『群像 第六九号』, 講談社, 2014.

鵜飼哲, 「〈反詩〉の果て?: 原発震災下で黒田喜夫を読み直す」, 『社会文学第 37号』, 不二出版, 2013.

小田実, 「「難死」の思想」, 『「難死」の思想』, 岩波書店, 2003.

_____, 「廃墟のなかの虚構」, 『戦後を拓く思想』, 講談社, 2014.

加藤典洋, 『敗戦後論』, 筑摩書房, 2008.

_____, 『戦後入門』, 筑摩書房, 2015.

柄谷行人, 「地震と日本」, 『現代思想』vol. 39-7, 青土社, 2011.

佐々木俊尚, 『「当事者」の時代』, 光文社, 2012.

白井聡, 『永続敗戦論: 戦後日本の核心』, 太田出版, 2014.

木村朗子, 「物語ることの倫理」, 『震災後文学論: 新しい日本文学のために』, 青土社, 2013.

陣野俊史・いとうせいこう, 「インタビュー「沈黙」のあとさき」, 『文藝 第五二巻第一号』, 河出書房新社, 2013.

高橋源一郎・開沼博, 「対談「ポスト3・11」を描く: こぼれ落ちる現実を見つめて」,

『文學界』, 文藝春秋, 2012.

高橋哲哉, 『戦後責任論』, 講談社, 2005.

高橋敏夫, 「解説: 雄弁から遠く沈黙に近い死者たちの声」, 『死者たちの語り』,
　　　　　集英社, 2011.

西谷修, 『アフター・フクシマ・クロニクル』, ぷねうま舎, 2014.

野間文芸新人賞選考委員, 「選評」, 『群像　第六九号』, 講談社, 2014.

ハリー・ハルトゥーニアン, 後藤悠一訳, 「破綻した国家」, 『現代思想』vol.
　　　　　39-7, 青土社, 2011.

堀田善衛, 『方丈記私記』, 筑摩書房, 2012.

吉見俊哉, 『ポスト戦後社会』, 岩波書店, 2014.

장인성, 「현대일본의 보수주의와 '국가'」, 서울대학교일본연구소 편, 『일본비평』 창간호, 그린비, 2009.

_____, 「전후일본의 보수주의와 『고코로』」, 『일본비평』 제6호, 서울: 그린비, 2012.

_____, 「현대일본의 애국주의」, 『일어일문학연구』 제84집, 한국일어일문학회, 2013.

_____, 「고도대중사회 일본과 보수주의」, 『일본사상』 26호, 한국일본사상사학회, 2014.

가라타니 고진, 조영일 역, 『네이션과 미학』, 서울: 비(b), 2009.

베네딕트 앤더슨, 윤형숙 역, 『상상의 공동체』, 서울: 나남, 2004.

加藤典洋, 『敗戦後論』, 東京: 講談社, 1997.

橋川文三, 「日本保守主義の体験と思想」, 『橋川文三著作集』6, 東京: 筑摩書房, 1986.

久野収・鶴見俊輔・藤田省三, 『戦後日本の思想』, 東京: 中央公論社, 1966.

大江健三郎, 『あいまいな日本の私』, 東京: 岩波書店, 1995.

大熊信行, 『国家悪―戦争責任は誰のものか』, 東京: 中央公論社, 1957.

西尾幹二, 『國家と謝罪』, 東京: 德間書店, 2007.

西部邁, 『幻想の保守へ』, 東京: 文藝春秋, 1985.

_____, 『大衆の病理』, 東京: 日本放送出版協会, 1987.

_____, 『「成熟」とは何か』, 東京: 講談社, 1993.

_____, 『「国柄」の思想』, 東京: 德間書店, 1997.

_____・中島岳志, 『保守問答』, 東京: 講談社, 2008.

_____, 『保守思想のための39章』, 東京: 中央公論新社, 2012.

小林秀雄, 『小林秀雄全集』第7卷, 東京: 新潮社, 2001.

安倍能成, 「卒業式の辞」, 『心』 創刊号 1948年7月號.

_____, 「終戦第四周年に」, 『心』 1948年10月號.

_____, 「平和と自由とについてアメリカ人諸君に訴ふ」, 『心』 1953年4月號.

安倍晋三, 『美しい国へ』, 東京: 文藝春秋, 2006.

_____, 『新しい国へ―美しい國へ 完全版』, 東京: 文藝春秋, 2013.

町村信孝, 『保守の論理―「凛として美しい日本」をつくる』, 東京: PHP研究所, 2005.

林健太郎,「現代における保守と自由と進歩」, 林健太郎 編,『新保守主義』, 東京: 筑摩書房, 1963.

佐伯啓思,『現代日本のイデオロギー』, 東京: 講談社, 1998.

_____,『國家についての考察』, 東京: 飛鳥新社, 2001.

_____,『成長経済の終焉』, 東京: ダイヤモンド社, 2003.

_____,『自由とは何か』, 東京: 講談社, 2004.

_____,『日本の愛国心』, 東京: NTT出版、2008.

中曽根康弘,『新しい保守の論理』, 東京: 講談社, 1978

中曾根康弘・佐藤誠三郎・村上泰亮・西部邁,『共同研究「冷戦以後」』, 東京: 文藝春秋, 1992.

川端康成,『美しい日本の私―その序説』, 東京: 講談社, 1969.

土屋道雄,『福田恒存と戦後の時代―保守の精神とは何か』, 東京: 日本教文社, 1989.

坂本多加雄,『求められる国家』東京: 小学館, 2001.

福田恆存,『福田恆存全集』第2巻~第5巻, 東京: 文藝春秋, 1987.

丸山眞男,「個人析出のさまざまなパターン」, マリウス B. ジャンセン編,『日本における近代化の問題』, 東京: 岩波書店, 1968.

Anthony Quinton, The politics of imperfection: the religious and secular traditions of conservative thought in England from Hooker to Oakeshott, London & Boston: Faber and Faber, 1978.

다카하시 데쓰야 엮음, 임성모 옮김, 『역사인식 논쟁』, 동북아역사재단, 2009
　　(高橋哲哉 編, 『「歴史認識」論争』, 作品社, 2002).

다카하시 데쓰야, 김성혜 옮김, 『역사/수정주의』, 푸른역사, 2015(高橋哲哉,
　　『歴史/修正主義』, 岩波書店, 2001).

양호환, 「역사적 사실의 특징과 역사교육의 특수성」, 『역사교육』 113, 2010.

임성모, 「기억의 내전, 세기말 일본의 자화상」, 『당대비평』 8, 1999.

_____, 「일본 '역사수정주의'의 역사서술론: 사카모토 타카오를 중심으로」,
　　『역사교육』 82, 2002.

코모리 요우이치・타카하시 테츠야 엮음, 이규수 옮김, 『내셔널 히스토리를
　　넘어서』, 삼인, 1999(小森陽一・高橋哲哉 編, 『ナショナル・ヒスト
　　リーを超えて』, 東京大学出版会, 1998).

「女子差別撤廃条約第7回及び第8回報告審査の質疑応答における杉山外務審
　　議官の発言概要」, 2016.

　　　　http://www.mofa.go.jp/mofaj/files/000136254.pdf(최종 검색일: 2016. 9. 6).

「隠蔽されし 真実 今こそ明らかに暴露」, 『読売新聞』, 1945.

「太平洋戦争史 真実なき軍国日本の崩潰」, 『朝日新聞』, 1945.

永原慶二, 『20世紀日本の歴史学』, 吉川弘文館, 2003.

成田龍一, 「歴史を教科書に描くということ」, 『世界』, 2001.

土井正興, 「歴史学と現代」, 『歴史科学入門: 歴史を学ぶ人々のために』, 三省堂,
　　1986.

聯合軍最高司令部民間情報教育局 編, 『眞相はかうだ: ラジオ放送「眞相箱」の
　　再録』 第一輯, 聯合プレス社, 1946.

　　　　　　　　　　　　　　　　　　　　, 『眞相箱: 太平洋戦争の政治・外交・陸
　　海空戦の眞相』, コズモ出版社, 1946.

水間政憲, 「GHQによる情報操作・NHK『真相箱』の真相: 作られた『バタア
　　ン死の行進』」, 『月刊日本』 6(9), 2002.

_____, 「戦後われわれはこうして洗脳された NHKラジオ『真相箱』の真
　　相」, 『正論』 356, 2002.

_____, 「反日歴史認識の『教典』: 『朝日新聞』は日本人洗脳放送『眞相箱』に
　　加担していた」, Voice 444, 2014.

桜井よしこ, 「GHQ作成の情報操作書「真相箱」の呪縛を解く」, 小学館, 2002.

_____, 「敗戦直後, 日本人再教育に使われた『眞相箱』の実態」, 『週刊ダイヤモンド』90(27), 2002.

里見脩, 「『歴史と記憶』の研究(その2): ラジオ番組『真相はこうだ』」, 『発言者』112, 2003.

有山輝雄, 『占領期メディア史研究: 自由と統制・1945年』, 柏書房, 1996.

有馬哲夫, 「書き換えられた「歴史:『太平洋戦争』史観はいかにして広まったか」, 『新潮45』34(1), 2015.

小熊英二・上野陽子, 『癒しのナショナリズム: 草の根保守運動の実証研究』, 慶應義塾大学出版会, 2003.

吉田裕, 「「太平洋戦争観」の成立」, 『日本人の戦争観: 戦後史のなかの変容』, 岩波書店, 1995.

吉本明光, 「『真相箱』の真相」, 『改造』33(6), 1952.

竹山昭子, 『ラジオの時代：ラジオは茶の間の主役だった』, 世界思想社, 2002.

_____, 「GHQの戦争有罪キャンペーン: 『太平洋戦争史』『真相はかうだ』が語るもの」, 『メディア史研究』30, 2011.

樋口直人, 『日本型排外主義: 在特会・外国人参政権・東アジア地政学』, 名古屋大学出版会, 2014.

保阪正康, 『日本解体:「真相箱」に見るアメリカ(GHQ)の洗脳工作』, 産経新聞社, 2003.

"Nips Will Learn Facts behind War: Japanese Language Broadcasts Will Start Re-Education Drive", Stars&Stripes, 1945, Folder 15, Box 3490, Record Group 331, National Archives at College Park, Maryland(이하 RG 331).

"Now It Can Be Told' Radio Series Proving Big Popularity among Japanese Listeners", Nippon Times, 1946, Folder 15, Box 3490, RG 331.

Becker, Carl L., "What Are Historical Facts?", The Western Political Quarterly 8(3), 1955.

Civil Information and Education Section, GHQ/SCAP, "Radio Broadcast, 'Now It Can Be Told'", Folder 15, Box 3490, RG 331.

Conrad, Sebastian, Quest for the Lost Nation: Writing History in Germany and Japan in the American Century, University of California Press, 2010.

Dower, John W., Embracing Defeat: Japan in the Wake of World War II, New

York: W.W. Norton & Co., 1999.

Foucault, Michel, "Truth and Power", in The Foucault Reader, edited by Paul Rabinow, New York: Pantheon Books, 1984.

_____, The Order of Things: An Archeology of the Human Sciences, New York: Vintage Books, 1970.

Harootunian, Harry, "Japan's Long Postwar: The Trick of Memory and the Ruse of History", South Atlantic Quarterly 99(4), 2000.

Harvey, David. Justice, Nature, and the Geography of Difference, Cambridge, MA: Blackwell, 1996.

Karlsson, Gunnar, "Reader-Relativism in History", Rethinking History: The Journal of Theory and Practice 1(2), 1997.

Kracauer, Siegfried, "Ahasuerus, or the Riddle of Time", in History: The Last Things before the Last, New York: Oxford University, 1969.

Mayo, Marlene, "The War of Words Continues: American Radio Guidance in Occupied Japan", in The Occupation of Japan: Arts and Culture, edited by Thomas W. Burkman, Norfolk: The General Douglas MacArthur Foundation, 1988.

Radio Division, CIE, GHQ/SCAP, "Broadcasting in Japan, 1 February 1946", Folder 43, Box 5313, RG 331.

Radio Unit, CIE, GHQ/SCAP, "Radio in Japan: A Report of the Condition of Broadcasting in Japan as of 1 May 1947", Folder 35, Box 5313, RG 331.

Smithers, C. F., "Truth Box (Program #31)", Folder 25, Box 5316, RG 331.

Smulyan, Susan, "Now It Can Be Told: The Influence of the United States Occupation on Japanese Radio", Radio Reader: Essays in the Cultural History of Radio, edited by Michele Hilmes and Jason Loviglio, New York and London: Routledge, 2002.

Tamm, Marek, "Truth, Objectivity and Evidence in Historical Writing", Journal of the Philosophy of History 8, 2014.

Tanaka, Stefan, "History without Chronology", Public Culture 28(1), 2016.

Trouillot, Michael-Rolph, Silencing the Past: Power and the Production of History, Boston, Mass.: Beacon Press, 1995.

황성빈, "넷우익과반한류, 배외주의의여론", 『일본비평』 10호, 2014.

_____, "동상이몽?: 중국인 관광객을 향한 일본 미디어의 시선과 재현", 『아시아리뷰』 6권 1호, 2016.

黄盛彬, 「2002W杯と日本の自画像, そして韓国という他者」, 『マスコミュニケーション研究』 第62号, 2003.

_____, 「韓流と東北アジアの政治」, 松野周治・徐勝・夏剛編, 『東北アジア共同体への道—現状と課題』, 文眞堂, 2006.

_____, 「日韓『文化と政治』とその構造」, 徐勝・黄盛彬・庵逧由香編, 『「韓流」のうち外—韓国文化力と東アジアの融合反応』, 御茶の水書房, 2007.

_____, 「韓流と反韓流の交差—日本人アイデンティティと韓国認識」, 『日本學』, 韓国・東國大学校文化學術院日本學研究所, 第33巻, 2011.

北田暁大, 『嗤う日本の「ナショナリズム」』, NHK出版, 2005.

子安宣邦, 『「アジア」はどう語られてきたか—近代日本のオリエンタリズム』, 藤原書店, 2003.

_____, 『日本人は中国をどう語ってきたか』, 青土社, 2012.

權五琦・若宮啓文, 『韓国と日本国』, 朝日新聞社, 2004.

佐藤卓己, 『輿論と世論—日本的民意の系譜学』, 新潮社, 2008.

田中耕一, 『ハングル遊学記—64歳からの韓国新発見』, 三修社, 1998.

竹内好, 『日本とアジア』, 筑摩書房, 1993.

松本三之介, 『近代日本の中国認識 徳川期儒学から東亜協同体論まで』, 以文社, 2011.

山野車輪, 『マンガ嫌韓流』, 晋遊舎, 2005.

若宮啓文, 『戦後保守のアジア観』, 朝日新聞社, 1995.

若宮若宮, 『戦後70年 保守のアジア観』朝日新聞社, 2015.

Corbin, Juliet and Anselm Strauss, Basics of Qualitative Research: Techniques and Procedures for Developing Grounded Theory, 4th edition. Los Angeles: Sage, 2015.

Freeman, Anne Laurie Freeman, Closing the shop, Princeton, N.J., Princeton University Press, 2001.

Hall, Stuart, "Introduction: Who Needs Identity?" In Stuart Hall and Paul Du

Gay, eds. Questions of Cultural Identity, 1-35. London: Sage, 1996.

Hall, Stuart, "The Spectacle of Other." In Stuart Hall, ed. Representation: Cultural Representations and Signifying Practices, 223-90. London: Sage, 1997.

Said, Edward, Orientalism.Vintage, 1979.

Said, Edward, Covering Islam: How the Media and The Experts Determine How We See the Rest of The World. Vintage, 1981.

한국 정신대문제 대책협의회 편찬위원회, 『한국정신대 문제 대책 협의회 20년
사』(서울: 한울아카데미), 2014.

신기영, 「커뮤니케이션, 초국가적 공론장, 그리고 초국가적 연대: 일본군
위안부 문제해결을 위한 아시아연대를 중심으로」, 『세계정치』 18호,
263-308쪽, 2012.

정진성, 『일본군 성노예제: 일본군위안부 문제의 실상과 그 해결을 위한 운동』
(서울: 서울대학교 출판부), 2004.

조윤수, 「일본군 '위안부' 문제와 한일관계: 1990년대 한국과 일본의 대응을
중심으로」, 『한국정치외교사논총』 제36집 1호, 69-96쪽, 2014.

淸水紀代子、山下英愛編, 『シンポジウム記録「慰安婦」問題の開かれた議論
のために』(東京:白澤社), 2012.

戸塚悦郎, 『(普及版)日本が知らない戦争責任—日本軍「慰安婦」問題の真の解決
へ向けて』(東京：現代人文社), 2008.

VAWW-NETジャパン編, 『日本軍性奴隷制を裁く——2000年「女性国際戦犯法廷」
の記録』(全6巻)(東京:緑風出版)

Chappell, Louise 2015, The Politics of Gender Justice at the International
Criminal Court Legacies and Legitimacy (Oxford: Oxford Univ. Press).

Chinkin, Christine M., 2001, "Women's International Tribunal on Japanese
Military Sexual Slavery", American Journal of International Law, April,
Vol. 95 (2). pp.335-340.

Shin, Heisoo, 2011, "Seeking Justice, Honor and Dignity: Movement for the
Victims of Japanese Military Sexual Slavery" pp.14-29. in Global Civil
Society 2011: Globality and the Absence of Justice, eds. by Hakan
Seckinelgin, Billy Wong (Bashingstroke; Palgrave Macmillan).

International Organizing Committee for the Women's International War Crimes
Tribunal for the Trial of Japan's Military Sexual Slavery, 2001,
Judgement on the Common Indictment and the Application for
Restitution and Reparation (Hague: The Hague).

아시아여성기금 홈페이지 http://www.awf.or.jp.

유엔인권기구 홈페이지 http://www.ohchr.org.

고화정, 「이질적 타자, 재일조선인의 초상」, 『황해문화』, 2007.

다카하시 도미오(高橋敏夫), 곽형덕 역, 「'세계문학'으로서의 아시아문학」, 『아무도 들려주지 않았던 일본현대문학 – 전쟁·호러·투쟁』, 글누림, 2014.

서경식, 「'재일조선인'의 위기와 기로에 놓인 민족관」, 『역사비평』, 1996.

_____, 「재일조선인이 나아갈 길; '에스닉 마이너리티'인가 '네이션'인가」, 『창작과비평』, 1998.

서경식 지음, 임성모·이규수 옮김, 『난민과 국민 사이』, 돌베개, 2006.

서경식 지음, 권혁태 옮김, 『언어의 감옥에서 : 어느 재일조선인의 초상』, 돌베개, 2011.

윤건차, 「통일 앞둔 한국은 민족주의 새 지평의 시험대」, 월간말, 2000년 10월호.

조관자, 「"민족주체"를 호출하는 "재일조선인"」, 『일본학』, 2011, Vol.32.

조관자, 「이양지가 찾은 언어의 뿌리」, 『사이間SAI』 제3호, 2007.

허병식, 「재일조선인 자기서사의 정체성 정치와 윤리 – 서경식의 '在日' 인식 비판–」, 인하대학교 한국학연구소, 『한국학연구』 39집.

Ajami, Fouad, "The End of Pan-Arabism", Foreign Affairs, Volume 57, Number 2, WINTER 1978/79.

Caryn Aviv and David Shneer, New Jews: The End of the Jewish Diaspora, New York University Press, 2005.

池内恵, 『イスラーム世界の論じ方』, 中央公論新社, 2008.

伊能武次, 「第五章 アラブ諸国とパレスチナ問題」, 『平成13年度外務省委託研究「イスラエル内政に関する多角的研究」』, 日本国際問題研究所, 2002.

姜信子, 『ごく普通の在日韓国人』, 朝日新聞社, 1987.

竹田青嗣, 『〈在日〉という根拠—李恢成·金石範·金鶴泳』, 国文社, 1983.

鄭章淵, 「'パックス エコノミカ'時代の到来と在日社会」, 『季刊青丘』第24号(1995年).

徐京植, 『秤にかけてはならない:日朝問題を考える座標軸』, 陰書房, 2003.

はすみとしこ, 『そうだ難民しよう! はすみとしこの世界』, 青林堂, 2015.

歴史学研究会編, 『国民国家を問う』, 青木書店, 1994.

山脇啓造, 「在日コリアンのアイデンティティ分類枠組に関する試論」, 明治大学社会科学研究所紀要, 第38巻第2号, 2000.03.

山野車輪, 『嫌韓流』 晋遊舎, 2005.
尹健次, 「「在日」を生きるとは―「不遇の意識」から出発する普遍性」, 『思想』
　　　No.811, 1992.01.
和田春樹, 高崎宗司, 『北朝鮮本をどう読むか』, 明石書店, 2003.

**Abstract**

I. Imagining "War" in Japanese Modern Post-Cold War Fiction.

Nam Sang Wook

This article reviews how Japanese literature imagines the crisis of Japan during the post-Cold War era by examining Murakami Ryu's Novel From the Fatherland, with Love(2005). Murakami allows the readers to realize how North Korea is utilized within the context of Japanese society where "global civil war" exists a new from of war and where the nation's risk management system have become issues. Moreover, Murakami's novel highlights violent tendencies of outsiders, and such focus presentiments Japan's anti-intellectual trend that started since 2010. Nam intends to focus on the problem of Japan strengthening its risk management capability since 1998 by placing North Korean war threat to the front and thus, attempting to escape from the paradigm of "postwar democracy."

**Key words:** Murakami Ryu, Post-Cold War, global civil war, anti-intellectual, violence

## II. 3 · 11 and the End of the Postwar Period.

Sim Jeong Myoung

This article overlaps March 11 nuclear disaster and atomic bombings in 1945 and approaches to the problem of meaningless death and mourning. The ruins of Fukushima nuclear disaster and the task of revitalization are subjects often linked to the problem of atomic damage, mourning war deaths, and postwar revitalization. Sim concentrates on three main texts - Kato Norihiro's "Haisengoron", Oda Makoto's "Nanshi no shiso", and Ito Seiko's Imagination Radio. Imagination Radio is a kind of literary achievement since the Great East Japan Earthquake, and it links the death from tsunami with the air bombings of Hiroshima and Nagasaki. Sim points out the problem of drawing tsunami into the concept of territoriality of national history and concluding as another Japan's tragedy. This article reveals the direction of post- postwar from the repeated pattern of the way people mourn for war and disaster.

Key words: 3 · 11, Tsunami, Imagination Radio, Postwar, Kato Norihiro

# III. The Aesthetics of Conservatism in "Post-postwar" Japanese Intellectuals.

Jang In Sung

This article analyzes thoughts and aesthetics of post-Cold War Japanese conservatives by focusing on Nishibe Susumu(1939~) and Saeki Keishi (1949~). Their political aesthetics negates postwar system based on their understandings of common sense, social order, and nation-state. Jang compares their romantic feelings and combative spirit and analyzes their sense of equilibrium and of order. In the end, he concludes that the direction of post-postwar has turned to collective aesthetic, which emphasizes national symbols and national sense. More importantly, conservative tendency of "post-postwar" significantly differs from Fukuda Tsuneari(1912~1994) who ardently published basic literatures of conservatism during the postwar period. Many "post-postwar" conservatives are social scientific critics unlike "postwar" conservatives who were mainly literary critics, and thus, they prefer communal life to individual existence and social order to individual freedom. Jang demonstrates the weakened reality of literary criticism in Japanese intellectual society.

Key words: Japanese conservatism, Japan's postwar system, post-postwar consciousness, Nishibe Susumu, Saeki Keishi, Fukuda Tsuneari, common sense, social order, communal state

# IV. The Politics of Truth in the Rewriting of "Pacific War" History in Postwar and Post-postwar Japan.

Jung Ji Hee

This chapter discusses the post-postwar phenomenon of historical revisionism and critically analyzes the trap of positivism. In particular, it examines two postwar radio programs known for their contribution to spreading US occupation's view of the "Pacific War", *Now It Can Be Told* and *Truth Box*. In order to refute what these programs told Japanese people, post-postwar Japanese revisionist social critics mobilized scientific and positivist assumptions about history, historical facts, and truth. This study indicates that despite their apparently different views on the "Pacific War", the US occupation and Japanese post-postwar social critics relied on a common politics of truth. In short, this chapter points out that positivist assumptions may serve as a mechanism enabling certain types of knowledge to function as truth for different political purposes.

Key words: historical revisionism, politics of truth, historical facts, "Pacific War", historiography, popular public sphere

# V. The Meaning of "pro-Korean" in Postwar Japan.

This article analyzed the meaning of "pro-Korean" attitude in postwar Japan through major newspaper editorials, columns, and letters. In conclusion, Hwang suggests that "pro-Korean" and "anti-Korean" as discourses are not in mutually exclusive positions, but in fact, these attitudes coexist in entangled and complex forms. In other words, Japan's position or view on Korea cannot be divided clearly into two opposite political positions, such as left versus right or liberal versus conservative. Hwang argues that the possible reason for such entangled coexistence comes from the culture and structure of dual positions of "tatemae" and "honne". Furthermore, he points out that "anti-Korean" attitude hidden under the mask of "pro-Korean" had become the background of "anti-Korean theory", which became realized since late 90s.

Key words: Japanese perception of Korea, Media Discourse, News Analysis, Nationalism and Otherness, Qualitative Discourse Analysis, Pro-Korea Discourse in Japan, Pro-Korea discourse as Anti-Japan, Pro-Korean Factions, Korean Wave in Japan

# VI. Rethinking Japanese Wartime "Comfort Women".

Shin Ki-Young

This article critically examines the response of Japanese conservative politics on the Japanese military "comfort women" issue within the post-Cold War international political framework. The "comfort women" issue emerged in the context of world history during the post-Cold War period, and it functioned as a triggering event to Japanese conservatives questioning fundamental elements of their thought, sensibility, and identity. In the end, Japanese conservatives responded the "comfort women" issue on historical revisionist positions and succeeded to increase their political power. Shin, for the first time, attempts systemic analysis of this phenomenon. According to her analysis, "comfort women" issue is an important force for women's right movement, which does not fold into the framework of Korea-Japan relationship. Thus, the "comfort women" issue has proved its position as human right violation problem that happened during the wars in the 20th century, and it needs to be solved by the resolution of gender hierarchy. In other words, the "comfort women" problem has been recognized as a universal task, which must be newly set and practiced within the global human right norms.

Key words: Comfort women, Korea-Japan agreement on comfort women, Violence against women, Global norm on women's rights, Committee on the Elimination of Discrimination against Women

# VII. The Problem of Post-Colonial National Discourse and Symbiosis of Koreans in Japan.

Jo Gwanja

This article begins from the assumption that "post-postwar" was first presented as the problem of post-colonialism and of symbiosis from the viewpoints of Koreans in Japan. However, since the late 90s the Korean society understood Japan's transition as "the era of reaction", and thus, only national discourses on post-colonialism from Koreans in Japan had spread. In particular, Suh Kyungsik fundamentally denied "the possibility of coexistence with the Japanese society" and urged the establishment of "united nation-state" by overcoming Korea's anti-communist system and thus "surmounting the divided system". In other words, he suggested the execution of "people's democracy for national liberation" in the Korean society, which has already entered the global capitalism system. Suh's unyielding national discourse criticized Japan's liberal intellectuals and at the same time, strengthened Korea's nationalism. Jo recalls the reality where both Japan and Korea conflict due to the fear of assimilation and dissimilation of nationalism and asks how should we find the possibility of post-colonialism and essential peace in this post-Cold War period.

**Key words:** Korean diaspora, Nationalism, Symbiosis, Seo Kyung-sik, Post-colonialism

## 남상욱

경희대학교 일어일문학과 졸업하고 도쿄대학 총합문화연구과 비교문학비교문화 과정에서 전후 일본의 문화적 변동을 미시마 유키오라는 프리즘을 통해 고찰한『三島由紀夫における「アメリカ」』로 학술박사 학위를 받았다. 성균관대학교 비교문화연구소의 선임연구원, 서울대학교 일본연구소의 HK연구교수를 거쳐 현재 인천대학교 일본학과 교수로 재직 중이다. 저서『三島由紀夫における「アメリカ」』(彩流社, 2014), 편저『21世紀の三島由紀夫』(翰林書房, 2015),『混沌と抗戦─三島由紀夫と日本, そして世界』(水声社, 2016),『지금 여기의 극우주의』(자음과 모음, 2014), 역서『미시마 유키오의 문화방위론』,『자이니치의 정신사』가 있으며, 논문「일본인의 식민주체로서의 기억과 그 표상」(2015),「3·11 이후 일본문학과 '이후'의 상상력」(2015) 등이 있다.

## 심정명

서울대학교 서양사학과를 졸업하고 동대학원 비교문학 협동과정에서 석사학위를, 오사카대학에서 내셔널리즘과 일본 현대문학에 관한 연구로 박사 학위를 받았다. 현재 한양대학교 비교역사문화연구소 HK연구교수로 재직하고 있다. 역서로『스트리트의 사상』(2013),『유착의 사상』(2015) 등이 있고, 주요 논문으로「일본' 소설과 '한국' 독자의 상상의 공동성: 오쿠다 히데오『남쪽으로 튀어!』를 중심으로」(2014),「경계를 묻는 문학적 실천: 이시무레 미치코『고해정토』로부터」(2015),「오키나와, 확장되는 폭력의 기억: 메도루마 슌의『무지개 새』와『눈 깊숙한 곳의 숲을 중심으로』」(2016) 등이, 공저로『폭력과 소통』(세창출판사, 2017)이 있다.

**장인성**

　서울대학교 외교학과를 졸업하고 같은 대학원에서 석사과정을 마쳤다. 도쿄대학 종합문화연구과 국제관계론 전공에서 유학적 사유의 관점에서 근대적 사유를 포착하는 근대동아시아 지식인들의 정치사상에 관심을 갖고 연구했으며, 요코이 쇼난(橫井小楠)과 김윤식의 국제정치사상을 중심으로 한 개항기 한일 정치사상 비교 연구로 학술박사 학위를 받았다. 현재 서울대학교 정치외교학부 교수이며, 주요 연구 분야는 동아시아 국제사회론, 일본사상사, 동아시아국제정치사상, 동아시아 개념사 등이다. 주요 저서로『장소의 국제정치사상』(서울대학교출판부, 2002), 『근대한국의 국제관념에 나타난 도덕과 권력』(서울대학교출판부, 2006), 『메이지유신』(살림, 2007) 등이 있다.

**정지희**

　서울대학교 동양사학과 졸업 후 University of California San Diego 사학과에서 통전기(通戰期) 일본의 라디오 방송과 대중의 국민화·시민화에 관한 연구로 박사 학위를 취득했다. 도쿄대 정보학환(情報学環) 포스닥 연구원을 거쳐 서울대학교 일본연구소 HK연구교수로 재직 중이다. 전공분야는 일본근현대사, 매스미디어와 대중문화 연구로, 대중민주주의 사회가 제기한 가능성과 문제들을 사회문화사적으로 고찰하는 데 관심을 갖고 연구하고 있다. 주요 논문으로 「전시기 일본의 라디오 방송과 대중의 국민화」(2013), "Radio Quiz Shows and the Reorientation of the Japanese under the U.S. Occupation, 1945-1952"(2014), 「뉴미디어 세대와 일본 풀뿌리 평화운동의 조우」(2016) 등이 있고, 공저 *The Affect of Difference: Representations of Race in East Asian Empire*(University of Hawai'i Press, 2016)가 있다.

**황성빈**

　연세대학교 신문방송학과를 졸업하고, 동대학원 석사과정 재학 중 교환학생으로 릿쿄대학에 파견되어, 같은 대학에서 석사와 박사학위를 마쳤다. 릿쿄대학 사회학부 조수(助手), 리쓰메이칸(立命館)대학 산업사회학부 조교수를 거쳐 릿쿄대학 사회학부 교수로 재직하고 있다. 샌디에이고(2003~2004)와 밴쿠버(2012~2013), 멜버른(2016)에서 연구년을 보낸 바 있다. 전공은 사회학, 미디어 연구,

글로벌커뮤니케이션과 비교저널리즘론이다. 역저 『韓流のうち外』(徐勝・庵逧由香 共編著, 御茶の水書房, 2007)가 있고, 논문 「넷우익과 반한류, 배외주의의 여론」(2014), 「동상이몽? 중국인관광객을 향한 일본미디어의 시선과 재현」(2016) 등이 있다.

## 신기영

서울대 외교학과를 졸업하고 미국 University of Washington에서 정치학박사 학위를 받았. 일본학술진흥회 외국인특별연구원을 거쳐 2008년부터 일본 국립 차노미즈여자대학 대학원 인간문화창성과학연구과 준교수. 현재 동대학 대학원 및 글로벌여성리더육성연구기구 젠더연구소 준교수. 연구분야는 젠더와 정치, 한일비교정치, 동아시아 지역연구등. 서울대일본연구소 『일본비평』 「특집 동아시아속의 재일코리안: 현재와 전망」(2016년 2월)을 편집하였으며, 공저에 *The Oxford Handbook of Feminist Theory*(Oxford U. Press 2015), *Gender and Power*(Palgrave McMillan 2015), 『ジェンダー・クオータ:世界の女性議員はなぜ増えたのか』(明石書店 2014) 및 *Pacific Affairs*(2016), *Politics & Gender*(2015), *International Political Science Review*(2014)등 다수의 연구논문이 있다.

## 조관자

서울대학교 국문과를 나와, 도쿄대학에서 일본의 국학자인 모토오리 노리나가론으로 석사학위를 받고, 식민지기(1910~1945) 한일의 지식교류와 문화내셔널리즘의 교섭 현상을 연구하여 박사학위를 받았다. 일본 주부(中部)대학 인문학부 준교수를 거쳐, 서울대학교 일본연구소 HK교수로 재직 중이다. 저서로 『植民地朝鮮/帝国日本の文化連環ーナショナリズムと反復する植民地主義』(有志舍, 2007), 편저로 『일본, 상실의 시대를 넘어서』(박문사, 2014), 공저로 『가지무라 히데키의 내재적 발전론을 다시 읽는다』(아연, 2014), 『일본비평』 「특집 현대일본의 보수, 그리고 우익」(2014년 2월)을 편집하였으며, 논문 "Beyond the criticism of assimilation: rethinking the politics of ethno-national education inpostwar Japan"(Inter-Asia Cultural Studies, 2015. 06) 등이 있다.

IJS 서울대학교 일본연구소
현대일본생활세계총서 **12**

# 탈 전후 일본의 사상과 감성

**초판1쇄 인쇄** 2017년 6월 08일
**초판1쇄 발행** 2017년 6월 10일

저  자 남상욱·심정명·장인성·정지희·황성빈·신기영·조관자
**발행인** 윤석현
**발행처** 도서출판 박문사
등  록 제2009-11호
전  화 (02)992-3253(대)
전  송 (02)991-1285
주  소 서울시 도봉구 우이천로 353 3F

**책임편집** 안지윤
**전자우편** bakmunsa@hanmail.net
**홈페이지** http://jnc.jncbms.co.kr

ⓒ 서울대학교 일본연구소, 2017. Printed in Seoul KOREA.

ISBN 979-11-87425-35-9 93300          **정가** 20,000원

본 저서는 정부(교육과학기술부)의 재원으로 한국연구재단의 지원을 받아 출판되었음.
(NRF-2008-362-B00006)